そろう
プラットホーム
チョコレート
おてだま
もくようび
なつまつり
にもつをもつ。
いっしょうけんめい
ハンバーグ
うしろ
サンタクロース
とくい
くいしんぼう
あじさい
ますます
ケーキ
やさしい
らくがき
すいよく
えほん
のりもの
いけん
はんおどり
たからもの
びじゅつかん
わかい
コアラ
すなはま
むしめがね
せかい

みずいろ
てあて
にあう
きゅうきゅうしゃ
ちゅうがえり
あさり
むかし
れんが
うでどけい
せんちょう
そよかぜ
のんき
やすみ
ロケット
けしゴム
おかし
まきじゃく
めぐすり
えきまえ
つづける
なつかしい
カスタネット
ランプ
ねぼける
はなしあう
ようちえん
いさましい
アイスクリーム
さくら
べんきょう
たんじょうび

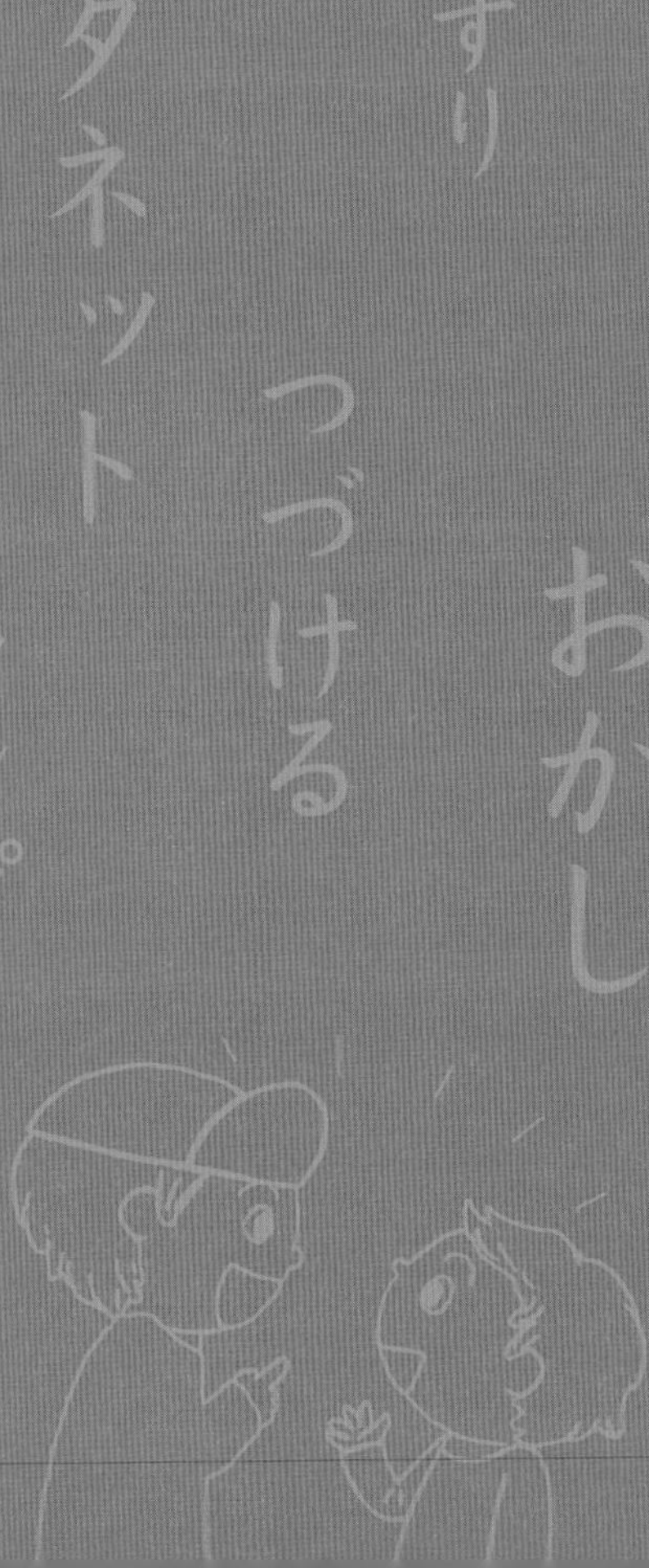

学研

ことばえじてん

監修
無藤隆
天野成昭
宮田Susanne

編集
学研辞典編集部

このじてんの特色

1 データに基づいて選定した 3300語を収録

3歳から7歳くらいまでの間に学ぶべきことばを、データに基づいて選定しました。収録語数は、類書中最多の約3300語です。多くのことばを知ることによって、豊かな心が育ち、また、学習の基礎を身につけることができます。

収録語の選定について

日本語の基本語彙を収録した「基本語データベース*」と、幼児の発話データベース「CHILDES**」を元に、独自のコーパス（言語資料）を作成しました。さらに、弊社作成の絵本簡易コーパスと、小学校一年生の国語教科書のデータなども加え、幼児の生活において身近な言葉や、知っておくべき言葉を選定しました。

* 天野成昭，小林哲生（2008）．基本語データベース：語義別単語親密度，NTT コミュニケーション科学基礎研究所（監修），東京，学習研究社．
**MacWhinney, B. (2000). The CHILDES project: Tools for analyzing talk.
Third Edition. Mahwah, NJ: Lawrence Erlbaum Associates.

2 五十音を大きく表示

ことばは、五十音順に並べてあります。五十音それぞれの一番最初のページに、ひらがなとかたかなを大きく表示し、筆順も添えました。正しく『書く』ための助けになります。

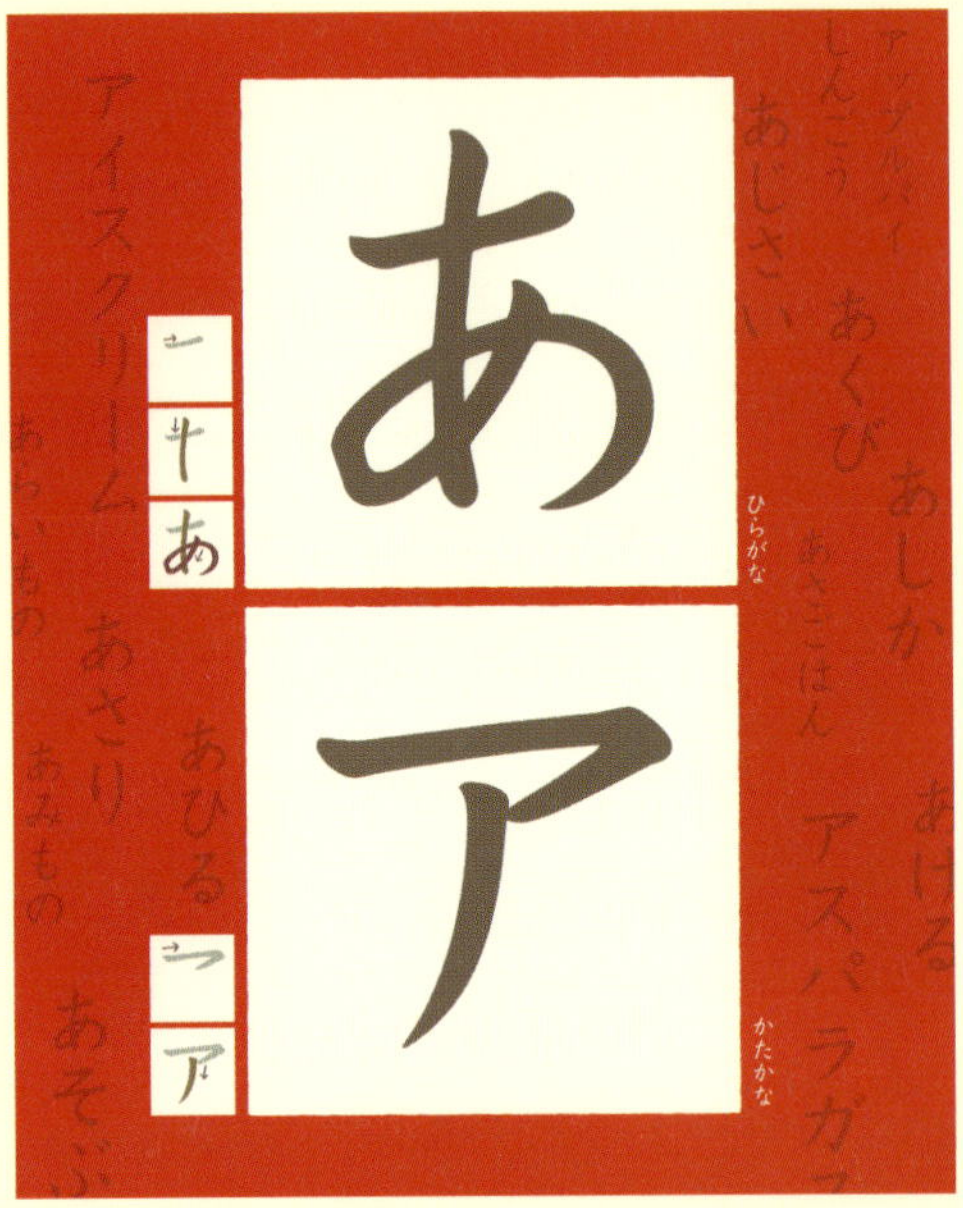
あ
ひらがな
ア
かたかな

3 楽しいイラストで解説

ことばの使い方の例を、イラストとともにのせています。ことばがイメージしやすくなり、楽しみながら理解を深めることができます。

あいず
からだを うごかしたり、おとを きかせたりして あいてに しらせる こと。
はたを ふって あいずする。
使い方の例と イラスト

おうちのかたへ

「○○ってどういう意味？」に答える本です。

4 幼児にわかりやすいことばで説明

本文のことばには、意味と、使い方の例をのせました。説明には、わかりやすく易しいことばを使用するよう努めました。

5 たくさんのことばが覚えられる「ずかんのページ」

あるテーマに関係することばを「ずかんのページ」として、1ページあるいは2ページにたくさん集めました。「くだもの」「さかな」などのほかに、普通の図鑑にはない「おと」「がっこう」などの項目もあります。

6 先取り学習にも対応 漢字と英語

小学校一年生で習う漢字80字すべてを入れました。また、「ずかんのページ」の中から幼児の生活に身近な英単語を選んで、つづりと読み方を添えました。ことばを学びながら、漢字と英語の先取り学習ができます。

7 とじこみポスター 「ひらがな・かたかなひょう」つき

ひらがなとかたかなが一覧できるポスターが巻末についています。壁などに貼れば、いつもことばに触れることができます。また、ひらがなとかたかなを五十音順に覚えることもできます。

この じてんの 使い方

国語辞典のように使う

わからないことばを調べるときに使ってください。このじてんは、普通の国語辞典と同じように、ことばが五十音順に並んでいます。国語辞典と同じようにことばを探すことができます。

絵本のように使う

前から読む

「あ」から順番に読んでみましょう。毎日少しずつでも読み進んでいけば、たくさんのことばを身につけることができます。

さくいんで調べて読む

巻末のさくいんでは、ことばが一覧できます。知らないことばがあったら、そのページを見てみましょう。知っていることばが、どんどん増えていきます。

好きなところを読む

ぱっと開いて、気に入ったところを読んでみましょう。知っていることばや、好きなイラストがのっていることばなど、自由に選んでください。ことばへの興味が深まります。

おうちのかたへ

見る、読む、書く

ことばとイラストを見ることによって、ことばの世界に触れることができます。

文字や文章に慣れてきたら、意味や使い方の例を声に出して読んでみましょう。

また、ひらがなとかたかなが書けるようになったら、ノートなどにことばを書く練習をしてもよいでしょう。ことばを、しっかり学ぶことができます。

ことばのクイズ

あることばについて、お子さんが意味を読んで、何のことばのことなのか、おうちのかたが答える、というクイズで遊ぶことができます。反対に、おうちのかたが意味を読んでお子さんがことばを答える、というのもよいでしょう。楽しみながら、ことばへの理解を深めることができます。

この じてんの きまり

ひらがなと かたかな

それぞれの はじめの ページ《ぺえじ》に あります。

ひらがな

ひらがなの かきかた

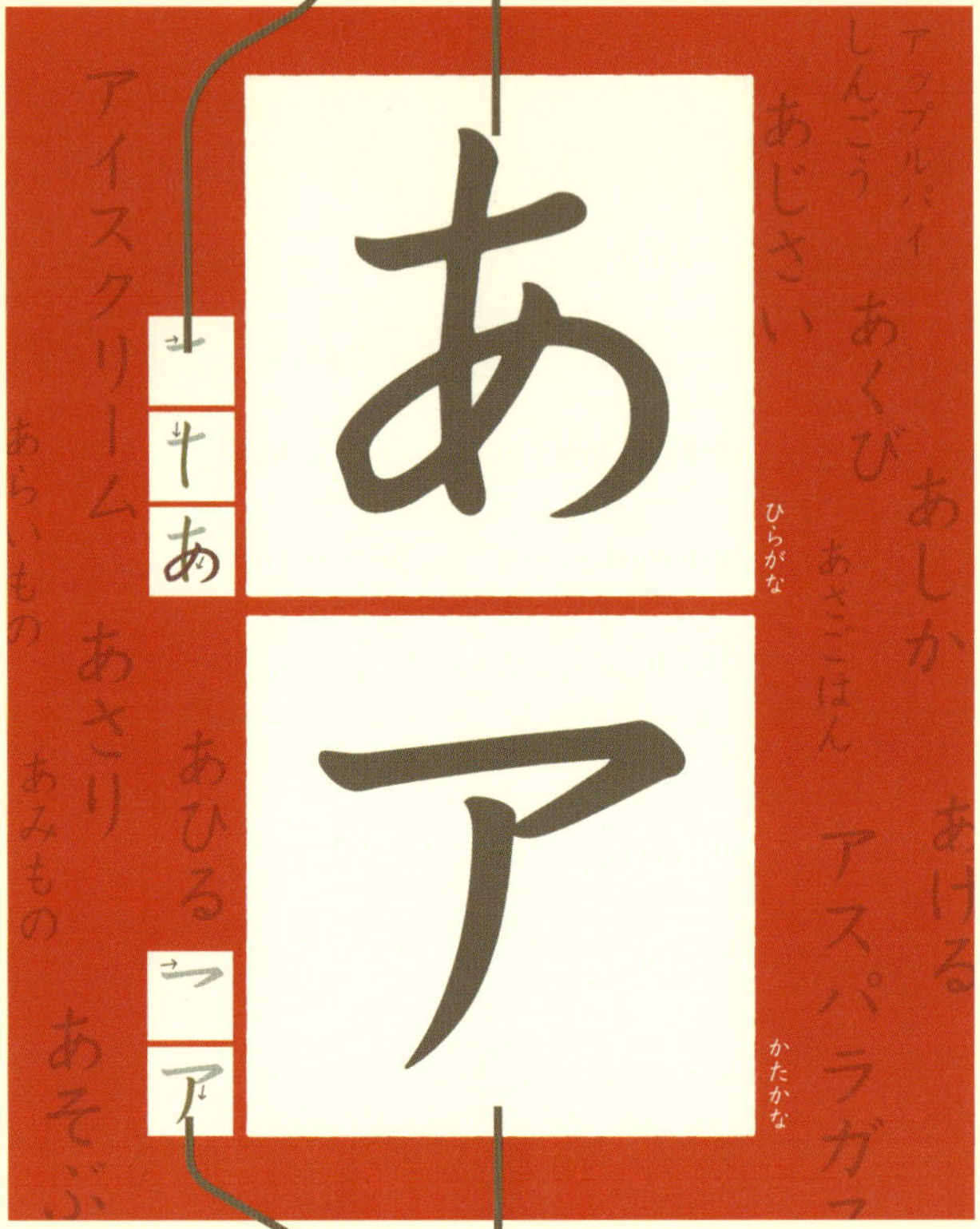

かたかな

かたかなの かきかた

ことばは 「あいうえお…」の じゅんばんで、 みぎから ひだり、 うえから したへ ならんで います。

ことばの せつめい

ことば

ことばの いみ

ことばの つかいかたを あらわす イラスト《いらすと》

ことばの つかいかた

イラスト《いらすと》と つかいかた、 りょうほうを みて ください。

はんたいの いみの ことばの しるし

その ことばも しらべて みましょう。

かんじ

しょうがっこう 1《いち》ねんせいで ならう かんじです。 みぎの ひらがなは よみかたです。

ほかの せつめいが ある ページ《ぺえじ》に あると いう しるし

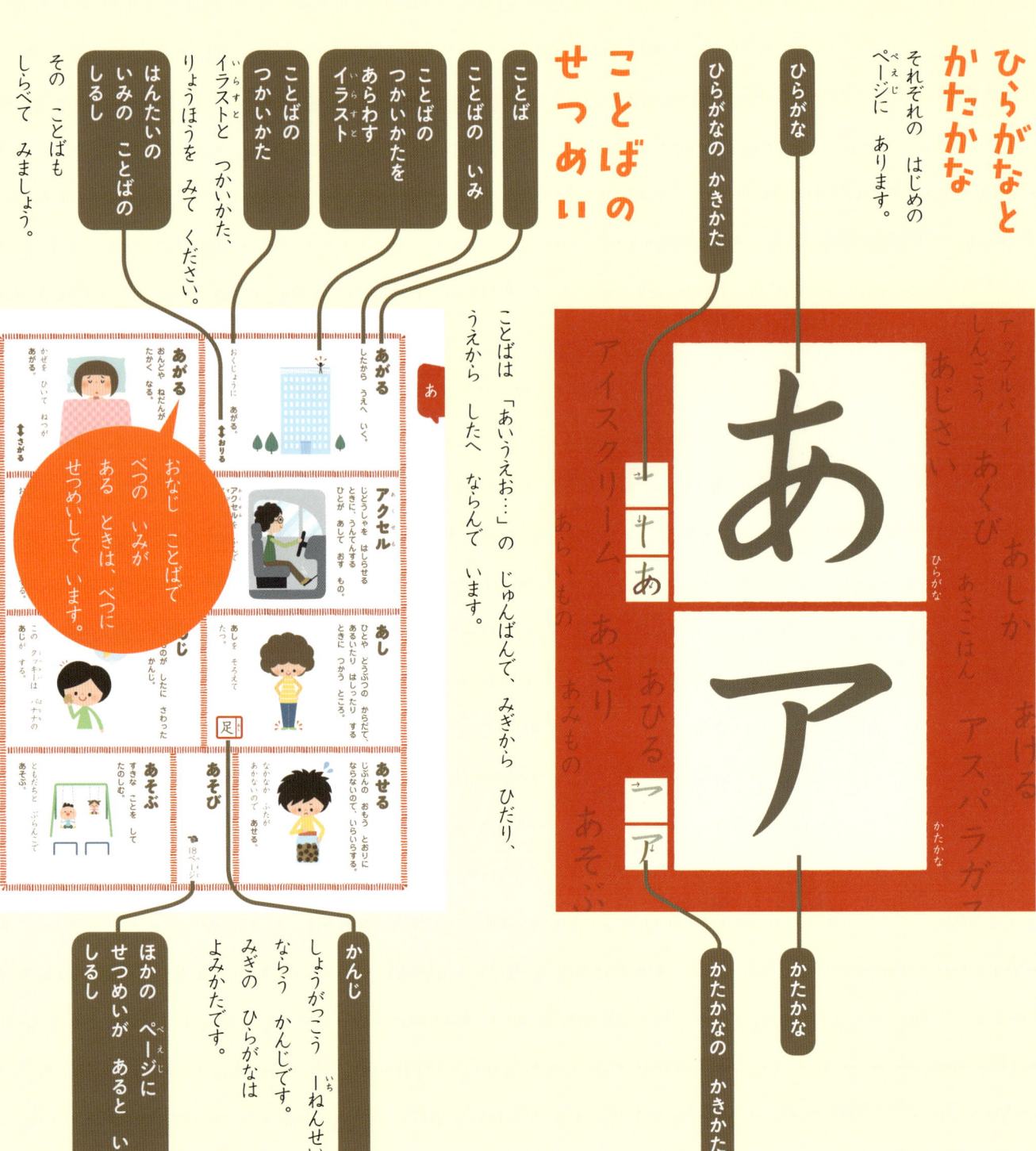

おうちのかたへ

✱このじてんでは、ことばを、幼児がよく使う形で掲載しています。たとえば、「おみせ」は、一般の国語辞典では「みせ」が見出し語となりますが、ここでは幼児が自分で引くことが可能なように、「おみせ」としました。

✱かたかなに添えるふりがなで、長音については、内閣告示『現代仮名遣い』に従って表記しました。オ列の長音は「う」となりますので、たとえば、「ドーナツ」は「どうなつ」としています。

✱英単語の読み方については弊社刊行の「レインボー英和・和英辞典改訂第3版」に従い、実際の発音に近いものをかたかなで記しました。できるだけ近いものを示すため、このじてんでは出ていない表記もあります。太字になっているのは、強く読むところです。また、煩雑になるのを避けるため、ふりがなはつけていません。お子さんが読めないときには、おうちの方が読んであげてください。

ずかんの ページ《ぺえじ》

たくさんの ことばが あります。

ことば
ことばの いみ
いろいろな ことば
えいご
えいごの よみかた
いろ
あか あお きいろのように、めて みて わかる かんじ。
みどり
green
グリーン
あか
red
レッド
オレンジ《おれんじ》
〔だいだいいろ〕
むらさき
きみどり
yellow-green
イエロウ グリーン
ピンク《ぴんく》
〔ももいろ〕
くろ
black
ブラック
はいいろ
gray
グレイ
ちゃいろ
brown
ブラウン
みずいろ
light blue
ライト ブルー
きいろ
yellow
イエロウ
あお
blue
ブルー
しろ
white
(フ)ワイト

ポスター《ぽすたあ》

「ひらがな・かたかな ひょう」

ほんの うしろの ほうに あります。おうちの かたに きりとって もらいましょう。かべに はって つかって ください。

ひらがな・かたかな ひょう

ことばの あらわしかた

☺ことばは、ひらがなか かたかなで でて います。

☺かたかなには、ちいさく ひらがなを つけました。

☺だいどころ〈キッチン《きっちん》〉の ような、ことばの あとの〈 〉の なかは、その ことばの ほかの いいかたです。

☺かくれんぼ（う）のような、ことばの あとの（ ）の なかは、それが ある いいかたと、ない いいかたの りょうほうが あると いうことです。

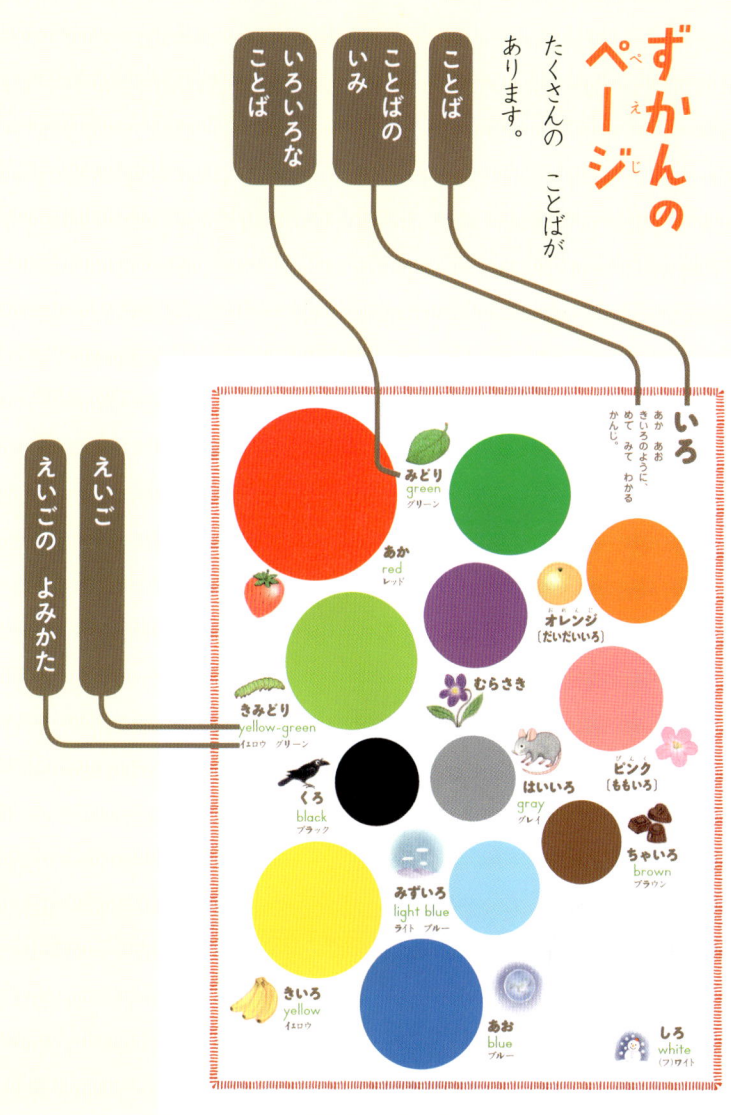

もくじ

この　じてんの　特色《とくしょく》 …… 2
この　じてんの　使《つか》い方《かた》 …… 4
この　じてんの　きまり …… 6

あ …… 10
あいさつ☺ …… 12
あそび☺ …… 20
アルファベット《あるふぁべっと》☺ …… 27

い …… 28
いえ☺ …… 30
いち☺ …… 36
いちにち☺ …… 38
いちねん☺ …… 40
いっしゅうかん☺ …… 44
いろ☺ …… 50

う …… 51

え …… 60

お …… 65
おかし☺ …… 69
おと☺ …… 76
おはなし☺ …… 80
おみせ☺ …… 82
おもちゃ☺ …… 85

か …… 88
かお☺ …… 93
かず☺ …… 100
かぞく☺ …… 102
かたち☺ …… 103
がっき☺ …… 105
がっこう☺ …… 107
からだ☺ …… 114

き …… 120
き☺ …… 121
きせつ☺ …… 125

く …… 134
くさき☺ …… 137
くだもの☺ …… 139

け …… 145

こ …… 150
こうえん☺ …… 152
こそあどことば☺ …… 158

さ …… 165
さかな☺ …… 168

し …… 176
しごと☺ …… 180
しぜん☺ …… 182
じどうしゃ☺ …… 185
じゅうにし☺ …… 192
じゅんばん☺ …… 195
しょっき☺ …… 200

す …… 205
スポーツ《すぽうつ》☺ …… 214

せ …… 216

そ …… 222

た …… 227
だいどころ☺ …… 230

☺が　ついて　いるのは、「ずかんの　ページ《ぺえじ》」です。

あ

ひらがな

ア

かたかな

あいこ

かつ　ひとが　きまらない　こと。

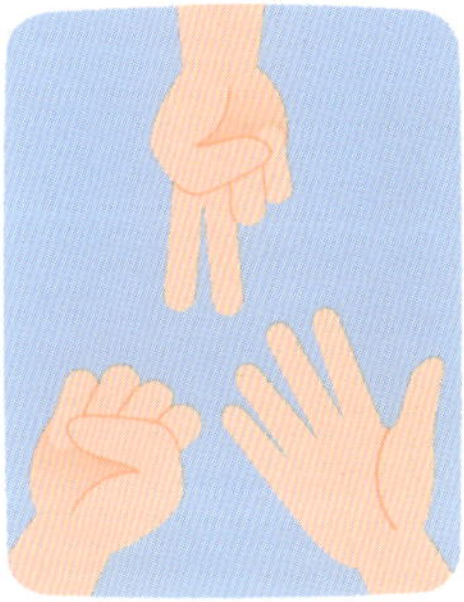

じゃんけんは　あいこだった。

あいさつ

☞12ページ《ぺえじ》

あいず

からだを　うごかしたり、おとを　きかせたりして　あいてに　しらせる　こと。

はたを　ふって　**あいず**する。

あいだ

ふたつの　ものや　ばしょに　はさまれて　いる　ところ。

やまの　あいだに　つきが　みえる。

あいだ

ある　ときから　ある　ときまでの　じかん。

びょういんで　まつ　**あいだ**、えほんを　よむ。

あいて

いっしょに　なにかを　する　ひと。

おとうさんを　あいてに　やきゅうを　する。

アイロン《あいろん》

ぬのを　たいらに　のばす　どうぐ。

シャツ《しゃつ》に　**アイロン《あいろん》**を　かける。

あう

ちがう　ところから　きた　ひとが、いっしょに　なる。

えきで　せんせいに　**あう**。

あう

ぴったり　あてはまる。

この　くつは　ぼくの　あしに　あう。

あいさつ

ひとと あった ときや わかれる ときに いう ことば。

バイバイ《ばいばい》。
さようなら。
Goodby(e).
グ(ドゥ)バイ
こんにちは。
こんにちは。
Hello.
ハロウ
こんばんは。
こんばんは。
Good evening.
グディーヴニング
おかえりなさい。
ただいま。
Good night.
グ(ドゥ)ナイト
おやすみなさい。
おやすみ。

あおい

あおの　いろで　ある。

あおい　かさを　さす。

青《あお（い）》

あおぐ

ひらたい　ものを　うごかして
かぜを　つくる。

うちわで　あおぐと
すずしい。

あおぞら

くもが　なく、あおく　はれて
いる　そら。

あおぞらが　ひろがって
きもちいい。

あかい

あかの　いろで　ある。

あかい　ばらの
はなが　さいた。

赤《あか（い）》

あかちゃん

うまれて　すぐの　こども。

あかちゃんが　わらう。

あかり

くらい　ところを　あかるく
する　ひかり。

あかりが　つく。

あがる

したから　うえへ　いく。

おくじょうに　あがる。

↕おりる

あがる

おんどや　ねだんが
たかく　なる。

かぜを　ひいて　ねつが
あがる。

↕さがる

あがる

おわる。おしまいに　なる。

あさから　ふって　いた　あめが　あがる。

あかるい

ひかりが　つよい。

おみせの　まえは、よるでも　あかるい。

↔くらい

あかるい

げんきで　たのしい　ようすで　ある。

いもうとは　あかるい　おんなのこだ。

あき

なつの　あとに　くる　きせつ。9《く》がつから、11《じゅういち》がつの　ころの　こと。

あきに　さく　コスモス《こすもす》の　はな。

☞きせつ　125ページ《ぺえじ》

あきらめる

だめだと　おもって、したい　ことを　やめる。

あめが　ふって　いるので、でかけるのを　あきらめる。

あきる

なれて　しまったので、すきで　なく　なる。

いつも　おなじ　ゲーム《げえむ》を　して　いると　あきる。

あく

ふさぐように　なって　いる　ものが、うごいて　ひらく。

エレベーター《えれべえたあ》の　ドア《どあ》が　あく。

↔しまる

あくしゅ

ふたりが　あいての　てを　にぎる　こと。

しあいの　あと、あくしゅを　する。

アクセル《あくせる》

じどうしゃを すすめる ときに、うんてんする ひとが あしで おす もの。

アクセル《あくせる》を ふんで スピード《すぴいど》を だす。

あくび

ねむい ときに、くちを おおきく あけて いきを すったり はいたり する こと。

おとうとが あくびを する。

あけがた

よるから あさに なる ころ。

あけがた ゆきが ふった。

あける

あさに なる。

よるが あける。

↕くれる

あける

なかに ある ものを だして、からに する。

コップ《こっぷ》の みずを あける。

あける

ふさぐように なって いる ものを、うごかして ひらく。

あさ、カーテン《かあてん》を あける。

↕しめる

あげる

したから うえへ うつす。

にもつを たなに あげる。

↕おろす

あげる

おんどや ねだんを たかく する。

へやの おんどを あげる。

↕さげる

あげる

じぶんの ものを あいてに わたす。

おとうとに おかしを あげる。

あさ

たいようが そらに のぼってから しばらくの あいだ。

あさ、 はを みがく。

あさい

いちばん ひくい ところまでの ながさが みじかい。

すなはまの そばの あさい うみで あそぶ。

あさい ↕ ふかい

あさって

あしたの つぎの ひ。

あさっては にちようびだ。

あさひ

あさ、 そらに みえる たいよう。

あさひが まぶしい。

あさり

あさい うみに すむ かいの ひとつ。

あさりの みそしるを つくる。

あし

ひとや どうぶつの からだで、 あるいたり はしったり する ときに つかう ところ。

あしの さきを みる。

足 あし

あじ

たべものが したに さわった ときの かんじ。

この クッキー《くっきい》は バナナ《ばなな》の あじが する。

あしあと

あるいた　ところに　のこって　いる、あしや　くつの　あと。

ゆきの　うえに　**あしあと**が　ある。

あした

きょうの　つぎの　ひ。あす。

あしたは　あめが　ふりそうだ。

あじつけ

たべる　ものに　あじを　つける　こと。

しょうゆで　**あじつけ**を　する。

あじみ

すこし　たべたり　のんだり　して、あじを　たしかめる　こと。

みそしるの　**あじみ**を　する。

あしもと

たったり　あるいたり　して　いる　あしの　ちかく。

みちが　でこぼこだから、**あしもと**に　きを　つけて　あるこう。

あずかる

たのまれて　ひとの　ものを　じぶんの　ところに　おく。

となりの　いえの　ねこを　**あずかる**。

あずける

じぶんの　ものを　ほかの　ひとの　ところに　おいて　もらう。

ともだちに　バ《ば》ッ《っ》グ《ぐ》を　**あずける**。

あせ

あつい　ときに、からだの　なかから　でて　くる　みず。

あつかったので　**あせ**を　かいた。

あせる

じぶんの　おもうように
ならないので、いらいらする。

なかなか　ふたが
あかないので　**あせる**。

あそび

☛ 20ページ《ぺぇじ》

あそぶ

すきな　ことを　して
たのしむ。

ともだちと　ぶらんこで
あそぶ。

あたたかい

さむく　なくて　きもちいい。

へやの　なかは　**あたたかい**。

あたためる

おんどを　たかく　する。

スープ《すうぷ》を　**あたためる**。

あだな

ようすや　くせを　みて、
ほかの　ひとが　つけた
なまえ。

いつも　わらって　いる
いもうとの　**あだな**は、
にこちゃんだ。

あたらしい

できてからの　じかんが
みじかい。
いままでに　ない。

あたらしい　ふくを　きる。

↕ **ふるい**

あたり

ちかくの　ばしょ。

あたりには　だれも　いない。

あたりまえ

だれでも　しって　いる
ふつうの　こと。

つかれたら　やすむのは、
あたりまえだ。

あそび

たのしむ ために する こと。

あ

あたる

うごいて いる ものが、ある ばしょに ふれる。

ボール《ぼうる》が せなかに あたる。

あちこち

いろいろな ところ。あちらこちら。

あちこちに どんぐりが おちて いる。

あつあつ

とても あつい こと。

あつあつの スープ《すうぷ》を のむ。

あつい

おもてから うらまでの ながさが ながい。

あつい ほん。

↔うすい

あつい

くうきの おんどが たかい。

あついので、うわぎを ぬぐ。

↔さむい

あつい

ものの おんどが たかい。

あつい ミルク《みるく》を のむ。

↔つめたい

あつまる

たくさんの ひとや ものが、ひとつの ところに よって くる。

ありが さとうに あつまる。

あつめる

たくさんの ものを、ひとつの ところに もって くる。

えを かく どうぐを あつめる。

あてはまる

ちょうど よく はいる。

クイズ《くいず》の こたえに あてはまる もじを かんがえる。

あてる

ものを うごかして、ある ばしょに ふれさせる。

ボール《ぼうる》を へいに あてる。

あてる

ただしく よそうする。

クイズ《くいず》の こたえを あてる。

あと

ある ことが おわってからの じかん。

ひるねの あと、ふとんを たたんだ。

↕まえ

あと

じゅんばんが うしろで ある こと。

おにいさんの あとを あるく。

☞じゅんばん

↕さき 195ページ《ぺえじ》

あとかたづけ

なにかを した あとの ものを かたづける こと。

しょくじの あとかたづけを てつだう。

あな

おくの ほうまで へこんで いる ところ。

じめんに あなを ほる。

あばれる

てや あしを ふりまわして らんぼうな ことを する。

おこって あばれる。

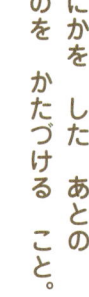

あびる

みずや　ゆを　からだに
かける。

シャワー《しゃわぁ》を　あびる。

あぶない

よく　ない　ことが
あるかも　しれない。
きけんな　ようすで　ある。

かいだんを　はしって
おりるのは　あぶない。

あぶら

てんぷらを　つくったり
やさいを　いためたり　する
ときに　つかう　みずのような
もの。

やさいを　あぶらで　いためる。

あふれる

おおく　なって　こぼれる。

ゆが　あふれる。

あまい

さとうのような　あじで　ある。

チョコレート《ちょこれえと》は　あまい。

⇕からい

あまえんぼう

かわいがって　もらいたくて、
いつも　そばに　いようと
する　ひと。

いもうとは　あまえんぼうだ。

あまのがわ

よるの　そらで、かわのように
みえる　たくさんの　ほし。

あまのがわが　みえる。

あまやどり

あめが　やむまで、あめに
ぬれない　ところで　まつ
こと。

あまやどりを　する。

あまり

おもって いたよりも。

あまり おいしく ない。

あまる

たくさん あって のこる。

おかしが あまる。

あみ

いとや はりがねで あんだ どうぐ。

さかなを とる あみ。

あみもの

けいとを あんで、きる ものや かざる ものを つくる こと。

おねえさんは あみものが すきだ。

あむ

ほそい ものと ほそい ものを あわせる。

けいとの てぶくろを あむ。

あめ

そらから おちて くる みず。

あめが ふる。

雨《あめ》

あめ

くちの なかに いれると とける、あまい おかし。

あめを もらう。

あめふり

あめが ふって いる こと。

きょうは いちにち あめふりだ。

あやしい

なんだか　わからなくて
へんな　ようすで　ある。

あやしい　おとが　きこえる。

あやまる

じぶんが　した　ことを
ゆるして　くれるように
たのむ。

「ごめんなさい。」
と　いって　**あやまる**。

あらいもの

これから　あらう　もの。

あらいものの　さらを
だいどころへ　はこぶ。

あらう

みずや　ゆを　つかって
きれいに　する。

つめたい　みずで　かおを
あらう。

あらし

はげしく　ふく　かぜ。

あらしで　きの　えだが
おれた。

あらわす

ほかの　ひとが　わかるように
する。

うれしい　きもちを　かおに
あらわす。

あらわれる

みえる　ところに　でて　くる。

えだの　うえに　りすが
あらわれる。

ある

はっきりしない　ものを　いう
ことば。

ある　ところに　きつねの
おやこが　すんで　いました。

ある

みたり　さわったり
かんじたり　できる。
はしの　そばに　いえが　ある。

あるく

あしを　うごかして　すすむ。
えきまで　あるく。

アルファベット《あるふぁべっと》

☞27ページ《ぺえじ》

あわ

くうきを　つつんで　できた、
ちいさく　まるい　もの。
いけの　みずの　うえに、
あわが　うかんで　いる。

あわせる

ものと　ものを　くっつける。
てを　あわせる。

あわてる

いそいで　いて、おちつかない
ようすで　いる。
きゅうに　あめが　ふって
あわてる。

あん〔あんこ〕

あずきと　いう　しょくぶつの
たねを　にて　さとうを　いれ、
つぶした　たべもの。
もちに　あんを　つけて
たべる。

あんしん

しんぱいが　ない　こと。
きもちが　おちつく　こと。
おかあさんと　いっしょに
いると　あんしんだ。
⇔しんぱい

あんぜん

あぶなく　ない　こと。
あんぜんな　ばしょで　あそぶ。
⇔きけん

アルファベット《あるふぁべっと》

えいごを かく とき つかう もじ。

おうちのかたへ

●ビスケットの写真の下に、アルファベットの大文字と小文字を並べました。その下に、読みを入れました。太字は強く読むところです。

●読みは、弊社刊行の英和辞典「ジュニア・アンカー英和辞典第5版」に従っています。

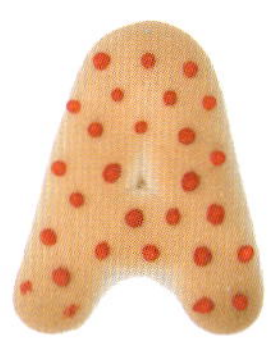
Aa
エイ

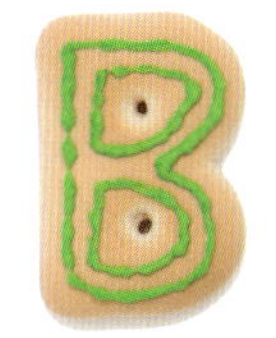
Bb
ビー

Cc
スィー

Dd
ディー

Ee
イー

Ff
エフ

Gg
ヂー

Hh
エイチ

Ii
アイ

Jj
ヂェイ

Kk
ケイ

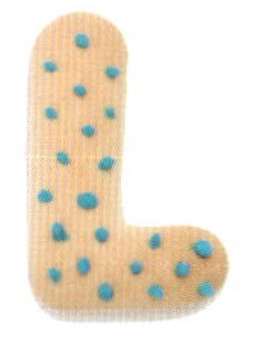
Ll
エル

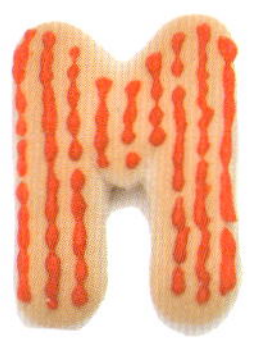
Mm
エム

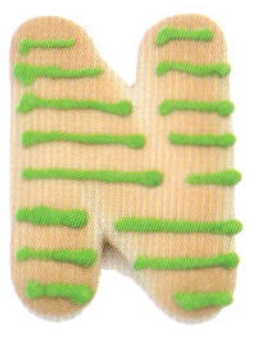
Nn
エン

Oo
オウ

Pp
ピー

Qq
キュー

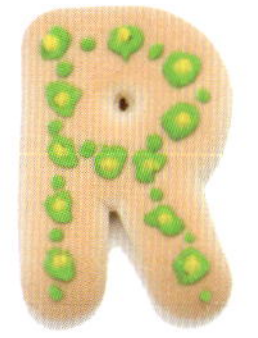
Rr
アー

Ss
エス

Tt
ティー

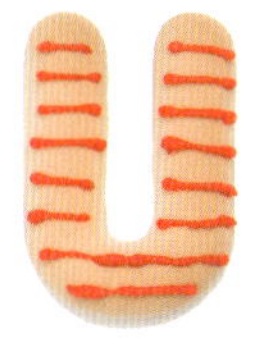
Uu
ユー

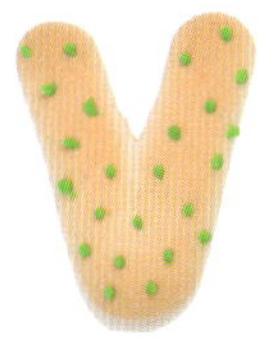
Vv
ヴィー

Ww
ダブリュー

Xx
エックス

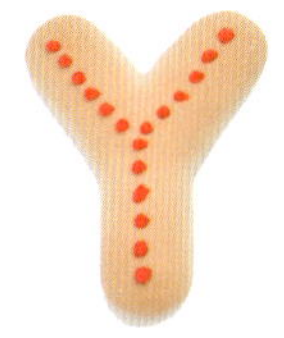
Yy
ワイ

Zz
ズィー

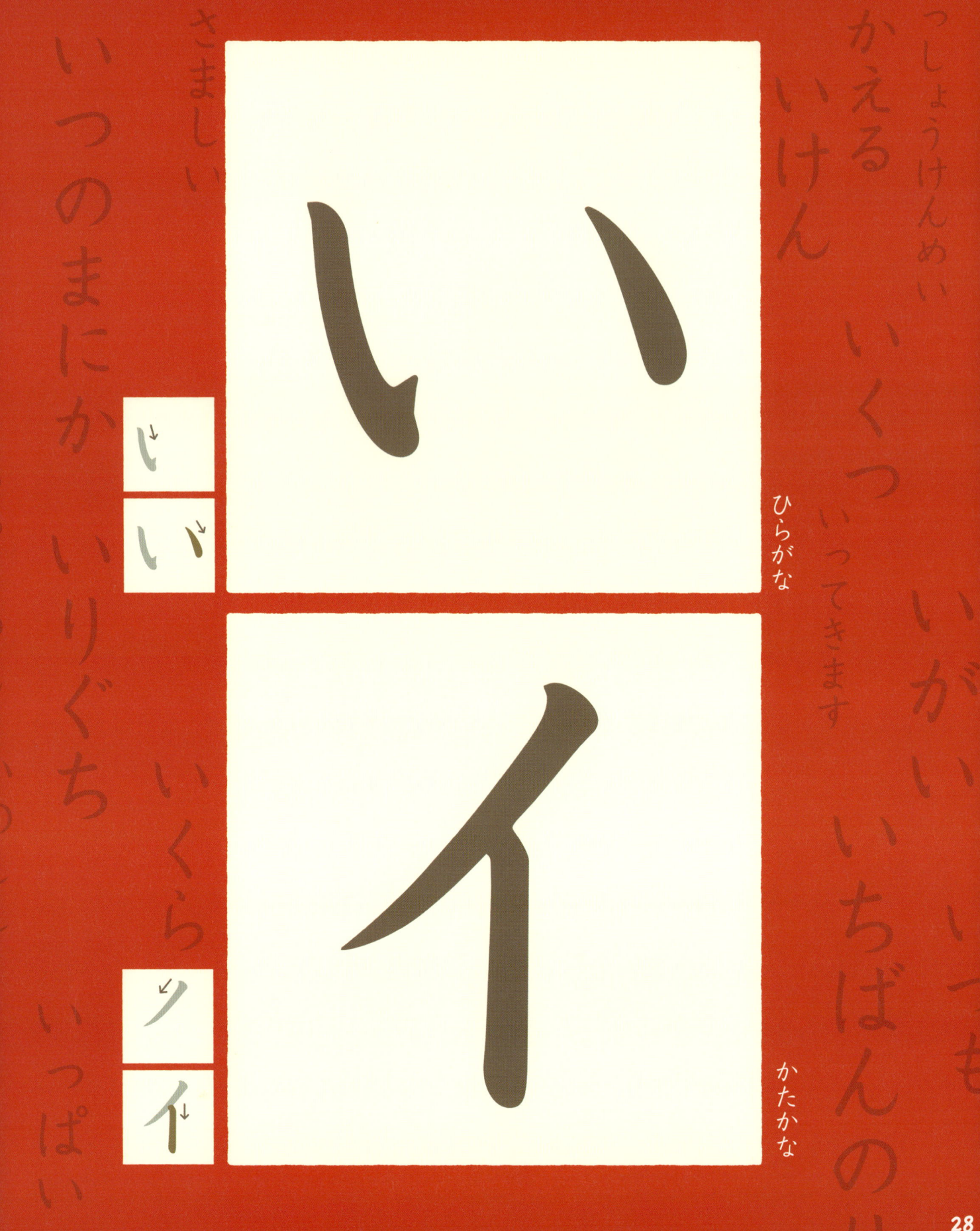

い

ひらがな

いってきます

イ

かたかな

いい

☞よい　419ページ《ぺえじ》

いいかげん

まじめでは　ない　ようす。

いいかげんに　いすを　ならべる。

いいかた

はなしの　しかた。

ていねいな　いいかたで　はなす。

いいつける

わるい　ことを　した　ひとの　ことを、おやや　せんせいに　おしえる。

おとうとが　けんかを　して　いた　ことを　おかあさんに　いいつける。

いいなおす

おなじ　ことを　もう　いちど　いう。

わかって　もらえないので　いいなおす。

いいわけ

しっぱいを　した　わけを　はなして、わかって　もらおうと　する　こと。

ちこくを　した　いいわけを　する。

いう

くちを　うごかして、おもって　いる　ことを　あらわす。

ちいさな　こえで　いう。

いえ

☞30ページ《ぺえじ》

いか

うみに　すむ、ほねの　ない　やわらかい　いきもの。

いかが　およぐ。

いがい

おもって　いた　ことと　ぜんぜん　ちがう　ようす。

おじさんが　いぬを　こわがるなんて　いがいだ。

いえ

ひとが すむ たてもの。

アンテナ《あんてな》
やね
roof
ルーフ
まど
window
ウィンドウ
カーテン《かあてん》
げんかん
あみど
ドア《どあ》
ソファー《そふぁあ》
もん
gate
ゲイト

シャワー《しゃわあ》
かがみ
じゅわき
でんわ
ふろ
せんたくき
たたみ
せんめんじょ
テーブル《てえぶる》
いす
トイレ《といれ》
〔おてあらい〕
テレビ《てれび》
ものおき
だいどころ
〔キッチン《きっちん》〕
いま
〔リビングルーム《りびんぐるうむ》〕
カーペット《かあぺっと》
ホース《ほうす》
にわ

いき

すったり　はいたり　する
くうき。

ふゆは、はく　**いきが**　しろく
みえる。

いきいき

げんきな　ようす。

いきいきした　かおで
はなしを　する。

いきおい

うごいて　いる　ものの
はやさや　つよさ。

いきおいを　つけて
とびこえる。

いきかえり

いく　ときと　かえる　とき。

かいものの　**いきかえり**に
とおる　みち。

いきかえる

しんだように　なって　いた
ものが　げんきを　とりもどす。

かれたように　みえた　くさが、
あめが　ふって　**いきかえる**。

いきぐるしい

いきを　すったり　はいたり
するのが　くるしい。

へやの　なかが　あつくて
いきぐるしい。

いきどまり

みちが　とちゅうで　さきに
すすめなく　なって　いる
こと。

みちが　**いきどまり**なので
ひきかえす。

いきなり

きゅうに。とつぜん。

いきなり　つよい　かぜが
ふいた。

いきもの

いきて いる もの。

のやまには いろいろな **いきもの**が すんで いる。

いきる

いきものが、まいにちを すごす ことが できる。

さばくで **いきる** どうぶつ。

生《い(きる)》

いく

めざす ところに むかって すすむ。

ほんやさんに **いく**。

いくつ

ものの かずや ひとの としを たずねる ときに つかう ことば。

ケーキ《けえき》は ぜんぶで **いくつ** あるかな。

いくら

ねだんを たずねる ときに つかう ことば。

この おもちゃは **いくら**ですか。

いけ

じめんに みずが たまって いる ところ。

いけの なかで かめが およいで いる。

いけない

よく ない。だめ。

おおきな こえを だしては **いけない**よ。

いけん

じぶんが かんがえて いる こと。

たって **いけん**を いう。

いさましい

かつ ために いっしょうけんめいで、げんきな ようすで ある。

いさましい おうじさま。

いじめる

よわい ものを くるしめる。

どうぶつを **いじめる**のは、よく ない。

いじる

ゆびで さわったり つまんだり する。

シャツ《しゃつ》の ボタン《ぼたん》を **いじる**。

いじわる

あいてが いやがる ことを わざと する こと。

いじわるを して なかせる。

いそがしい

する ことが たくさん あって、ひまが ない。

きゃくが おおくて **いそがしい**。

いそぐ

はやく おわらせようと する。

あとかたづけを **いそぐ**。

いた

きった きを、うすく たいらに した もの。

いたに ペンキ《ぺんき》を ぬる。

いたい

ぶつかったり、きずが ついたり、ぐあいが わるかったり して、がまんが できないほど つらい。

ころんだので ひざが **いたい**。

いたずら

ふざけて、ひとが　こまる　ことを　する　こと。

いたずらを　して、しかられる。

いただく

もらう。

おひめさまから　たからものを　いただく。

いたむ

いたいと　かんじる。いたく　なる。

きずが　いたむ。

いためる

あぶらを　すこし　いれた　なべで、ざいりょうを　かきまぜながら　あつく　する。

にくと　やさいを　いためる。

いち

☞36ペ《ぺ》ー《え》ジ《じ》

いちど

かいすうが　一《いち》で　ある　こと。

あの　やまに　いちど　のぼって　みたい。

いちにち

☞38ペ《ぺ》ー《え》ジ《じ》

いちねん

☞40ペ《ぺ》ー《え》ジ《じ》

いちばん

じゅんばんが　ほかよりも　はやい　こと。

トランプ《とらんぷ》で　いちばんに　あがった。

いちばん

どれよりも。もっとも。

いちばん　すきな　くだものは　さくらんぼだ。

いち

ものが ある ばしょ。

あいだ
あいだ
となり
となり
しょうめん
ななめ
ななめ
よこ
よこ

うえ
じょうげ
した

まえ
front
フラント
ぜんご
うしろ
back
バック

みぎ

right
ライト

みぎて
right-hand
ライト ハンド

おもて

うら

よこ
たて

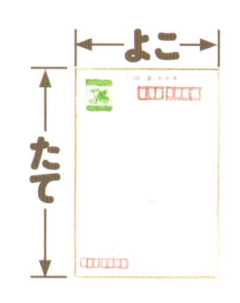

よこ
たて

まんなか
center
センタァ

まんなか

なか
inside
インサイド

そと
outside
アウトゥサイド

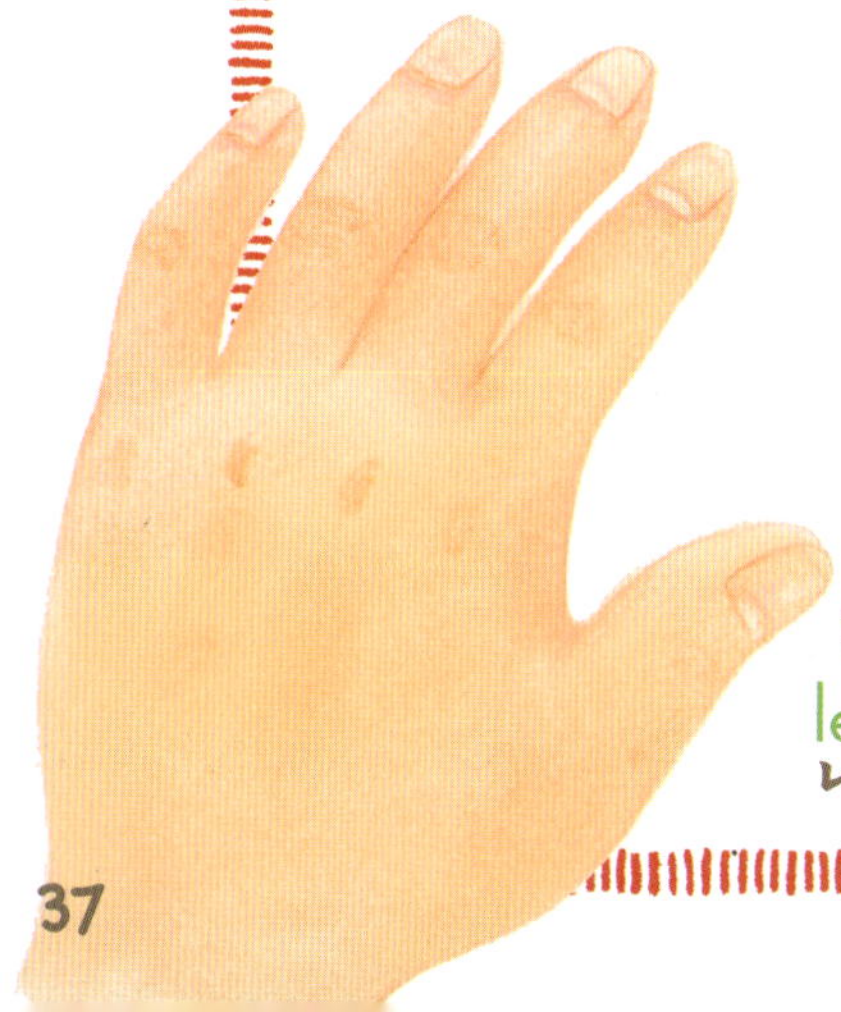

ひだり

ひだりて
left-hand
レフト ハンド

left
レフト

いちにち

ごぜん 0《れい》じから、ごご 12《じゅうに》じまでの こと。
あさから よるまでの こと。

よなか
ごぜん
あけがた
あさ
morning
モーニング
あさごはん
breakfast
ブレクファスト
しょうご
ひるごはん
lunch
ランチ

よる
night
ナイト
ゆうごはん
dinner
ディナア
ごご
ゆうがた
おやつ
snack
スナック
ひる
〔ひるま〕
day
デイ

いちねん

1《いち》がつ　ついたち（1《いち》にち）から、12《じゅうに》がつ　31《さんじゅういち》にちまでの　こと。

1《いち》がつから　12《じゅうに》がつまでの　こと。

きょねん
1《いち》がつ
January
チャニュエリィ
しょうがつ
かがみもち
たこあげ
2《に》がつ
Feburary
フェブルェリィ
せつぶん
3《さん》がつ
March
マーチ
ひなまつり
そつえん
4《し》がつ
April
エイプリル
にゅうえん
5《ご》がつ
May
メイ
こどものひ
こいのぼり
ははのひ
6《ろく》がつ
June
チューン
ちちのひ

らいねん
ことし
7《しち》がつ
July
ヂュライ
たなばた
かいすいよく
8《はち》がつ
August
オーガスト
ぼんおどり
9《く》がつ
September
セプテンバァ
おつきみ
けいろうのひ
10《じゅう》がつ
October
アクトウバァ
たいいくのひ
11《じゅういち》がつ
November
ノ(ウ)ヴェンバァ
しちごさん
12《じゅうに》がつ
December
ディセンバァ
クリスマス《くりすます》
クリスマスツリー《くりすますつりい》
サンタクロース《さんたくろうす》
らいげつ
こんげつ
せんげつ

いちばんのり

ある　ばしょに　さいしょに　つく　こと。

ちょうじょうに　いちばんのりを　した。

いつ

じかんが　はっきり　わからない　ときに　つかう　ことば。

つぎは　いつ　あえるかな。

いっしゅう

かこまれた　ばしょで、はしの　ほうを　ぜんぶ、いちど　すすむ　こと。

ひろばを　いっしゅうする。

いっしゅうかん

44ページ《ぺえじ》

いっしゅん

とても　すくない　じかん。

つみきは、いっしゅんで　たおれて　しまった。

いっしょ

あつまって、おなじ　ことを　する　こと。

ともだちと　いっしょに　ゲーム《げえむ》を　する。

いっしょう

うまれてから　しぬまでの　あいだ。

しあわせな　いっしょう。

いっしょうけんめい

じぶんの　ちからを　ぜんぶ　だす　ようす。

いっしょうけんめい　うたう。

いっせい

みんな　そろって。

せんしゅが　いっせいに　はしる。

いったい

ふしぎに　おもったり　わからなかったり　する　ときに　つかう　ことば。

おねえさんは　**いったい**　どこに　いったんだろう。

いったん

いちど。

おうだんほどうを　わたる　まえに　**いったん**　たちどまる。

いつのまにか

しらない　あいだに。

いつのまにか　くらく　なって　いた。

いっぱい

ひとや　ものが　あふれるほど　おおい　ようす。

かだんに　はなが　**いっぱい**　さいて　いる。

いっぺん

いちど。

いちにちに　**いっぺん**、おばあさんと　でんわで　はなす。

いつまでも

ながい　じかんが　たっても。

いつまでも　ともだちで　いようね。

いつも

どんな　ときも。いつでも。

しょくじの　あと、**いつも**　はを　みがく。

いと

ほそくて　ながく　つながって　いる　もの。

あかい　**いと**。

糸《いと》

いっしゅうかん

にちようびから　どようびまでの　7《しち》にちの　あいだ。

木《もく》 Thursday サ〜ズディ	金《きん》 Friday フライディ	土《ど》 Saturday サタディ	
もくようび	きんようび	どようび	
4 よっか	5 いつか	6 むいか	
11	12	13	
18	19	20 はつか	せんしゅう
25 あした	26 あさって	27	こんしゅう
tomorrow トゥマロウ			らいしゅう

日《にち》 Sunday サンディ	月《げつ》 Monday マンディ	火《か》 Tuesday テューズディ	水《すい》 Wednesday ウェンズディ
にちようび	げつようび	かようび	すいようび
	1 ついたち	2 ふつか	3 みっか
7 なのか	8 ようか	9 ここのか	10 とおか
14	15	16	17
21	22 おととい	23 きのう	24 きょう
28	29	30	31

yesterday
イエスタデイ

today
トゥデイ

いどう

べつの　ばしょに　うつす　こと。

ほんだなを　**いどう**する。

いとこ

おとうさんや　おかあさんの　きょうだいの　こども。

いとこが　うちに　くる。

いなか

もりや　はたけや　たんぼが　おおく、すんで　いる　ひとが　すくない　ところ。

のはらの　おおい　**いなか**。

いぬ

においを　かぐのが　とくいな　どうぶつ。むかしから　ひとに　かわれて　いた。

いぬと　さんぽに　いく。

犬《いぬ》

いね

こめに　する　ために　そだてる　しょくぶつ。

いねが　かぜに　ゆれて　いる。

いねむり

すわった　まま　ねむって　しまう　こと。

おじいさんが　**いねむり**を　して　いる。

いのる

かみさまや　ほとけさまに　おねがいを　する。

びょうきが　なおるように　**いのる**。

いばる

えらい　ひとのように、いったり　したり　する。

おとうとに　**いばる**。

いびき

ねむって いる ときに くちや はなから でる おと。

いびきを かいて ねて いる。

いま

ちょうど この とき。

いま、あめが ふって いる。

いま〔リビングルーム《りびんぐるうむ》〕

かぞくが ふだん いる へや。

いまで トランプ《とらんぷ》を する。

いまさら

いまに なって。

いまさら あやまっても おそいよ。

いみ

ことばが あらわして いる こと。

なにを いって いるのか、**いみ**が わからない。

いも

さつまいもや じゃがいもを まとめて いう ことば。

はたけで **いも**を ほる。

いもうと

じぶんより としが したの おんなの きょうだい。

いもうとは かわいい。

いや

よいと おもわない ようす。そう したく ない ようす。

さむいので そとで あそぶのは **いや**だ。

いやがる

いやだと　いう　きもちを　あらわす。

くすりを　のむのを　**いやがる。**

いよいよ

まって　いた　ことが　ちかづく　ようす。

いよいよ　あしたから　なつやすみだ。

いらいら

おもうように　ならないので、おちつかない　ようす。

ともだちが　なかなか　こないので　**いらいら**する。

いらっしゃい

きゃくが　きた　ときに　いう、あいさつの　ことば。

おみせの　ひとが　**「いらっしゃい。」**と　いう。

いりぐち

なかに　はいって　いく　ところ。

いりぐちの　ドア《どぁ》を　あける。

⇕ **でぐち**

いる

ひとや　どうぶつが　ある。

テーブル《てえぶる》の　したに　ねこが　**いる。**

いる

ひつようだ。ないと　こまる。

バス《ばす》に　のるには、おかねが　**いる。**

いれかわる

まえに　あった　ものが　そとに　でて、べつの　ものが　なかに　はいる。

たなに　おいて　ある　ものが　**いれかわる**。

いれもの

ものを　いれて　おく　もの。

だんボール《ぼうる》の　はこを　おもちゃの　**いれもの**に　する。

いれる

そとから　なかへ　うつす。

すいとうに　むぎちゃを　**いれる**。

↕**だす**

いろ

☞50ページ《ぺえじ》

いろいろ

しゅるいが　たくさん　ある　ようす。

いろいろな　おもちゃが　ならんで　いる。

いろり

へやの　ゆかを　しかくに　きって、ひを　もやせるように　した　ところ。

いろりを　かこんで　はなしを　する。

いわ

とても　おおきな　いし。

いわの　おおい　やまを　のぼる。

いわう

よい　ことや　うれしい　ことを　いっしょに　よろこぶ。

たんじょうびを　**いわう**。

インク《いんく》

じを　かく　ときに　つかう　いろの　ついた　もの。

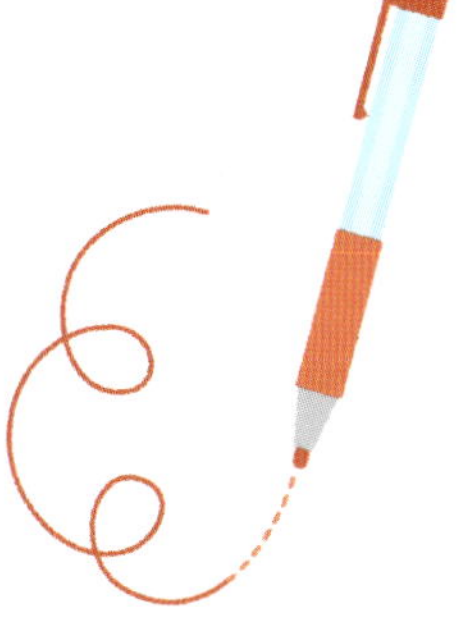

ボールペン《ぼうるぺん》の　**インク**《いんく》が　なくなった。

いろ

あか　あお
きいろのように、
めで　みて　わかる
かんじ。

みどり
green
グリーン

あか
red
レッド

オレンジ《おれんじ》
〔だいだいいろ〕

むらさき

きみどり
yellow-green
イエロウ　グリーン

ピンク《ぴんく》
〔ももいろ〕

くろ
black
ブラック

はいいろ
gray
グレイ

ちゃいろ
brown
ブラウン

みずいろ
light blue
ライト　ブルー

きいろ
yellow
イエロウ

あお
blue
ブルー

しろ
white
(フ)ワイト

う

ひらがな

ウ

かたかな

うんどうかい

うちゅう

うめぼし

うしろ

うちわ

うでどけい

うつくしい

うどん

うんてんしゅ

うれしい

うずまき

うらがえす

うえ

たかい　ところ。

うえの　ほうに　ある
ほんを　とる。

↕した

上《うえ》

うえ

ものの　おもての　ほう。

つくえの　**うえ**に　クレヨン《くれよん》を
おく。

うえき

にわや　いれものに　うえた
き。

うえきの　せわを　する。

うえる

くさや　きの　ねを　つちに
うめて、そだつように　する。

にわに　やさいを　**うえる**。

うがい

のどや　くちを　きれいに
する　ために、みずを　くちに
いれてから　だす　こと。

かぜを　ひかないように、
うがいを　する。

うかぶ

みずの　うえに　ある。うく。

このはが　かわに　**うかぶ**。

うかべる

みずの　うえに　おく。

ふねを　**うかべる**。

うきうき

うれしかったり
たのしかったり　して、
きもちが　あかるく　なる
ようす。

あした　ゆうえんちに
いくので、**うきうき**する。

うきわ

くうきを いれて みずに
うかべる わ。

うきわに つかまって、およぐ
れんしゅうを する。

うく

みずの うえに ある。うかぶ。

はなびらが みずに うく。

⇕しずむ

うけとる

ほかから くる ものを
じぶんの ての ほうに
うつす。

にもつを うけとる。

うける

じぶんの ほうに くる
ものを からだで とめる。

ボール《ぼうる》を てで うける。

うごかす

ばしょを かえる。

つくえを うごかす。

うごく

いちが かわる。

エスカレーター《えすかれえたあ》が うごく。

うしろ

せなかが ある ほう。

うしろを ふりかえる。

いち

⇕まえ 36ページ《ぺえじ》

うしろあし

あしが 4《よん》ほん ある
どうぶつの、おしりに ちかい
ほうの あし。

うさぎが うしろあしで
たって いる。

うすい

おもてから　うらまでの　ながさが　みじかい。

うすい　ほん。

↕あつい

うすい

いろや　あじが　あまり　ない。

うすい　あじの　スープ《すうぷ》。

↕こい

うずくまる

からだを　ちいさく　まるめて　しゃがむ。

ひざを　かかえて　うずくまる。

うずまき

まるく　つながって　みえる　かたち。

うずまきの　もよう。

うそ

ほんとうで　ない　こと。

べんきょうして　いたと　うそを　いう。

うそつき

うそを　いう　ひと。

うそつきの　しょうねん。

うた

おんがくに　あわせて　うたう　ことば。

うたが　すきだ。

うたう

うたを　こえに　だす。

こもりうたを　うたう。

うたがう

あやしいと　おもう。

うそを　ついて　いるのでは　ないかと　**うたがう**。

うち

じぶんの　いえ。

えきから　あるいて　**うち**に　かえる。

☞**いえ**　30ページ《ぺえじ》

うちがわ

そとでは　ない、なかの　ほう。

ふくの　**うちがわ**に　ある　ポケット《ぽけっと》。

うちゅう

ちきゅうや　たいようや　ほしの　ある、ひろい　ところ。

ロケット《ろけっと》が　**うちゅう**へ　とんで　いく。

うつ

つよく　あてる。つよく　たたく。

くぎを　**うつ**。

うつ

てっぽうや　ピストル《ぴすとる》から、まるくて　かたい　ものを　とばす。

てっぽうで　**うつ**。

うっかり

しらない　あいだに　まちがえて　しまう　ようす。

うっかりして　まどを　しめるのを　わすれた。

うつくしい

きれいな　ようすで　ある。

くじゃくは　**うつくしい**　とりだ。

うつす

しゃしんに　する　ために、
カメラ《かめら》を　つかう。

でんしゃの　しゃしんを
うつす。

うつす

ほかの　ばしょに　うごかす。

となりの　へやに　テーブル《てぇぶる》を
うつす。

うっとうしい

あかるい　きもちでは　なくて、
いやな　ようすで　ある。

あめが　ずっと　ふって
いるので、**うっとうしい**。

うっとり

よい　きぶんに　なって　いる
ようす。

きれいな　けしきを　みて
うっとりする。

うつる

ものの　かたちが　みずや
かがみの　うえに　あらわれる。

いけに　そらの　つきが
うつる。

うつる

ばしょを　かえる。

うしろの　せきから　まえの
せきへ　**うつる**。

うでどけい

うでに　はめる　とけい。

おかあさんは、あかい
うでどけいを　はめて　いる。

うなずく

わかったと　いう　きもちを
あらわす　ために、あたまを
まえに　うごかす。

みんなが　**うなずく**のを　みて
うれしかった。

うまい

じょうずな　ようすで　ある。

おねえさんは　なわとびが　**うまい**。

うまい

あじが　よい。おいしい。

この　みそしるは　**うまい**。

↕**まずい**

うまる

たくさんの　ものが　あって、みえなく　なる。

ゆきで　みちが　**うまる**。

うまれる

こどもが　おかあさんの　からだから　でて　くる。

うまの　こどもが　**うまれる**。

↕**しぬ**

うみ

しおからい　みずの　ある、ひろい　ところ。

やまの　うえから　**うみ**を　みる。

うむ

おかあさんが　こどもを　からだの　そとに　だす。

ねこが　さんびきの　こねこを　**うむ**。

うめる

つちや　すなの　なかに　いれて、みえなく　する。

かいがらを　すなに　**うめる**。

うら

おもてと　はんたいの　ほう。うしろの　ほう。

いえの　**うら**に　いく。

↕**おもて** 36ページ《ぺえじ》

☞**いち**

うらがえす

うらの　ほうを　おもてに　する。

かみを　**うらがえす**。

うらやましい

すばらしい　ひとを　みて、じぶんも　そう　なりたいと　おもう　ようすで　ある。

はやく　はしれる　おにいさんが　**うらやましい**。

うりきれる

ぜんぶ　うれて、なくなる。

すいかが　**うりきれる**。

うりば

しなものを　うる　ばしょ。

おもちゃの　**うりば**を　みるのは　たのしい。

うる

おかねを　うけとって　しなものを　わたす。

パン《ぱん》を　**うる**。

⇔かう

うるさい

おとや　こえが、がまんが　できないほど　おおきい。

どうろの　こうじの　おとが　**うるさい**。

うれしい

ねがって　いた　ことが　かなったり　して、たのしい。

おじいさんと　おばあさんに　あえて　**うれしい**。

⇔かなしい

うろうろ

いきたい　ところが　みつからないで　あちこち　あるく　ようす。

おみせを　さがして　**うろうろ**　する。

うわぎ

いちばん　うえに　きる　ふく。

あたらしい　**うわぎ**。

うわさ

おおくの　ひとが　はなして
いる、ほんとうか　どうか
わからない　できごと。

わにが　こうえんに　いたと
いう　**うわさ**を　きいた。

うんち

おしりから　でて　くる
たべものの　かす。うんこ。

トイレ《といれ》に　はいって　**うんち**を
する。

うんてん

のりものや　きかいを
うごかす　こと。

バス《ばす》を　**うんてん**する。

うんてんしゅ

のりものや　きかいを
うごかす　ひと。

ぼくの　おとうさんは
タクシー《たくしい》の　**うんてんしゅ**だ。

うんどう

からだを　うごかす　こと。

まいにち　**うんどう**を　する。

うんどうかい

たくさんの　ひとが
あつまって、かけっこや
いろいろな　うんどうを　する
こと。

しょうがっこうの
うんどうかいを　みに　いく。

え

ひらがな

エ

かたかな

えんにち
えきべん
えいが
えのく
えがお
エンジン
えきちょう
エレベーター
えきまえ
えくぼ
エスカレーター
えんそく
えほん

え

え

もののかたちや　ようすを
いろや　せんで　かいた　もの。

クレヨン《くれよん》で　えを　かく。

えいが

しろい　ぬのに、うごく
しゃしんを　うつした　もの。

どうぶつが　でて　くる
えいがを　みる。

えいご

イギリス《いぎりす》や　アメリカ《あめりか》で
つかわれて　いる　ことば。

えいごを　はなす。

えいよう

たべものの　なかに　ある、
からだの　ために　なる　もの。

えいようの　ある　やさい。

えがお

わらって　いる　かお。

えがおで　あいさつする。

えかきさん

えを　かく　ことを　しごとに
して　いる　ひと。

おとなに　なったら
えかきさんに　なりたい。

えき

でんしゃが　とまる　ばしょ。

えきに　いく。

えきいん

えきで　はたらいて　いる
ひと。

えきいんさんが
プラットホーム《ぷらっとほうむ》に　たって
いる。

えきちょう

えきで はたらいて いる ひとを まとめる やくめの ひと。

えきちょうさんが あいさつを する。

えきべん

えきで うって いる べんとう。

この えきの **えきべん**は おいしい。

えきまえ

えきの すぐ ちかく。

えきまえで ひとを まつ。

えくぼ

わらった とき、ほおに できる ちいさく へこんだ ところ。

えくぼが かわいい あかちゃん。

えさ

ひとが いきものに あげる たべもの。

こいの **えさ**を いけに なげる。

エスカレーター《えすかれえたあ》

ひとを はこぶ ために うごくように した かいだん。

エスカレーター《えすかれえたあ》に のる。

えだ

きの みきから でて、ほそながく のびて いる ところ。

えだに とりが とまる。

えと

☞ **じゅうにし** 192ページ《ぺえじ》

えのぐ

えに いろを つける もの。

ふでに **えのぐ**を つける。

えび

うみや　かわに　すむ、かたい
からで　おおわれた、
ほそながい　いきもの。

すいぞくかんで　**えび**を　みた。

エプロン《えぷろん》

ふくを　よごさないように、
ふくの　うえに　きる　もの。

あおい　**エプロン**《えぷろん》。

えほん

もじが　すくなく、えが
たくさん　かいて　ある　ほん。

えほんを　よむ。

えもの

やまや　うみで　とった
どうぶつ。

くまが　**えもの**を　たべる。

えらい

ほめて　あげたく　なるほど
りっぱな　ようすで　ある。

ごはんを　のこさずに　たべて、
えらいね。

えらぶ

よいと　おもう　ものを
とりだす。

ほしい　くつを　**えらぶ**。

えり

きる　ものの　くびの　まわり。

さむいので、ふくの　**えり**を
たてて　あるく。

エレベーター《えれべえたあ》

ひとや　ものを　のせて、
たてものの　うえや　したに
はこぶ　きかい。

エレベーター《えれべえたあ》の　ドア《どあ》が
ひらいた。

えん

にほんの おかねを あらわす
ことば。

さいふに 10《じゅう》えんを
いれる。

円《えん》

エンジン《えんじん》

じどうしゃや ひこうきを
うごかす ための きかい。

じどうしゃの エンジン《えんじん》。

えんそう

おんがくを きかせる ために
がっきの おとを だす こと。

ピアノ《ぴあの》を えんそうする。

えんそく

おおぜいで、とおくまで
でかけて たのしむ こと。

あしたは えんそくだ。

えんとつ

けむりを そとに だす
ための ながい もの。

たかい えんとつ。

えんにち

じんじゃや おてらで
おまつりを する ひ。

えんにちで わたあめを かう。

えんりょ

ほかの ひとの ことを
おもって、したい ことを
しない こと。

えんりょして すこししか
たべない。

おこのみやき
くりもの
おてだま
おかし
おてつだい
おおかみ
おきあがる

お

ひらがな

オ

かたかな

オムライス
おとぎばなし
おいわい
オートバイ
おはよう
おおいそぎ
おまつり

おいかける

うしろから　おう。

おとうさんを　おいかける。

おいこす

おいついて、それよりも
まえに　いく。

トラック《とらっく》が　バス《ばす》を　おいこす。

おいしい

あじが　よい。うまい。

おいしい　くだもの。

⇕まずい

おいしゃさん

びょうきや　けがを　なおす
しごとを　して　いる　ひと。

おいしゃさんに　みて　もらう。

おいつく

さきに　すすんで　いる
ひとや　ものの　ところに
いく。

ともだちに　おいつく。

おいで

きなさい。

ここに　おいで。

おいわい

よい　ことや　うれしい
ことを　いっしょに　よろこぶ
こと。いわい。

たんじょうびの　おいわい。

おう

さきに　すすんで　いる
ひとや　ものの　ところまで
いこうと　する。

ライオン《らいおん》が　しまうまを　おう。

おうえん

こえを だしたり はくしゅを したり して、はげます こと。

せんしゅを おうえんする。

おうだんほどう

くるまの とおる みちを、ひとが あんぜんに わたれるように して ある みち。

おうだんほどうを あるく。

おおあめ

はげしく たくさん ふる あめ。

おおあめの ひに でかける。

おおい

かずや りょうが たくさん ある ようすで ある。

りんごより いちごの ほうが おおい。

⇕**すくない**

おおいそぎ

とても いそぐ こと。

おおいそぎで うちに かえる。

おおう

ものの うえに かぶせる。

ぬので おおう。

おおきい

ながさや ひろさや おおきさが、ふつうより おおい。

ぞうは おおきい。

⇕**ちいさい**

大《おおきい》

おおごえ

おおきな　こえ。

おおごえを　だして　ともだちを　よぶ。

おおぜい

たくさんの　ひと。

ひとが　おおぜい　あつまる。

おおみそか

いちねんの　さいごの　ひ。12《じゅうに》がつ　31《さんじゅういち》にち。

おおみそかの　よる、へやで　テレビ《てれび》を　みる。

おおよろこび

とても　よろこんで　いる　こと。

おみやげを　もらって　おおよろこびだ。

おか

ちかくの　じめんより　たかく　なって　いる　ところ。

おかの　うえから　まちを　みる。

おかあさん〔ママ《まま》〕

おんなの　おやを　よぶ　ときに　つかう　ことば。かあさん。

おかあさんが　あかちゃんを　だく。

おかし

☞69ページ《ぺえじ》

おかしい

わらいたく　なるような　ようすで　ある。

みんなが　わらう、おかしい　はなし。

おかしい

へんな　ようすで　ある。

おかしいな。でんきが　つかないぞ。

おかし

しょくじの ほかに たべる もの。

だんご

せんべい

かりんとう

カステラ《かすてら》

キャラメル《きゃらめる》

かきごおり

まんじゅう

チョコレート《ちょこれえと》

シャーベット《しゃあべっと》

プリン《ぷりん》

アイスクリーム《あいすくりいむ》

クッキー《くっきい》

ケーキ《けえき》

ゼリー《ぜりい》

シュークリーム《しゅうくりいむ》

アップルパイ《あっぷるぱい》

バウムクーヘン《ばうむくうへん》

ドロップ《どろっぷ》

ガム《がむ》

ポップコーン《ぽっぷこうん》

ビスケット《びすけっと》

わたあめ

おかず

しょくじの　ときに　たべる
もので、ごはんや　パン《ぱん》の
ほかの　もの。

ゆうごはんの　**おかず**は
ハンバーグ《はんばぁぐ》だ。

おかね

ものを　かう　ときに　つかう
もの。かね。

さいふから　**おかね**を　だす。

おがわ

ちいさい　かわ。

たんぼの　そばの　**おがわ**。

おかわり

おなじ　たべものを　もう
いちど　もらう　こと。

おいしいので　**おかわり**する。

おきあがる

よこに　なって　いた
からだを　たてに　する。

ソファー《そふぁぁ》から　**おきあがる**。

おきる

ねむるのを　やめて、めを
あけて、からだを　うごかす。

あさ、はやく　**おきる**。

おく

とおくまで　はいった　ところ。

もりの　**おく**に　みずうみが
ある。

おく

ある　ばしょに　もって　いき、
うごかないように　する。

つくえの　うえに　ほんを
おく。

おくじょう

たてものの うえに ある たいらな ばしょ。

おくじょうに のぼって したを みる。

おくば

くちの おくの ほうに ある おおきい は。

おくばが いたい。

おくびょう

すぐに こわがる ようす。

おとうとは おくびょうだ。

おくりもの

ひとに あげる もの。プレゼント《ぷれぜんと》。

おくりものを えらぶ。

おくる

ものが あいてに とどくように する。

にもつを おくる。

おくる

しなものや おかねを ひとに あげる。

たんじょうびに はなを おくる。

おくれる

きまって いる じかんより おそく なる。

やくそくの じかんに おくれる。

おこす

ねむって いる ひとが おきるように する。

おにいさんを おこす。

おこづかい

じぶんで　つかう　ために
わたされる　おかね。こづかい。

おこづかいを　もらう。

おこる

いやな　ことが　あって、
がまんが　できなく　なる。

こわい　かおで　**おこる**。

おさえる

うごく　ものを　とめようと
する。

かぜに　とばされそうな
かみを　**おさえる**。

おしい

だめに　したり　なくしたり
したく　ない　ようすで　ある。

こわれたけれど、すてて
しまうのは　**おしい**　おもちゃ。

おじいさん

①おとうさんや　おかあさんの
おとうさん。
②としの　かずが　とても
おおい　おとこの　ひと。

おじいさんが　ほんを　よんで
いる。

おしいれ

ふとんや　どうぐを　いれて
おく　ところ。

おしいれから　ふとんを　だす。

おしえる

わかるように　せつめいする。

えきへ　いく　みちを
おしえる。

おしえる

はなしを　したり　かいた
ものを　みせたり　しながら
べんきょうを　させる。

ひらがなを　**おしえる**。

おじぎ

あたまを したに むけて あいさつを する こと。

きんじょの ひとに おじぎを する。

おじさん

①おとうさんや おかあさんの おとこの きょうだい。

②おとなの おとこの ひと。

ぼくの おじさんは、しょうぼうしだ。

おしまい

おわり。さいご。

おしまいまで はなしを きく。

おしゃべり

はなしを する こと。

おかあさんは おしゃべりが すきだ。

おしゃれ

かおや ふくを きれいに かざる こと。

おしゃれを する。

おす

まえの ほうへ ちからを くわえる。

ドア《どあ》を おす。

おす

どうぶつの おとこ。

おすの ライオン《らいおん》が ねて いる。

⇔めす

おそい

ある じかんより あとで ある ようすだ。

あさ、おきるのが おそい。

⇔はやい

おそい

じかんが　かかる　ようすだ。

あるくのが　おそい。

↕はやい

おそれる

こわいと　おもう。

へびを　おそれる。

おそろしい

こわい。

おそろしい　おおかみ。

おそわる

おしえて　もらう。

うたを　おそわる。

おちつく

きもちや　ようすが　しずかに
なる。

おばあさんと　いっしょに
いると　おちつく。

おちば

ちって　おちた　はっぱ。

おちばを　ひろう。

おちる

うえから　したへ　うごく。

テーブル《てえぶる》から　コップ《こっぷ》が
おちる。

おつかい

たのまれて、かいものに　いく
こと。

いもうとと　いっしょに
おつかいに　いく。

おつり

ねだんより　おおく　はらった
とき、かえして　もらう
おかね。

おつりを　うけとる。

おでかけ

どこかへ　いく　こと。

おねえさんは、きょうは
いちにち　**おでかけ**だ。

おてつだい

ほかの　ひとが　して　いる
ことを　たすける　こと。
てつだい。

そうじの　おてつだいを　する。

おと

☞76ページ《ぺえじ》

おとうさん［パパ《ぱぱ》］

おとこの　おやを　よぶ
ときに　つかう　ことば。
とうさん。

おとうさんが　かえって　くる。

おとうと

じぶんより　としが　したの
おとこの　きょうだい。

わたしの　おとうとは
3《さん》さいだ。

おとぎばなし

こどもに　きかせる　ための
むかしから　ある　おはなし。

おとぎばなしの　ほんを　よむ。

おとこ

にんげんで、こどもを
うまない　ほうの　ひと。

くろい　ふくを　きた
おとこ。

↕ **おんな**

男《おとこ》

おとこのこ

おとこの　こども。

おとこのこが　てを　あげて
いる。

おと
みみに きこえる もの。
音《おと》
ボー《ぼう》
ボー《ぼう》と なる。
ピューピュー《ぴゅうぴゅう》
かぜが ピューピュー《ぴゅうぴゅう》 ふく。
パチン《ぱちん》
ふうせんが パチン《ぱちん》と われる。
ザブーン《ざぶうん》
ザブーン《ざぶうん》と なみが くる。
ポチャン《ぽちゃん》
うみに ポチャン《ぽちゃん》と おちる。
トントン《とんとん》
とを トントン《とんとん》 たたく。
チャリーン《ちゃりいん》
おかねを チャリーン《ちゃりいん》と おとす。
ガラガラ《がらがら》
つみきが ガラガラ《がらがら》 たおれる。
ピンポーン《ぴんぽうん》
ピンポーン《ぴんぽうん》と なる。
ドンドン《どんどん》
たいこを ドンドン《どんどん》 たたく。
カーン《かあん》
ボール《ぼうる》を カーン《かあん》と うつ。
リンリン《りんりん》
ベル《べる》が リンリン《りんりん》と なる。
ゴーン《ごうん》
かねが ゴーン《ごうん》と なる。
ピー《ぴい》
ふえが ピー《ぴい》と なる。
ザーザー《ざあざあ》
あめが ザーザー《ざあざあ》 ふる。
バシャバシャ《ばしゃばしゃ》
みずたまりを バシャバシャ《ばしゃばしゃ》 あるく。
ビュービュー《びゅうびゅう》
かぜが ビュービュー《びゅうびゅう》 ふく。

おとしだま

しょうがつの　おいわいに、
こどもが　おとなから　もらう
おかねや　プレゼント《ぷれぜんと》。

おじいさんから　おとしだまを
もらった。

おとしもの

だれだか　わからない　ひとが
おとした　もの。

ひろばで　おとしものを
みつけた。

おとしより

としの　かずが　とても
おおい　ひと。としより。

おとしよりが　ゆっくりと
あるく。

おとす

うえの　ほうから　したの
ほうへ、てを　はなして
うつす。

ボール《ぼうる》を　おとす。

おととい

きのうの　まえの　ひ。

おととい、くるまで　でかけた。

おととし

きょねんの　まえの　とし。

おにいさんは
しょうがっこうに　おととし　はいった。

おとな

おおきく　なって、こどもでは
なく　なった　ひと。

おとなと　こどもが
よこに　ならぶ。

↕ **こども**

おとなしい

しずかな　ようすで　ある。

いつも　おとなしい
おんなのこ。

おどり

おんがくに　あわせて
からだを　うごかす　こと。

おどりの　れんしゅうを　する。

おどる

おんがくに　あわせて
からだを　うごかす。

わに　なって　**おどる**。

おどろく

おもって　いなかった　ことが
あって、あわてる。

とつぜん　おおきな　おとが
きこえて　**おどろく**。

おないどし

としが　おなじで　ある　こと。

わたしには、**おないどし**の
いとこが　いる。

おなじ

ある　ものが、べつの
ものでは　なく　その　もので
ある　ようす。そっくりで
ある　ようす。

おなじ　かたちの　クッキー《くっきぃ》。

おなら

おなかに　たまった　くうきが
おしりから　でた　もの。

おならが　でる。

おに

おはなしに　でて　くる、
ひとと　にて　いて、つのが
はえて　いる　いきもの。

ももたろうが　**おに**を
やっつける。

おにいさん

にいさん。
①じぶんより　としが　うえの
おとこの　きょうだい。
②わかい　おとこの　ひと。

おにいさんは　サッカー《さっかぁ》が
とくいだ。

おねえさん

ねえさん。
①じぶんより としが うえの おんなの きょうだい。
②わかい おんなの ひと。

おねえさんが ピアノ《ぴあの》の れんしゅうを して いる。

おねがい

こう なって ほしいと おもう こと。ねがい。

わたしの おねがいを きいて。

おばあさん

①おとうさんや おかあさんの おかあさん。
②としの かずが とても おおい おんなの ひと。

おばあさんが むかしばなしを きかせて くれた。

おはか

しんだ ひとの ほねを いれて おく ところ。はか。

おはかの そうじを する。

おばけ

ひとや どうぶつが、こわい かたちに なった もの。

おばけが でて くる むかしばなし。

おばさん

①おとうさんや おかあさんの おんなの きょうだい。
②おとなの おんなの ひと。

おばさんが きた。

おはなし

☞80ページ《ぺえじ》

おひさま

たいよう。

おひさまが くもの うしろから でて きた。

おぼえる

わすれないように する。

はなの なまえを おぼえる。

おはなし

ひとが よんで たのしむ ために つくった もの。 はなし。

おうさま
king
キング
王《おう》
おきさきさま
おとのさま
おうじさま
prince
プリンス
おひめさま
princess
プリンセス
おじぞうさん
おに
たからもの
treasure
トゥレジァ
モンスター《もんすたあ》
かいぞく
pirate
パイレト
おとひめさま
たまてばこ
けらい
じょおうさま
queen
クウィーン

お

おぼれる

みずの　なかで、およげなくて　しずんで　しまう。

かわで　おぼれる。

おまいり

じんじゃや　おてらに　おねがいを　しに　いく　こと。

しょうがつに　おまいりに　いく。

おまけ

ねだんを　やすく　する　こと。

10《じゅう》えん　おまけを　して　もらった。

おまつり

いのる　ために　きまった　ひに　する　おいわい。まつり。

かぞく　みんなで　おまつりに　いく。

おまもり

わるい　ことが　ないように、まもって　くれると　いわれる　ふだ。

おまもりを　バッグ《ばっぐ》に　つける。

おまわりさん〔けいさつかん〕

ひとの　あんぜんを　まもる　しごとを　して　いる　ひと。

じてんしゃに　のった　おまわりさんが　くる。

おみこし

おまつりの　とき、おおぜいの　ひとが　かつぐ　もの。みこし。

こどもが　おみこしを　かつぐ。

おみせ

☞82ページ《ぺえじ》

おみまい

びょうきに　なった　ひとの　ところへ　いって　はげます　こと。みまい。

にゅういんして　いる　ともだちの　おみまいに　いく。

おみせ

きゃくに しなものを
うる ところ。 みせ。

コンビニエンスストア《こんびにえんすすとあ》
〔コンビニ《こんびに》〕
ほんやさん
ぶんぼうぐやさん
さかやさん
はなやさん
くすりやさん
パン《ぱん》やさん
ケーキ《けえき》やさん
にくやさん
やおやさん
さかなやさん

おみやげ

たずねて　くる　ひとが
もって　くる　プレゼント《ぷれぜんと》。
みやげ。

おじさんが　おみやげを
くれた。

おむつ

あかちゃんの　おしりに
つける　ぬのや　かみ。

あかちゃんの　おむつを
かえる。

おもい

うごかす　ときに、ちからが
いる　ようすで　ある。

おもい　いしを　もちあげる。

↕かるい

おもいきり

だす　ことが　できる
ちからを　ぜんぶ　だす
ようす。

いしを　おもいきり　ける。

おもいだす

わすれて　いた　ことを　もう
いちど　おもう。

きょねんの　なつの
できごとを　おもいだす。

おもいつく

それまで　かんがえて
いなかった　ことが、でて
くる。

おもしろい　ことを
おもいつく。

おもいで

あとに　なって　おもいだす
できごと。

この　こうえんには
おもいでが　たくさん　ある。

おもう

かんじたり　かんがえたり
する。

はやく　かえりたいと　おもう。

おもしろい

むちゅうに　なるような　ようすで　ある。

この　ほんは　おもしろい。

おもちゃ

☞85ページ《ぺえじ》

おもて

そとから　みえる　ほう。

ハンカチ《はんかち》の　おもて。

☞いち
↕うら 36ページ《ぺえじ》

おもわず

そう　する　つもりでは　なかったのに。

おいしそうな　においが　したので、おもわず　だいどころへ　いく。

おや

おとうさんと　おかあさん。

おやと　てを　つないで　いる　こども。

おやこ

おやと　こども。

きの　うえに　さるの　おやこが　いる。

おやつ

しょくじと　しょくじの　あいだに　たべる　たべもの。

おやつの　ケーキ《けえき》を　たべる。

おゆ

☞ゆ 414ページ《ぺえじ》

およぐ

みずの　なかで、からだを　うごかして　すすむ。

プール《ぷうる》で　およぐ。

おり

にげられないように、どうぶつを　いれて　おく　いれもの。

おりの　なかの　ゴリラ《ごりら》。

おもちゃ

こどもが あそぶ とき つかう どうぐ。

ふうせん
たけとんぼ
にんぎょう
つみき
ミニカー《みにかあ》
おもちゃばこ
すごろく
さいころ
ゲーム《げえむ》
けんだま
こま
ブロック《ぶろっく》

お

おりがみ

てで　かみを　おって　いろいろな　ものの　かたちを　つくる　あそび。

へやで　おりがみを　した。

おりまげる

おって　まげる。

ひざを　おりまげる。

おりる

うえから　したへ　いく。

かいだんを　おりる。

↕あがる

おりる

のりものの　なかから　そとへ　でる。

バス《ばす》から　おりる。

↕のる

おる

まげて　かさねる。

がようしを　おる。

オルゴール《おるごうる》

ねじを　まわすと、みじかい　きょくを　くりかえす　きかい。

オルゴール《おるごうる》の　おとを　きく。

おれい

「ありがとう」と　いう　きもちを　あらわす　ことばや　プレゼント《ぷれぜんと》。れい。

おれいの　てがみを　かく。

おれる

ほそながい　ものが　まがって　はなれる。

クレヨン《くれよん》が　おれる。

お

おろす
うえから　したへ　うつす。

たなから　にもつを　おろす。

↕あげる

おわり
いちばん　あと。おわる　こと。

いちねんの　おわりの　ひ。

↕はじめ

おわる
つづいて　きた　ことが
なくなる。

げきが　おわる。

↕はじまる

おんがく
うたや　がっきで　あらわす、
ひとに　きかせる　ための
おと。

たのしい　おんがく。

おんせん
じめんの　したから　でて
くる　ゆを　ためた　ふろ。

かぞくで　おんせんに　いく。

おんど
あたたかさや　つめたさが
どのくらいかを　あらわす
ことば。

へやの　おんどが　ひくい。

おんな
にんげんで、こどもを　うむ
ほうの　ひと。

おんなの　せんせい。

↕おとこ

女《おんな》

おんなのこ
おんなの　こども。

リボン《りぼん》を　つけた　おんなのこ。

か

ひらがな

カ

かたかな

ガーゼ《があぜ》

マスク《ますく》や　ほうたいに　つかう
うすくて　やわらかい　ぬの。

すりむいた　ところを
ガーゼ《があぜ》で　おおう。

カード《かあど》

じや　えを　かく　ことが
できる、ちいさな　あつい
かみ。

カード《かあど》に　おいわいの
ことばを　かく。

ガードレール《があどれえる》

どうろの　はしに　つけて
ある、てつの　さく。

ガードレール《があどれえる》の　ある　みちを
あるく。

かい

なにかを　した　かずに
つける　ことば。

おなじ　えほんを　2《に》**かい**
よんだ。

かい

かたい　からに　つつまれて
いる、みずの　なかに　すむ
いきもの。

うみで　**かい**を　とる。

貝《かい》

かいがら

かいの　そとの　ほうを
おおって　いる　かたい　から。

かいがらで　つくった
ネックレス《ねっくれす》。

がいこく

にほんでは　ない　くに。
よその　くに。

がいこくに　いく。

かいしゃ

ひとが　あつまって　しごとを
して　いる　ところ。

おとうさんの　**かいしゃ**は、
えきの　ちかくに　ある。

かいじゅう

ほんとうは　いない　ふしぎな
いきもの。

かいじゅうが　でて　くる
テレビ《てれび》を　みる。

かいじょう

なにかを　する　ために、
たくさんの　ひとが　あつまる
ばしょ。

パーティー《ぱぁてぃい》の　**かいじょう**に
いく。

かいすいよく

うみに　はいって　およいだり
あそんだり　する　こと。

かいすいよくに　いく。

かいすう

なにかを　くりかえした
ときの　かず。

なわとびで　とんだ
かいすうを　かぞえる。

かいそう

うみの　なかに　はえて　いる
くさのような　もの。

こんぶも　わかめも
かいそうだ。

かいだん

のぼったり　おりたり　する
ための、だんに　なって　いる
ところ。

ながい　**かいだん**。

かいちゅうでんとう

もって　はこべる、あかりを
つける　どうぐ。

かいちゅうでんとうを　つける。

かいぬし

いきものの　せわを　して
そだてて　いる　ひと。

この　ねこの　**かいぬし**は
おじさんだ。

かいもの

おみせで しなものを かう こと。

スーパーマーケット《すうぱあまあけっと》で かいものを する。

かう

おかねを はらって しなものを もらう。

ケーキ《けえき》を かう。

↕うる

かう

いきものの せわを して そだてる。

ことりを かう。

カウンター《かうんたあ》

おみせで、きゃくが おかねを はらう ところ。

カウンター《かうんたあ》に ならぶ。

かえす

もって いた ひとに もどす。

かりた ほんを かえす。

かえる

こどもの ときは おたまじゃくしと よばれ、みずの そばで くらす いきもの。

かえるが なく。

かえる

もと いた ところに もどる。

おとうさんが かえる。

かえる

まえと ちがった ようすに する。

かみの かたちを かえる。

かえる

それまで　つかって　いた
ものと　べつの　ものに　する。

はブラシ《ぶらし》を　かえる。

かお

☞93ページ《ぺえじ》

かおり

よい　におい。

へやが　ばらの　かおりで
いっぱいだ。

かかえる

うでで　かこむように　して
もつ。

にもつを　りょうほうの　てで
かかえる。

かがやく

きらきら　ひかる。

ほうせきが　かがやく。

かかり

きめられた　しごと。
きめられた　しごとを　する
ひと。

さらを　はこぶ　かかりに
なる。

かかる

びょうきに　なる。

かぜに　かかる。

かかる

ぶらさがる。

かべに　かかる　えを　みる。

かかる

じかんや　おかねが　いる。

えきから　うちまで　15《じゅうご》ふん
かかる。

かお

めや　くちや　はなが
ある　ところ。

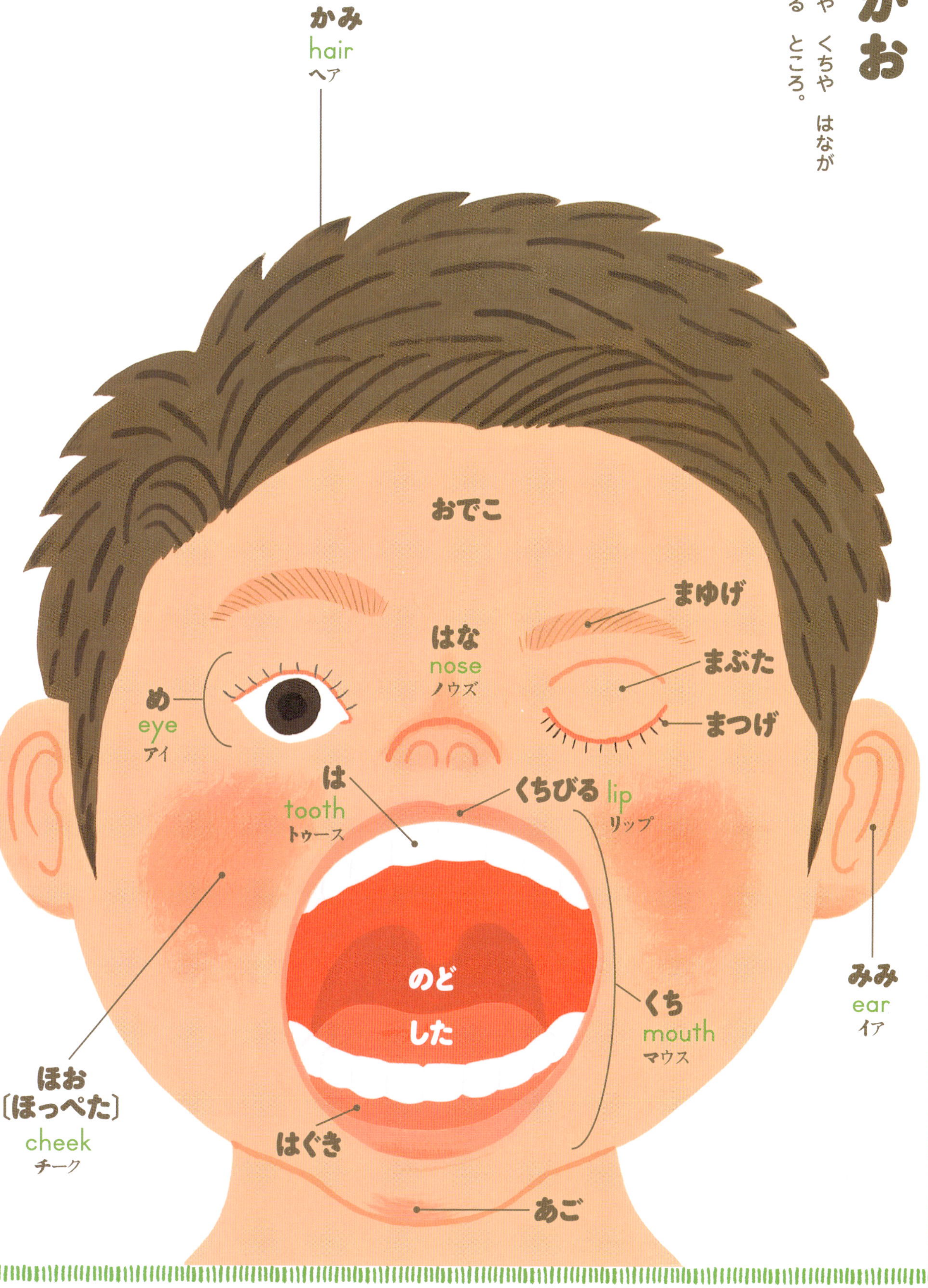
かみ
hair《ヘア》
おでこ
まゆげ
はな
nose《ノウズ》
まぶた
め
eye《アイ》
まつげ
は
tooth《トゥース》
くちびる
lip《リップ》
みみ
ear《イア》
のど
した
くち
mouth《マウス》
ほお
〔ほっぺた〕
cheek《チーク》
はぐき
あご

かぎ

ドア《どあ》や　ひきだしを　あけたり
とじたり　する　どうぐ。

かぎで　あける。

かぎあな

かぎを　さす　ための　あな。

かぎあなに　かぎを　さす。

かきまぜる

なかの　ものが　よく
まざるように　する。

たまごに　ぎゅうにゅうを
いれて　**かきまぜる。**

かく

もじで　あらわす。

てがみを　**かく。**

かく

えで　あらわす。

かぶとむしの　えを　**かく。**

かく

つめや　ゆびで　こする。

あたまを　**かく。**

かぐ

はなで　においを　かんじる。

くだものの　においを　**かぐ。**

かくす

ひとに　みられないように
する。

はこの　なかに　**かくす。**

か

がくせい

がっこうに いって
べんきょうを する ひと。

がくせいが おおぜい
あつまる まち。

かくにん

たしかめる こと。

しんごうを **かくにん**して、
おうだんほどうを わたる。

がくふ

おんがくの きょくを
きごうで あらわした もの。

がくふを みながら ピアノ《ぴあの》を
ひく。

かくれる

すがたが ひとから
みえないように する。

カーテン《かあてん》の かげに **かくれる**。

かげ

ひかりが あたった
はんたいの ほうに できる、
くらい ところ。

きの **かげ**が じめんに
うつる。

かげ

みえない ところ。

へいの **かげ**から ねこが
とびだす。

がけ

うみの そばや やまで、
したから うえまで
まっすぐに なって いる
ところ。

けわしい **がけ**。

かけっこ

はしって、だれが はやいか
くらべる こと。

ともだちと **かけっこ**を する。

かけら

こわれたり　かけたり　して
はなれた　ちいさい　もの。

ガラス《がらす》の　かけらが　おちて
いる。

かける

ものの　はしの　ところが
われて　なくなる。

コップ《こっぷ》が　かける。

かける

うえから　そそぐ。

はなに　みずを　かける。

かける

うえの　ほうで　とめて　おく。

ハンガー《はんがあ》に　シャツ《しゃつ》を　かける。

かご

たけや　ひもを　あんで
つくる　いれもの。

かごに　くだものを　いれる。

かこむ

ものの　まわりを
つつむように　ならぶ。

テーブル《てえぶる》を　かこむ。

かさ

あめや　たいようが
あたらないように　する
どうぐ。

かさを　さして　あるく。

かざぐるま

かぜが　あたると　まわる
おもちゃ。

かざぐるまが　くるくる
まわる。

かさなる

ものの うえに ものが ある。

いたが **かさなる**。

かさねる

ものの うえに ものを のせる。

ざぶとんを **かさねる**。

かざり

きれいに みえるように つくった もの。

プレゼント《ぷれぜんと》に **かざり**を つける。

かざる

きれいに みえるように する。

へやを **かざる**。

かざん

ひや けむりを ふきだして できた やま。

かざんから けむりが でて いる。

かじ

たてものや やまが もえる こと。

しょうぼうしゃは、**かじ**の ときに はたらく じどうしゃだ。

かじかむ

さむい とき、てや あしの さきが おもうように うごかなく なる。

てが **かじかむ**ので てぶくろを はめた。

かしげる

すこし よこに かたむける。

くびを **かしげる**。

かしこい

かんがえたり おぼえたり する ちからが ある ようすで ある。

いるかは かしこい いきものだ。

かじる

はで すこしずつ かむ。

せんべいを かじる。

かす

じぶんの ものを ほかの ひとに つかわせる。

かさを かす。

↔かりる

かず

☞100ページ《ぺえじ》

ガス《がす》

もやして つかう、くうきと にた もの。

ガス《がす》に ひを つける。

かすか

すこししか わからない ようす。

とりの こえが かすかに きこえる。

かぜ

ながれて いる くうき。

かぜで このはが ゆれる。

かぜ

せきが でたり ねつが でたり する びょうき。

かぜを ひいたので マスク《ますく》を する。

かぞえる

かずを たしかめる。

えんぴつの かずを かぞえる。

かぞく

☞102ページ《ぺえじ》

ガソリン《がそりん》

じどうしゃを　うごかす
ために　つかう　あぶら。

くるまに　ガソリン《がそりん》を　いれる。

かたい

ちからを　くわえても
かたちが　かわらない
ようすで　ある。

この　パン《ぱん》は　かたい。

かたかな

がいこくから　きた　ことばや
おとを　あらわす　ことばを
かく　ときに　つかう　もじ。

かたかなで　かく。

かたぐるま

ひとを　かたの　うえに
のせる　こと。

かたぐるまを　する。

かたち

103ページ《ぺえじ》

かたづける

きちんと　しまう。

テーブル《てえぶる》の　うえを
かたづける。

かたつむり

うずまきの　かたちの　からを
もつ、りくに　すむ　かい。

はっぱの　うえに
かたつむりが　いる。

かたな

むかしの　ひとが　たたかう
ときに　つかった、きる
どうぐ。けん。

かたなを　さす。

かたまり

くっついたり　して　ひとつに
なった　もの。

いもに　つちの　**かたまり**が
ついて　いる。

かず〔すうじ〕

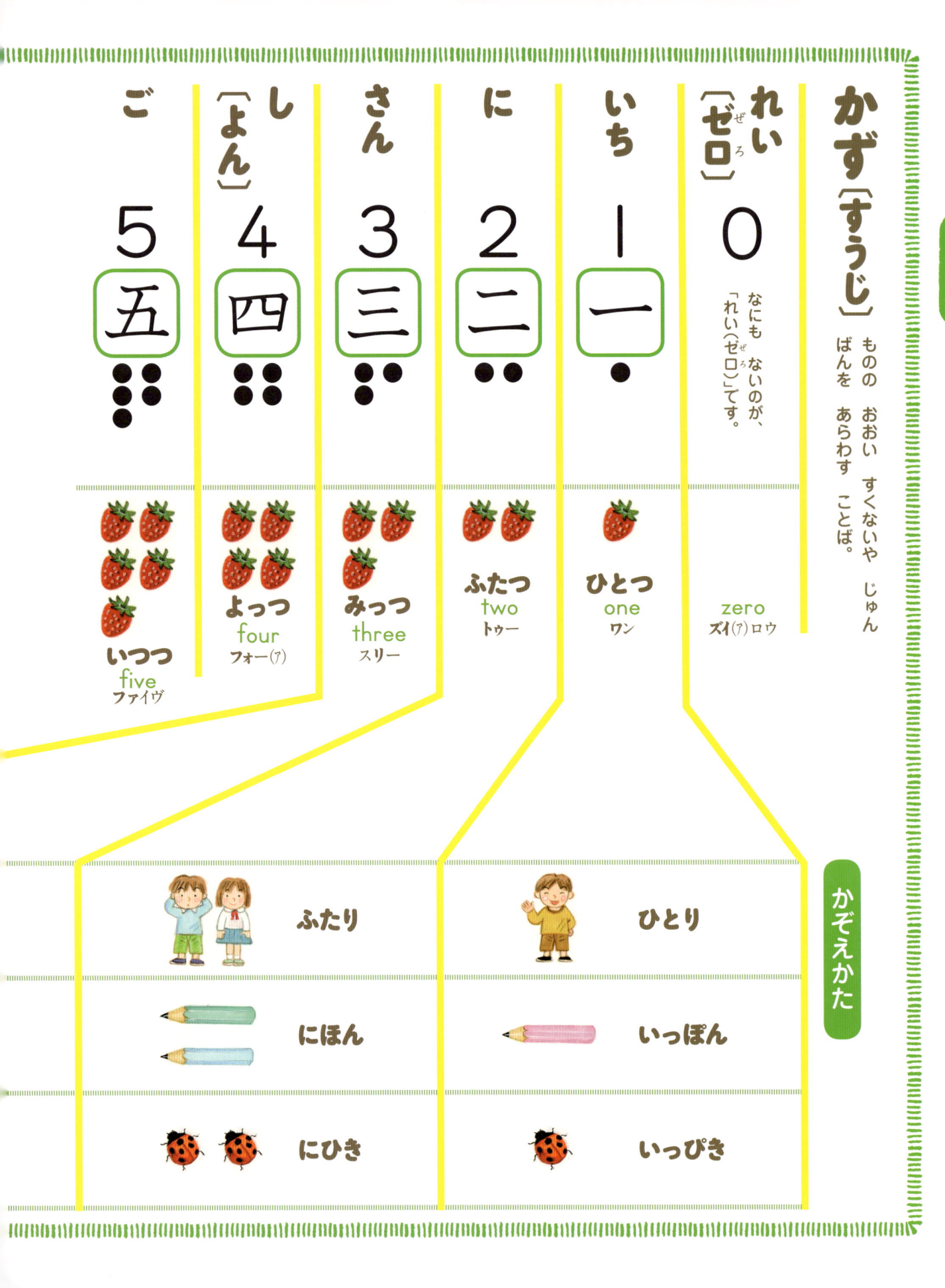

もののおおい すくないや じゅんばんを あらわす ことば。

れい〔ゼロ《ぜろ》〕

0

なにも ないのが、「れい（ゼロ《ぜろ》）」です。

zero

ズイ(ア)ロウ

いち

1 一 ●

ひとつ

one

ワン

に

2 二 ●●

ふたつ

two

トゥー

さん

3 三 ●●●

みっつ

three

スリー

し〔よん〕

4 四 ●●●●

よっつ

four

フォー(ア)

ご

5 五 ●●●●●

いつつ

five

ファイヴ

かぞえかた

ひとり

ふたり

いっぽん

にほん

いっぴき

にひき

か

ろく

6

六

むっつ

six

スィックス

しち〔なな〕

7

七

ななつ

seven

セヴン

はち

8

八

やっつ

eight

エイト

きゅう〔く〕

9

九

ここのつ

nine

ナイン

じゅう

10

十

とお

ten

テン

ひゃく

100

百

せん

1000

千

さんにん

さんぼん

さんびき

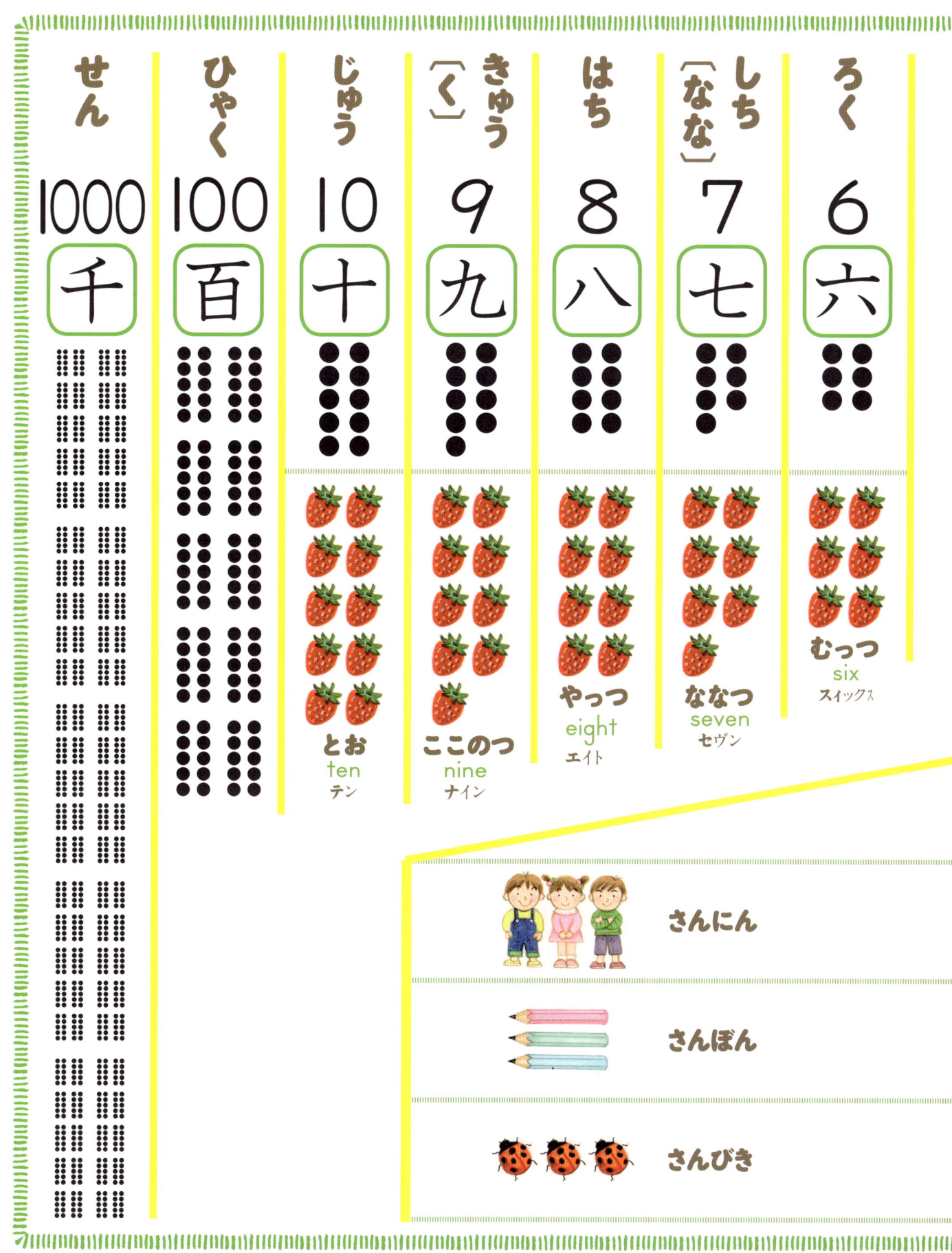

かぞく

いっしょに くらす、おやこや きょうだいの こと。

おばあさん
おじいさん
おばあさん
grandmother
グラン(ドゥ)マザァ
おじいさん
grandfather
グラン(ドゥ)ファーザァ
おかあさん〔ママ《まま》〕
mother
マザァ
おとうさん〔パパ《ぱぱ》〕
father
ファーザァ
ぼく
I
アイ
おねえさん
older sister
オウルダァ スィスタァ
おにいさん
older brother
オウルダァ ブラザァ
わたし
I
アイ
いもうと
younger sister
ヤンガァ スィスタァ
おとうと
younger brother
ヤンガァ ブラザァ
きょうだい

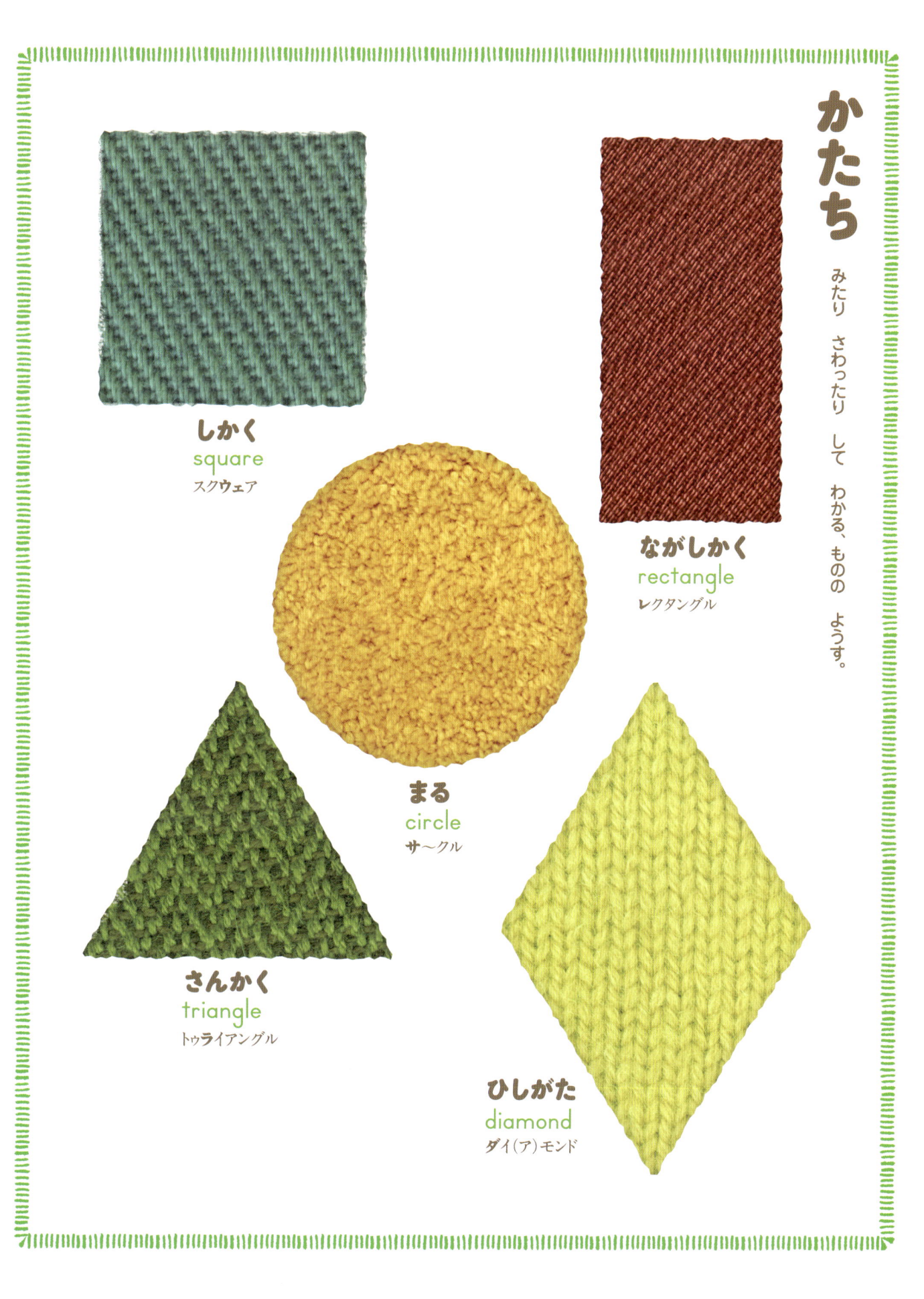

かたち

みたり　さわったり　して　わかる、ものの　ようす。

しかく
square
スクウェア

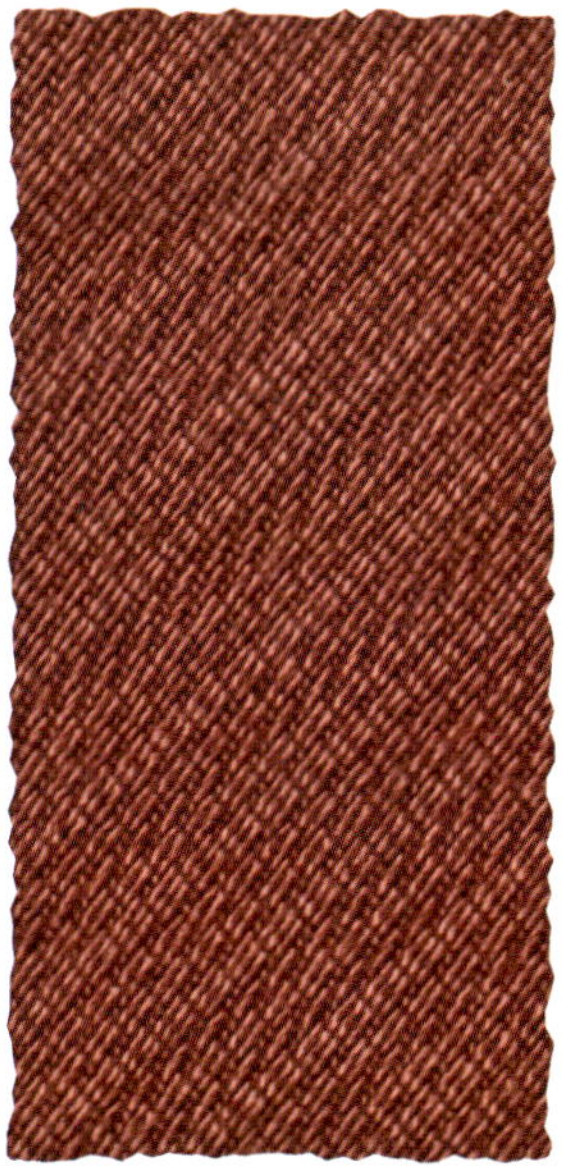

ながしかく
rectangle
レクタングル

まる
circle
サ～クル

さんかく
triangle
トゥライアングル

ひしがた
diamond
ダイ(ア)モンド

かたまる

やわらかい ものが かたく なる。

プリン《ぷりん》が **かたまる**。

かたむく

ななめに なる。

かぜで かんばんが **かたむく**。

かたむける

ななめに する。

かびんを **かたむける**。

かためる

やわらかい ものを かたく する。

すなを **かためる**。

かだん

はなや くさを うえて ある ところ。

かだんの はな。

かつ

あいてより つよい ことが きまる。

すもうで **かつ**。

⇔**まける**

かつおぶし

かつおと いう さかなから つくる、りょうりの あじを よく する ために つかう もの。

かつおぶしを けずる。

がっかり

おもうように ならなくて げんきが なくなる ようす。

うんどうかいが ちゅうしに なって **がっかり**する。

がっき

おんがくで つかう、 おとを だす どうぐ。

ドラム《どらむ》
けんばん ハーモニカ《はあもにか》
もっきん
ピアノ《ぴあの》
たいこ
しゃみせん
わだいこ
ギター《ぎたあ》
らっぱ
ふえ
こと
バイオリン《ばいおりん》
トライアングル《とらいあんぐる》
タンブリン《たんぶりん》
〔タンバリン《たんばりん》〕
カスタネット《かすたねっと》
ハーモニカ《はあもにか》

かつぐ

かたに　のせて　もつ。

にもつを　**かつぐ**。

かっこいい

みて、よい　かんじで　ある。

しゃしんに　うつって　いる
おにいさんは、**かっこいい**。

かっこう

すがた。

ふたりは　**かっこう**が　にて
いる。

がっこう

☞107ページ《ぺえじ》

かって

ほかの　ひとの　ことは
かんがえないで、じぶんの
おもうように　する　ようす。

かってな　ことを　しては
だめだよ。

かつやく

がんばって　よく　うごく
こと。

しあいで　**かつやく**する。

かど

とがって　でて　いる　ところ。

つくえの　**かど**に　てを
ぶつける。

かど

まっすぐで　なく、まがって
いる　ところ。

つぎの　**かど**を　みぎへ
まがると　がっこうが　ある。

かなう

おもった　ことが　ほんとうに
なる。

ねがいが　**かなう**。

がっこう

たくさんの　ひとが
いっしょに
べんきょうする
ところ。

学《がく(がっ)》校《こう》

しょくいんしつ
おんがくしつ
きょうしつ
きゅうしょく
ほけんしつ
こうしゃ
たいいくかん
こうてい

かなしい

なきたいような　きもちで、つらい。

ともだちが　ひっこすので　かなしい。

↕うれしい

かなしむ

なきたいような　つらい　きもちに　なる。

こわれた　おもちゃを　みて　かなしむ。

↕よろこぶ

かならず

どんな　ことが　あっても。

やくそくは　かならず　まもる。

かなり

ほかに　くらべて　ずっと。

きょうは　かなり　あつい。

かに

かたい　からに　つつまれ、はさみのような　にほんの　あしを　もつ　いきもの。

はまべで　かにを　みつけた。

カヌー《かぬう》

ふとい　きに　あなを　あけて　つくった　ふね。

カヌー《かぬう》で　かわを　くだる。

かね

☞おかね　70ページ《ぺえじ》

かね

たたいて　おとを　だす　どうぐ。

かねを　たたく。

カバー《かばあ》

よごれたり　きずが　ついたり　しないように　そとを　おおう　もの。

ふとんに　カバー《かばあ》を　かける。

かばう

たすけて　まもる。

ともだちを　かばう。

かび

たべものや　かべに　つく、とても　ちいさい　いきもの。

もちに　かびが　はえる。

かびん

はなを　かざる　ための　いれもの。

かびんの　みずを　かえる。

かぶせる

うえから　ものを　のせる。

もうふを　かぶせる。

かぶりつく

くちを　おおきく　あけて、おもいきり　かむ。

すいかに　かぶりつく。

かぶる

あたまの　うえに　ものを　のせる。

むぎわらぼうしを　かぶる。

かぶれる

ひふが　はれたり　やぶれたり　する。

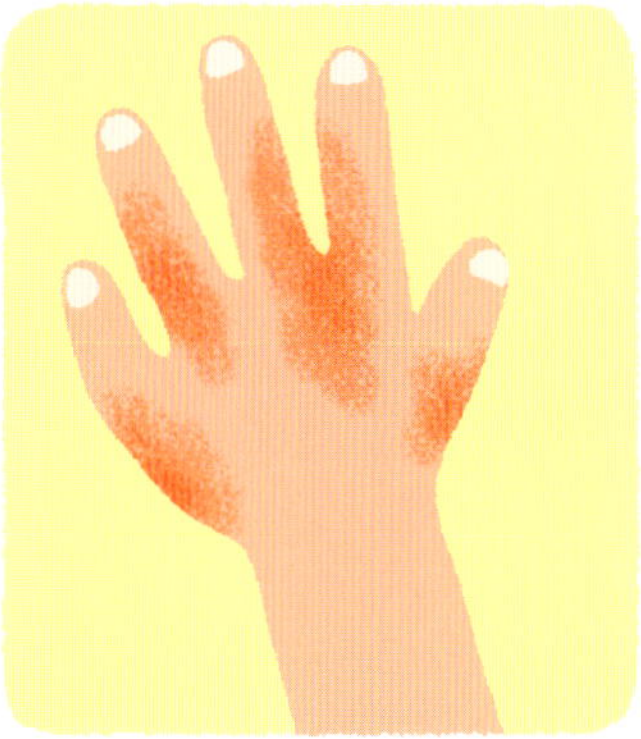

てが　かぶれる。

かべ

たてものの なかと そとや、へやと へやを わけて いる もの。

かべに カレンダー《かれんだぁ》を はる。

かまえる

きまった しせいを する。

バット《ばっと》を もって かまえる。

がまん

おもうように ならなくても がんばる こと。

いたいのを がまんする。

かみ

じや えを かいたり、ものを つつんだり する うすい もの。

おおきい かみに えを かく。

かみ

あたまの け。

おふろで かみを あらう。

かみしばい

ものがたりの えを つぎつぎ みせて、はなしを よんで きかせる もの。

たのしい かみしばい。

かみなり

そらで おとが なったり ひかったり する もの。

かみなりの おとが する。

かみひこうき

かみを おって つくる おもちゃの ひこうき。

かみひこうきを とばす。

か

かむ

はなに　たまった　しるを
そとに　だす。

はなを　かむ。

かむ

うえと　したの　はを
つかって、たべものを
こまかく　する。

たべものを　よく　かむ。

かめ

せなかに　かたい　からの
ある　いきもの。うみや
いけに　すむ。

いけに　かめが　たくさん
いる。

カメラ《かめら》

しゃしんを　うつす　きかい。

カメラ《かめら》で　さくらを　うつす。

かゆい

つめや　ゆびで　こすりたく
なる　ようすで　ある。

せなかが　かゆい。

かよう

きまった　ばしょに　いつも
いく。

びょういんに　かよう。

から

なかに　なにも　ない　こと。

かんづめが　からに　なる。

から

なかみを　つつんで　いる
かたい　もの。

かいの　から。

がら

ふくや ぬのの もよう。

セーター《せえたあ》の がらが とても きれいだ。

からい

したが ひりひりするような あじで ある。

この ラーメン《らあめん》は からい。

⇔ **あまい**

からかう

あいてに へんな ことを いったり こまらせたり して おもしろがる。

おねえさんを からかう。

がらくた

つかえなく なった もの。

ひきだしに がらくたが はいって いる。

ガラス《がらす》

コップ《こっぷ》や まどを つくるのに つかう、すきとおって かたい もの。

まどの ガラス《がらす》を ふく。

からだ

☞114ページ《ぺえじ》

からっぽ

なかみが ない ようす。

はこの なかは からっぽだ。

かりる

ひとの ものを すこしの あいだ、つかう。

けしゴム《ごむ》を かりる。

⇔ **かす**

かる

みじかく きりとる。

はたけの くさを かる。

かるい

うごかす ときに、あまり ちからが いらない ようすで ある。

おおきいけれど かるい はこ。

かるい ↕ おもい

かれは

かれた は。いろが ちゃいろに なった は。

じめんに かれはが おちて いる。

かれる

くさや きが しんで しまう。

きが かれる。

カレンダー《かれんだあ》

ひづけや ようびが わかるように、かいて ある もの。

カレンダー《かれんだあ》に しるしを つける。

かわ

みずが たまって ながれて いる ところ。

かわで つりを する。

川《かわ》

かわ

ものの そとに ある もの。

りんごの かわを むく。

かわいい

たいせつに したいと おもう ようすで ある。

かわいい あかちゃん。

からだ

あたまから あしまでの ぜんぶを、まとめて いう ことば。

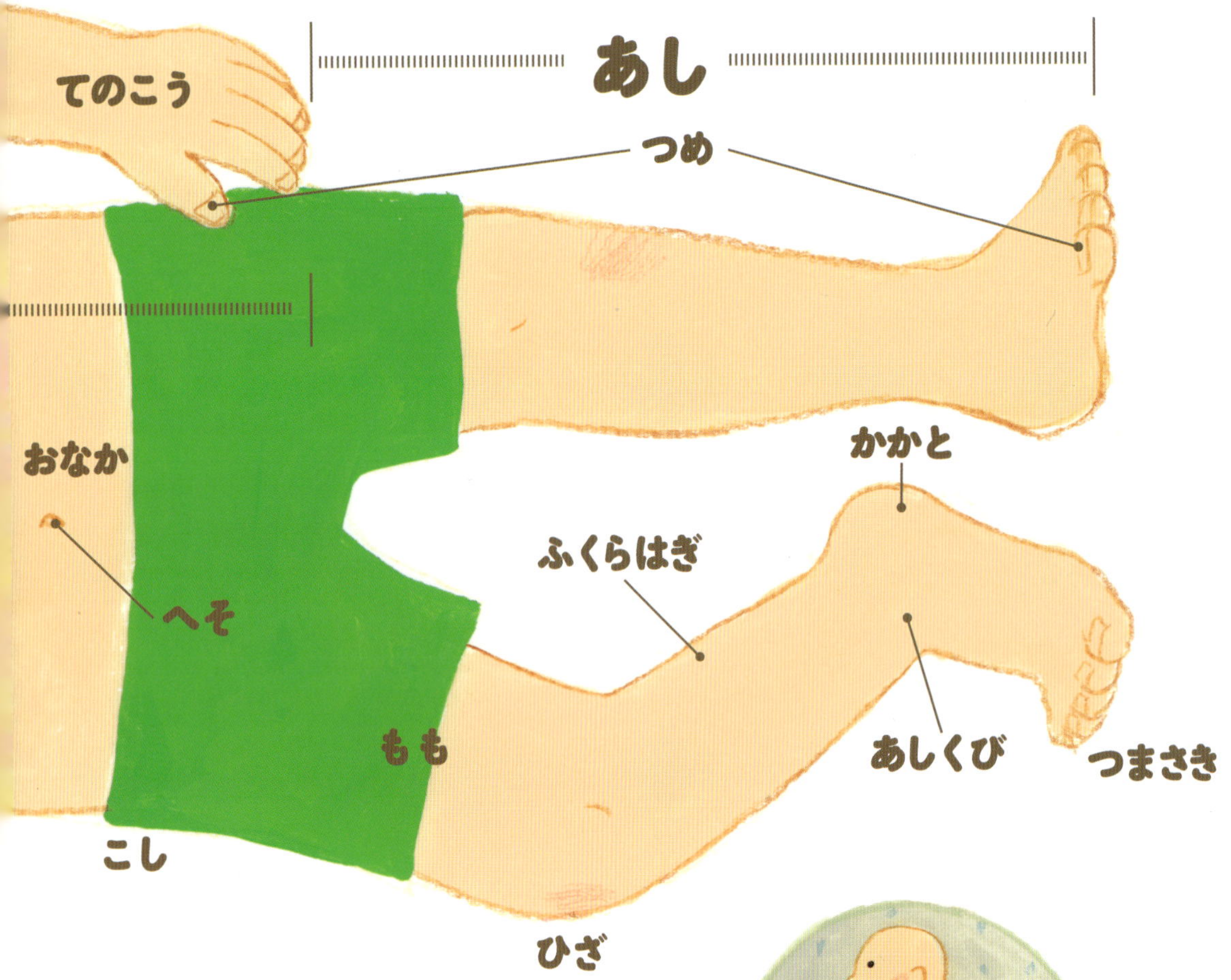
あし
てのこう
つめ
おなか
へそ
かかと
ふくらはぎ
もも
あしくび
つまさき
こし
ひざ

いびき
うんち
なみだ
tears
ティアズ
ち
blood
ブラッド
せなか
あくび
あせ
sweat
スウェット
おしり
〔しり〕
おなら
おしっこ

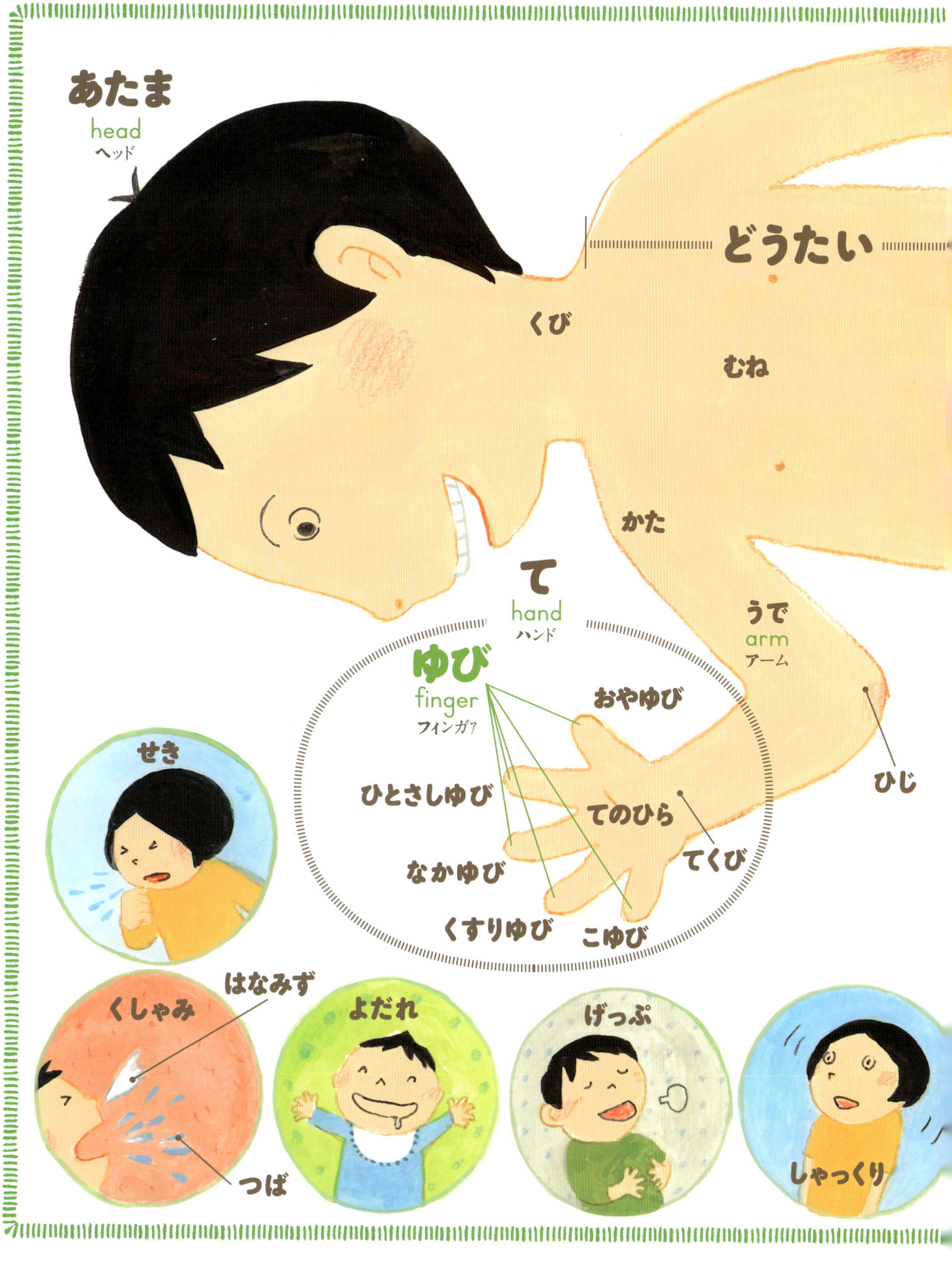
あたま
head
ヘッド
どうたい
くび
むね
かた
て
hand
ハンド
うで
arm
アーム
ゆび
finger
フィンガァ
おやゆび
ひとさしゆび
てのひら
なかゆび
てくび
くすりゆび
こゆび
ひじ
せき
はなみず
くしゃみ
つば
よだれ
げっぷ
しゃっくり

かわいがる

かわいいと　おもって
やさしく　する。

いもうとを　**かわいがる**。

かわいそう

つらいように　みえる　ようす。

けがを　して　**かわいそう**だ。

かわかす

しめった　ところが
ないように　する。

ぬれた　タオル《たおる》を　**かわかす**。

かわかみ

かわが　ながれて　くる　ほう。

かわかみから　はなびらが
ながれて　くる。

かわく

しめった　ところが　なくなる。

せんたくした　シャツ《しゃつ》が
かわく。

かわく

みずが　のみたく　なる。

あついので　すぐに　のどが
かわく。

かわしも

かわが　ながれて　いく　ほう。

かわしもに　むかって　ふねを
こぐ。

かわり

ある　ひとが　して　いた
ことを、べつの　ひとが　する
こと。

おかあさんの　**かわり**に
おばあさんが　いく。

かわる

いままで して いた ひとが やめて、べつの ひとが する。

せんしゅが かわる。

かわる

まえとは ちがうように なる。

えんそくに いく ひが かわる。

かん

たべものや のみものを いれる、かたい いれもの。

おかしの かんを あける。

かんがえる

あたまの なかで、おもう ことを まとめる。

クイズ《くいず》の こたえを かんがえる。

がんこ

ひとの いう ことを きかないで、じぶんの おもうように する ようす。

がんこな おじいさん。

かんごしさん

おいしゃさんを てつだったり びょうにんの せわを したり する ひと。

かんごしさんに くすりを のませて もらう。

かんさつ

くわしく みる こと。

かめを かんさつする。

かんじ

からだや こころで わかる こと。

そとは すこし さむい かんじだ。

かんじ

ちゅうごくと いう くにで
つくられて、にほんでも
つかわれて いる もじ。

かんじで かく。

がんじつ

いちねんの いちばん
はじめの ひ。一《いち》がつ
ついたち（一《いち》にち）。

がんじつに しんせきが
あつまる。

かんじゃさん

びょうきや けがで
おいしゃさんに みて もらう
ひと。

きゅうきゅうしゃで
かんじゃさんが はこばれて
くる。

かんじる

からだや こころで ようすが
わかる。

いたいと かんじる。

かんしん

とても よいと おもう こと。

ともだちが かいた えを
みて かんしんする。

かんせい

すっかり できあがる こと。

あたらしい ビル《びる》が
かんせいする。

かんたん

すぐに できる ようす。

この もんだいは かんたんだ。

かんちがい

まちがって、そうだと おもって しまう こと。

おばさんだと おもったけれど、かんちがいだった。

かんづめ

たべものが くさらないように、かんに いれて くうきが はいらないように した もの。

ももの かんづめを あける。

かんでんち

☞でんち 268ページ《ぺえじ》

かんぱい

おいわいの ときに、みんな そろって のみものを のむ こと。

たんじょうびを いわって かんぱいする。

がんばる

いっしょうけんめいに する。

うんどうかいで がんばる。

かんばん

おみせや しなものの なまえを かいて、よく みえる ところに だして ある もの。

おかしやさんの かんばん。

かんびょう

びょうきに なった ひとの せわを する こと。

おかあさんが いもうとの かんびょうを する。

かんむり

あたまに かぶる りっぱな かざり。

ほうせきが たくさん ついて いる かんむり。

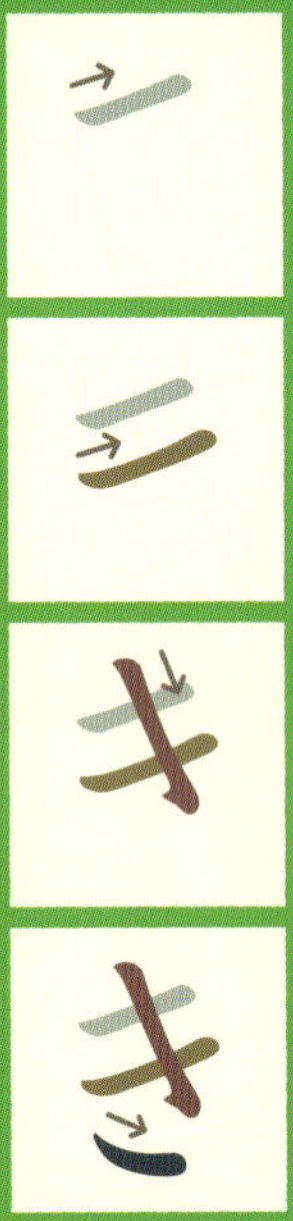

き

ひらがな

キ

かたかな

き

みきが　かたい
しょくぶつ。

そてつ

はっぱ

たけ

はっぱ

まつ

み
はっぱ

さくら

はっぱ

うめ

み
はっぱ

すぎ

はっぱ

やなぎ

はっぱ

いちょう

はっぱ

きいろい

きいろの　いろで　ある。

きいろい　ぼうしを　かぶる。

きえる

ひかりや　ねつを　ださなく　なる。

ひが　**きえる。**

きかい

でんきの　ちからで　うごき、きまった　ことを　する　もの。

パン《ぱん》を　つくる　**きかい。**

きがえ

きて　いる　ものを　ぬいで、ほかの　ものを　きる　こと。

きがえの　したぎを　ようい　する。

きがえる

きて　いる　ものを　ぬいで、ほかの　ものを　きる。

あめに　ぬれたので　ふくを　**きがえる。**

きがつく

いままで　わからなかった　ことが　わかる。

みちを　まちがえて　いた　ことに　**きがつく。**

ききゅう

まるくて　おおきい　ふくろを　ふくらませて、そらに　あげる　もの。

ききゅうが　とんで　いる。

きく

おとや　こえを　みみで　かんじる。

むしの　こえを　**きく。**

きく

おしえて　もらう。

えきに　いく　みちを　**きく**。

きく

びょうきを　なおす　ときに　やくだつ。

この　くすりは　かぜに　**きく**。

きけん

あぶない　こと。

どうろを　よこぎるのは　きけんだ。

⇔**あんぜん**

きげん

かおや　たいどに　あらわれる　こころの　ようす。

おとうとは　**きげん**が　わるい。

きごう

ひとに　なにかを　しらせる　しるし。

ちずの　**きごう**。

きこえる

おとや　こえが　みみに　はいって　くる。

からすの　なく　こえが　**きこえる**。

ぎざぎざ

のこぎりの　きる　ところのような　かたちに　なった　ようす。

かみを　**ぎざぎざ**に　きる。

きざむ

とても　ちいさく　きる。

ねぎを　**きざむ**。

きじ

ようふくや　きものを　つくる　ぬの。

この　きじは　うすい。

きしべ

かわや　うみや　みずうみの、みずに　ちかい　りく。

きしべを　あるく。

きしゃ

ものを　もやした　ちからで　せんろの　うえを　すすむ　のりもの。

きしゃが　トンネル《とんねる》に　はいる。

きず

ぶつけたり　きったり　して、ひふに　できた　けが。

ゆびの　きずに　くすりを　つける。

きせつ

125ページ《ぺえじ》

きせる

ふくを　からだに　つけて　やる。

にんぎょうに　ふくを　きせる。

きそく

まもる　ことが　きまって　いる　やくそく。

プール《ぷうる》の　きそくを　まもる。

きた

あさ、たいようが　でて　くる　ほうがくの　ひだりの　ほう。

きたから　かぜが　ふく。

きたない

どろが　ついて　いたり　ふるかったり　して、いやな　ようすで　ある。

きたない　てぶくろ。

きせつ

いちねんを よっつに わけた、はる・なつ・あき・ふゆの こと。

ゆきだるま
ゆきがっせん
はなみ
つくし
ふゆ
winter《ウィンタア》
はる
spring《スプリング》
あき
fall《フォール》
なつ
summer《サマア》
なつやすみ
プール《ぷうる》
こうよう
もみじ
くり
なつまつり

きちんと

きれいに　ただしく　なって　いる　ようす。

つくえの　うえを　**きちんと**　かたづける。

きつい

ちいさくて　きゅうくつな　ようすで　ある。

この　うわぎは　ぼくには　**きつい**。

きっさてん

のみものを　だす　おみせ。

きっさてんに　はいる。

キッチン《きっちん》

☞だいどころ　230ページ《ぺえじ》

きって

はがきや　てがみを　だす　ときに、はる　もの。

はがきに　**きって**を　はる。

きっと

ぜったいに　そう　なると　おもう　ようす。

あしたは　**きっと**　はれだ。

きっぷ

のりものに　のったり　する　ときに、おかねを　はらった　ことが　わかるように　もらう　もの。

えきで　**きっぷ**を　かう。

きにいる

よいと　おもう。

あたらしい　ぼうしが　**きにいる**。

きねん

おもいでと　して　のこして　おく　こと。

ハイキング《はいきんぐ》に　いった　**きねん**に　しゃしんを　とる。

きのう

きょうの　まえの　ひ。

きのう　デパート《でぱあと》に　いった。

きのこ

じめんに　はえる、かさのような　かたちの　もの。

もりで　**きのこ**を　みつけた。

きのどく

かわいそうだと　おもうようす。

おかねを　おとしたなんて　**きのどく**だ。

きのぼり

てや　あしで　つかまって　きに　のぼる　こと。

さるは　**きのぼり**が　じょうずだ。

きのみ

きに　できる　み。

きのみを　とりが　つつく。

きば

どうぶつの　くちの　なかに　はえて　いる　とがった　かたい　は。

わにの　**きば**。

きびしい

あまえたり　なまけたり　できず、たいへんな　ようすで　ある。

わたしの　ピアノ《ぴあの》の　せんせいは　**きびしい**。

きぶん

からだや　こころの　ようす。

ねつが　あって　**きぶん**が　わるい。

きまり

きめて ある こと。

きまりを まもる。

きまる

どう するか はっきりする。

かいすいよくに いく ひが **きまる**。

きみ

ひとを よぶ ときに つかう ことば。

きみも いっしょに いこう。

きめる

どう するか はっきりさせる。

なにに のるか **きめる**。

きもち

こころの ようす。

しあわせな **きもち**だ。

きもちいい

こころの ようすが よい。

しんこきゅうを すると **きもちいい**。

きもの

にほんに むかしから ある ふく。

おかあさんが **きもの**を きる。

きゃく

いえや おみせに やって くる ひと。

おみせの まえに おおぜいの **きゃく**が ならぶ。

ぎゃく

はんたいで　ある　こと。

ぎゃくの　ほうこうだ。

ぎゃくてん

それまでと　はんたいに　なる
こと。

ぎゃくてんして　しあいに
かつ。

キャンプ《きゃんぷ》

やまや　のはらで、テント《てんと》の
なかに　とまる　こと。

みずうみの　ちかくで
キャンプ《きゃんぷ》を　する。

きゅう

かんがえる　じかんが
ぜんぜん　ない　ようす。

きゅうに　かぜが　ふく。

きゅうきゅうしゃ

びょうきの　ひとや　けがを
した　ひとを　いそいで
びょういんに　はこぶ
じどうしゃ。

きゅうきゅうしゃが
サイレン《さいれん》を　ならして　はしる。

きゅうくつ

せまくて　じゆうに
うごけない　ようす。

でんしゃが　こんで
きゅうくつだ。

きゅうけい

して　いる　ことを
やめて　やすむ　こと。

つかれたので、きゅうけいする。

きゅうじつ

しごとや　がっこうが
やすみに　なる　ひ。

きゅうじつの　ゆうえんちは
こんで　いる。

きゅうしょく

がっこうや　ようちえん、
ほいくえんで、かよって　くる
ひとに　だす　たべもの。

きょうしつで　**きゅうしょく**を
たべる。

きよう

てや　ゆびを　つかって
ものを　つくったり
くみたてたり　するのが
じょうずな　ようす。

おねえさんは　**きよう**だ。

きょう

いま　すごして　いる　ひ。

きょうは　あさから　はれて
いる。

ぎょうぎ

きちんと　まもらなければ
いけない　あいさつや　たいど。

ぎょうぎが　よいと
ほめられた。

きょうしつ

がっこうで　べんきょうを
おしえて　もらう　へや。

きょうしつに　せんせいが
はいって　くる。

きょうそう

かつか　まけるか、たたかう
こと。

だれが　いちばん　とおくまで
なげられるか　**きょうそう**する。

きょうそう

だれが　はやく　はしれるか、
はしって　くらべる　こと。

おにいさんと　**きょうそう**する。

きょうだい

おなじ　おやから　うまれた
こども。

なかの　よい　**きょうだい**。

きょうりゅう

ずっと　むかしに　いきて
いた、とても　おおきい
いきもの。

きょうりゅうの　ずかんを
みる。

きょうりょく

いっしょに　する　こと。

みんなが　**きょうりょく**して、
こうえんの　そうじを　する。

ぎょうれつ

まって　いる　ひとが
おおぜい　ならんで、れつに
なって　いる　こと。

おみせの　まえに
ぎょうれつが　できる。

きょく

おんがくの　さくひん。

この　**きょく**が　すきだ。

きょねん

ことしの　まえの　とし。

この　いぬは　**きょねん**
うまれた。

きょり

ある　ところから　べつの
ところまでの　ながさ。

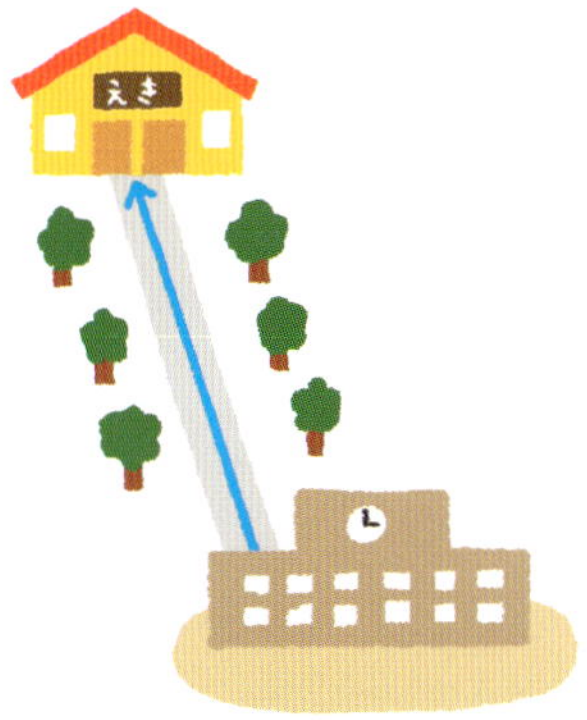

がっこうから　えきまでの
きょり。

きらい

いやだと　おもう　ようす。

わたしは　へびが　**きらい**だ。
⇕**すき**

きらきら

つづけて きれいに ひかる ようす。

ほしが **きらきら** ひかる。

きり

くうきの なかに けむりのように うかんで いる、とても こまかい みず。

きりで とおくが みえない。

ぎりぎり

もう まつ ことが できない さいごの ところ。

ぎりぎりで はっしゃの じかんに まにあった。

きりとる

ぜんぶの なかの、ある ところを きって とる。

ざっしから はがきを **きりとる**。

きりぬく

かみや ぬのの、ある ところを きりとる。

がようしに かいた さんかくの かたちを **きりぬく**。

きる

どうぐで ものを わける。

ほうちょうで キャベツ《きゃべつ》を **きる**。

きる

からだに つける。

パジャマ《ぱじゃま》を **きる**。

⇕ **ぬぐ**

きれい

いろや かたちや みた かんじが よい ようす。

はなびが **きれい**だ。

きれる

つながって　いた　ものが
はなれる。

ひもが　きれる。

きをつける

ちゅういする。

くるまに　きをつける。

きん

きいろいような　いろの、
かがやく　もの。

きんの　ゆびわを　はめる。

ぎん

しろいような　いろの、
かがやく　もの。

ぎんの　ネックレス《ねっくれす》。

ぎんこう

おかねを　あずかったり
かしたり　する　ところ。

ぎんこうに　いく。

きんじょ

じぶんの　いえに　ちかい
ところ。

きんじょで　かいものを　する。

きんにく

てや　あしの　ほねに　ついて
いて、からだを　うごかして
いる　もの。

きんにくを　つよく　する
うんどうを　する。

く

ひらがな

ク

かたかな

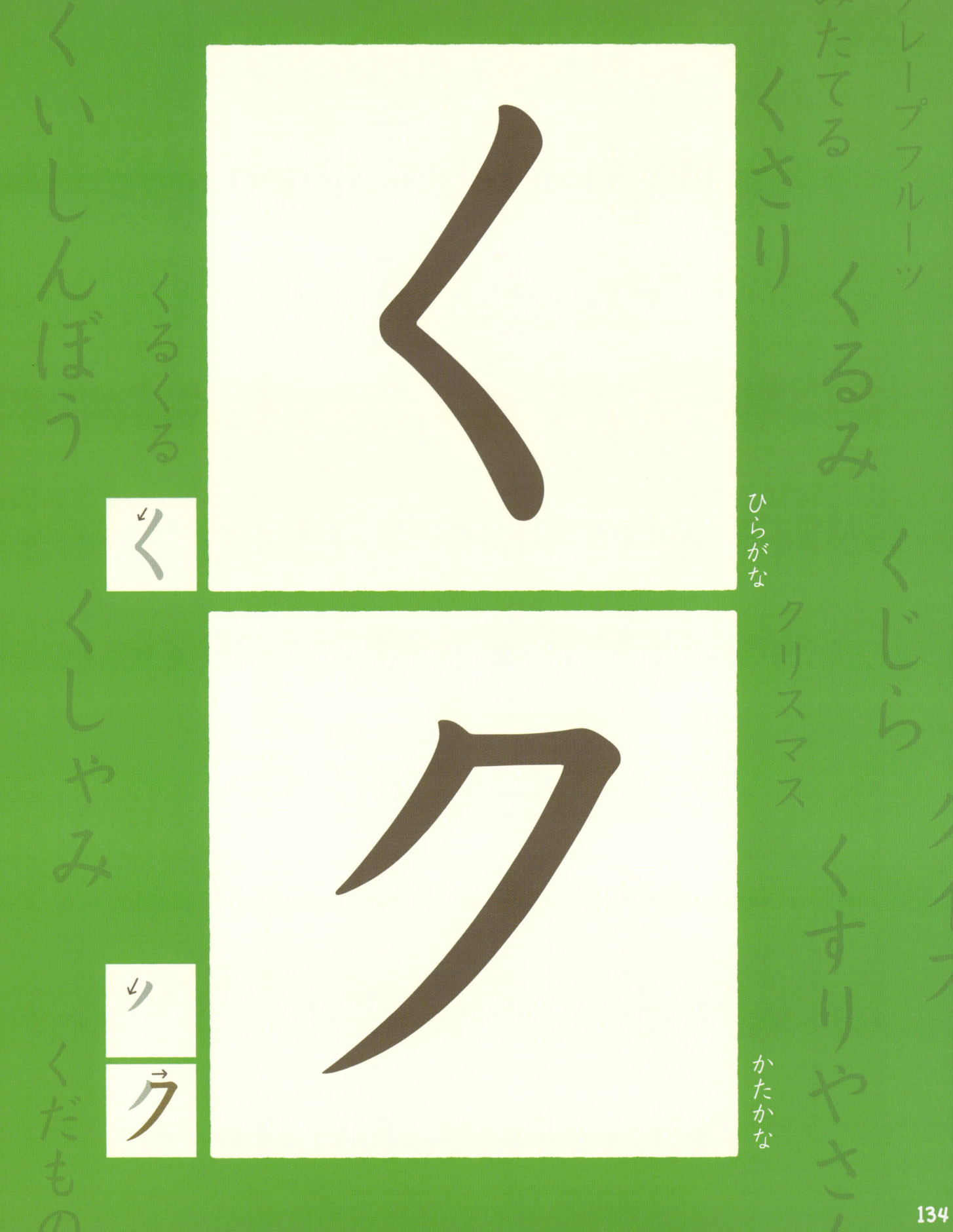

グレープフルーツ
くるみ
クイズ
くじら
くすりやさ
みたてる
クリスマス
くさり
くるくる
くいしんぼう
くしゃみ
くだもの

ぐあい

からだや　きかいが、ただしく　うごいて　いるか　どうかと　いう　こと。

おなかの　ぐあいが　わるい。

くいしんぼう

たべるのが　とても　すきな　ひと。

おねえさんは　くいしんぼうだ。

クイズ《くいず》

もんだいに　こたえる　あそび。

クイズ《くいず》に　こたえる。

くうき

みえないけれど　あたりに　あって、いきものが　すって　いる　もの。

やまの　くうきは　しんせんだ。

くうこう

ひこうきが　しゅっぱつしたり　とうちゃくしたり　する　ところ。

くうこうで　たくさんの　ひこうきを　みた。

くき

しょくぶつで、はや　はなが　ついて　いる　ところ。

くきが　ながい。

くくる

ものに　まいて　しばる。

ふるい　ざっしを　ひもで　くくる。

くぐる

ものの　したや　なかを　とおりぬける。

ライオン《らいおん》が　わを　くぐる。

くさ

きては　なくて、くきが　やわらかく、じめんの　ちかくで　はを　ひろげる　しょくぶつ。

かだんに　はえた　くさを　とる。

草《くさ》

くさい

いやな　においで　ある。

ごみが　くさい。

くさき

137ページ《ぺえじ》

くさり

ちいさい　わの　かたちの　かたい　ものを、ながく　つないだ　もの。

くさりの　ついた　とけい。

くさる

たべものが　ふるく　なって　いやな　においが　する。

やさいが　くさる。

くじ

かみに　しるしや　ことばを　かいたり　して、ひとつを　えらぶように　した　もの。

くじを　ひく。

くしゃみ

はなや　のどが　くすぐったい　かんじが　して、きゅうに　はげしい　いきが　でる　こと。

かぜを　ひいて　くしゃみが　でる。

くすぐったい

じっと　して　いられなくて、わらいたいような　ようすで　ある。

いぬに　てを　なめられると　くすぐったい。

くすぐる

ひふに　すこし　さわって、わらいたいような　かんじに　する。

せなかを　くすぐる。

くさき

くさや　き。

み
き
tree《トゥリー》
えだ
は〔はっぱ〕
leaf《リーフ》
はな
flower《フラウア》
つぼみ
みき
くさ
grass《グラス》
とげ
くき
ね〔ねっこ〕

くすり

びょうきや　けがを　なおす
ために、のんだり　からだに
つけたり　する　もの。

かぜの　**くすり**を　のむ。

くせ

おもわず　いつも　して
しまう　こと。

ひげに　さわるのは
おじいさんの　**くせ**だ。

くたびれる

つかれて　げんきが　なくなる。

おもい　にもつを
はこんで、**くたびれる**。

くだもの

☞139ページ《ぺえじ》

くだる

ひくい　ほうへ　いく。

やまを　**くだる**。

くち

たべたり　はなしたり　する
ときに　つかう　ところ。

くちを　おおきく
あける。

口《くち》

くちばし

とりの　くちで、かたくて
のびて　いる　ところ。

つるの　**くちばし**は　ながい。

くちべに

きれいに　みえるように、
くちびるに　つける　もの。

くちべにを　ぬる。

くちゃくちゃ

かみや　ぬのに　しわが
たくさん　できて　いる
ようす。くしゃくしゃ。

ハンカチ《はんかち》が　**くちゃくちゃ**に
なる。

くだもの

たべる ことが できる くさの みや、きのみ。

りんご
apple
アプル

もも
peach
ピーチ

すいか
watermelon
ウォータメロン

さくらんぼ
cherry
チェリィ

メロン《めろん》

みかん

ようなし

ぶどう
grape
グレイプ

グレープフルーツ《ぐれえぷふるうつ》

なし

レモン《れもん》

びわ

キウイ《きうい》(フルーツ《ふるうつ》)

マンゴー《まんごう》

かき

バナナ《ばなな》

パイナップル《ぱいなっぷる》

いちご
strawberry
ストゥローベリィ

ぐちゃぐちゃ

ぬれたり　つぶれたり　して　かたちが　かわって　しまう　ようす。

ケーキ《けえき》が　ぐちゃぐちゃに　なる。

くつ

あしを　いれて　はく　もの。

ひもの　ついた　くつ。

くっきり

ものの　かたちが　はっきり　みえる　ようす。

そらに　まるい　つきが　くっきり　みえる。

ぐっすり

よく　ねむって　いる　ようす。

ぐっすり　ねむる。

くっつく

すきまが　なく　ぴったりと　つく。

ゆかに　ガム《がむ》が　くっつく。

ぐっと

ちからを　いれて　なにかを　する　ようす。

ともだちの　うでを　ぐっと　つかむ。

くに

せかいを、ばしょと　そこに　すむ　ひとに　よって　わけた　もの。

せかいの　くにの　なまえを　しらべる。

くばる

ひとりひとりに　わたす。

おかしを　くばる。

くふう

よい　ほうほうを　いろいろ
かんがえる　こと。

つくりかたを　**くふう**する。

くみ

いっしょに　なって　する
なかま。

ふたつの　**くみ**に　わかれて
しあいを　する。

くみたてる

ぶひんを　あわせて　ひとつの
ものを　つくる。

おもちゃの　しろを
くみたてる。

くむ

みずを　すくって　とる。

いけの　みずを　**くむ**。

くむ

りょうほうから
まきつくように　する。

かたを　**くむ**。

くも

とても　こまかい　みずが
そらで、しろや　はいいろに
みえる　もの。

しろい　**くも**。

くも

あしが　8《はち》ほん　ある
いきもの。いとを　だして、
すを　つくる。

くもの　すを　みつけた。

くもり

そらに　くもが　ひろがって
いる　てんき。

きょうは　**くもり**だ。

くもる

くもが　そらに　ひろがる。

きゅうに　そらが　**くもる**。

くやしい

しっぱいしたり　まけたり
して、とても　つらい。

かけっこに　まけて　**くやしい**。

くらい

ひかりが　よわい。

まどの　そとは　**くらい**。

↕**あかるい**

くらげ

うみに　すむ、すきとおって
いて　やわらかい　いきもの。

すいぞくかんで　**くらげ**を
みた。

くらす

まいにち　すごす。
せいかつする。

いなかで　**くらす**。

くらべる

ものの　ちがいを　しらべる。

どちらが　よいか　**くらべる**。

クリーム《くりいむ》

ぎゅうにゅうや　たまごで
つくる、やわらかい　たべもの。

ケーキ《けえき》の　うえに　**クリーム《くりいむ》**を
のせる。

くりかえす

おなじ　ことを　また　する。

てつぼうの　れんしゅうを
くりかえす。

くる

こちらに　ちかづく。

むこうから　いもうとが　くる。

くる

その　ときに　なる。

もうすぐ　はるが　くる。

グループ《ぐるうぷ》

いっしょに　なにかを　する
なかま。

みっつの　グループ《ぐるうぷ》。

くるくる

くりかえして　まわる　ようす。

かざぐるまが　くるくる
まわる。

くるしい

がまんが　できないほど
つらい。

ねつが　でて　くるしい。

くるしむ

がまんが　できない　ようすに
なる。

けがを　して　くるしむ。

くるま

タイヤ《たいや》を　つけて　すすむ
のりもの。

くるまで　でかける。

車《くるま》

くるみ

かたい　からに　つつまれた
きのみ。

くるみを　わる。

くれる

ひとが　じぶんに　ものを　わたす。

おばさんが　おかしを　くれる。

くれる

よるが　ちかづいて　くらく　なる。

ひが　くれる。

↕あける

くろい

くろの　いろで　ある。

くろい　くつを　はく。

くろう

つらいと　おもう　こと。

はこぶのに　くろうする。

くわえる

ある　ものに　ほかの　ものを　あわせて、ふやす。

スープ《すうぷ》に　しおを　くわえる。

くわえる

くちや　はで、ものを　はさむ。

いぬが　ボール《ぼうる》を　くわえる。

くわしい

こまかい　ことまで　よく　わかる　ようすで　ある。

くわしい　せつめいの　ある　ほん。

ぐんぐん

すすんだり　のびたり　するのが　はやい　ようす。

ひまわりが　ぐんぐん　のびる。

け

ひらがな

ケ

かたかな

ケーブルカー

いさつしょ

けんこう

ケーキ

げんき

げつようび

ケチャップ

けいろうのひ

けむり

けんだま

けいさん

げんかん

け

ひとや どうぶつの からだに はえて いる いとのような もの。

ねこが からだの けを なめる。

けいさつ

ひとの くらしの あんぜんを まもる しごとを する ところ。

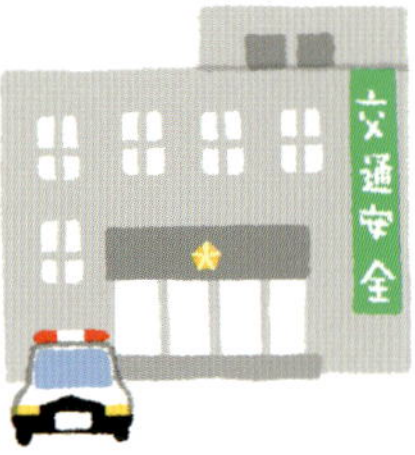

けいさつの まえを とおる。

けいさつかん

おまわりさん

81ページ《ぺえじ》

けいさん

ものの かずを かぞえる こと。

ぜんぶで いくらに なるか けいさんする。

けいと

ひつじや やぎの けで つくった いと。

けいとの セーター《せえたあ》を きる。

ケーブルカー《けえぶるかあ》

やまの きゅうな さかを のぼったり おりたり する のりもの。

ケーブルカー《けえぶるかあ》が やまを のぼる。

ゲーム《げえむ》

かつか まけるかを きめる あそび。

ともだちと ゲーム《げえむ》を する。

けが

からだに きずが できる こと。

ころんで てに けがを する。

げき

ものがたりに かいて ある ことを ぶたいの うえで して みせる こと。

げきで おひめさまの やくを する。

け

けさ

きょうの　あさ。

けさは　さむい。

けしき

みえる　しぜんの　ようす。

きれいな　やまの　けしき。

けしゴ《ご》ム《む》

えんぴつで　かいた　ものを　けす　どうぐ。

この　けしゴ《ご》ム《む》は　よく　きえる。

けす

ひかりや　ねつを　なくす。

ひを　けす。

けす

みえなく　する。

こくばんの　じを　けす。

けずる

ものの　そとの　ほうを　うすく　きりとる。

えんぴつを　けずる。

けち

じぶんの　おかねや　ものを　つかうのを　いやがる　ようす。

たくさん　もって　いるのに　くれないなんて　けちだ。

けっきょく

つづけて　いた　ことの、　さいごに。

けっきょく　しあいに　まけて　しまった。

けっこう

おもって　いたよりも　よい　ようす。

けっこう　じょうずに　えが　かけた。

けっこん

おとこの　ひとと　おんなの　ひとが　あたらしい　かぞくに　なる　こと。

おひめさまは　おうじさまと　**けっこん**しました。

けっして

どんな　ことが　あっても。

やくそくは　**けっして**　わすれない。

げっぷ

たべたり　のんだり　した　あとに、のどの　おくから　でて　くる　くうき。

たべすぎたので　**げっぷ**が　でる。

けとばす

つよく　けって　とぶように　する。

いしを　**けとばす**。

けむり

ものが　もえる　ときに　でる、しろや　はいいろの　もの。

えんとつから　**けむり**が　でて　くる。

けらい

おうさまや　えらい　ひとの　ために　はたらく　ひと。

おうさまが　**けらい**を　よぶ。

ける

あしの　さきを　ものに　つよく　あてる。

サッカーボール《さっかあぼうる》を　**ける**。

け

けわしい

やまや　さかが　おおきく
かたむいて　いる　ようすで
ある。

けわしい　やまみちを　のぼる。

けん

かたな。

けんを　もって　たたかう。

けんか

おこって　おおきな　こえを
だしたり、なぐったり　する
こと。

きょうだいが　けんかを　する。

げんかん

たてものの　まえの　ほうに
ある、ひとが　でたり
はいったり　する　ところ。

げんかんから　はいる。

げんき

こころや　からだの　ぐあいが
よい　ようす。

まいにち　げんきに　くらす。

けんこう

からだに　わるい　ところが
なくて、じょうぶな　ようす。

けんこうな　からだ。

けんさ

わるい　ところが　ないか
しらべる　こと。

めの　けんさを　する。

けんぶつ

ひとが　して　いる　ことや
ものを　みて、たのしむ　こと。

おまつりを　けんぶつする。

ごみしゅうしゅうしゃ
めんなさい
こうじ
こまかい
このは
こうさてん
こおり
こころぼそい

こ

ひらがな

コ

かたかな

こうそくどうろ
コンクリート
こんにちは
こうじょう
コアラ
こもりうた
ごうかく

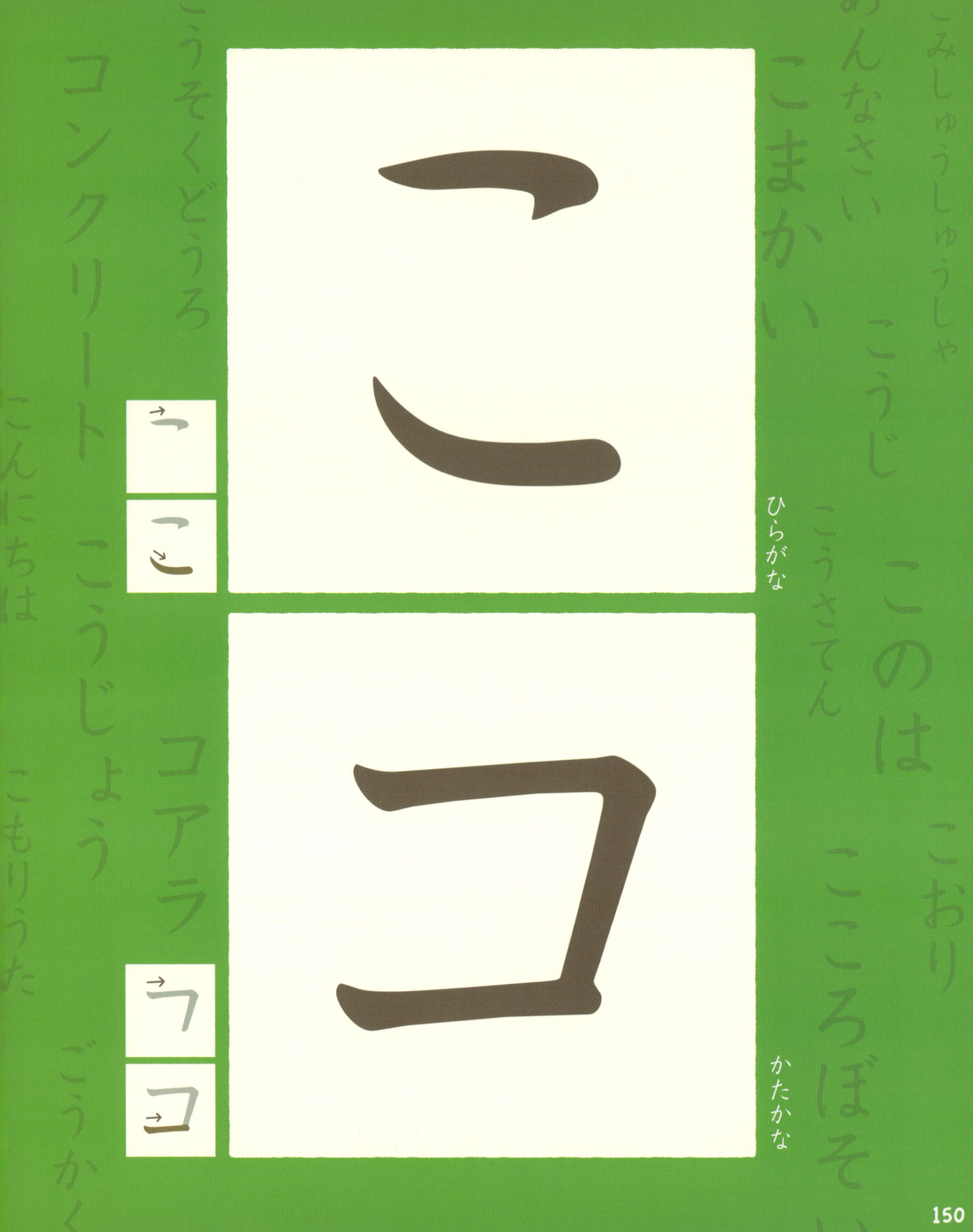

こ

もののかずに　つける
ことば。

どんぐりを　3《さん》**こ**　ひろった。

こい

いろや　あじが　とても
はっきりして　いる　ようすで
ある。

こい　みどりいろの　スカート《すかあと》。
↕**うすい**

こうえん

☞152ページ《ぺえじ》

ごうかく

よいと　みとめて　もらう
こと。

ごうかくして　よろこぶ。

こうかん

とりかえる　こと。

ともだちと　えほんを
こうかんする。

こうさてん

どうろと　どうろが
ひとつに　なる　ところ。

こうさてんを　あるく。

こうさん

まけて　あいての　いう
とおりに　する　こと。

わるものが　**こうさん**する。

こうじ

たてものや　どうろを　つくる
こと。

ビル《びる》の　**こうじ**が　はじまった。

こうえん

たくさんの　ひとが　あそんだり
やすんだり　できる、
にわのような　ところ。

しばふ
ふんすい
かだん
ベンチ《べんち》
すなば
ぶらんこ
すべりだい
てつぼう
シーソー《しいそう》
ジャングルジム《じゃんぐるじむ》

こうしゃ

がっこうの　たてもの。

しょうがっこうの　こうしゃ。

こうじょう

きかいを　つかって、ものを　つくったり　なおしたり　して　いる　ところ。

おかしを　つくる　こうじょう。

こうしん

たくさんの　ひとが　れつを　つくって　すすんで　いく　こと。

どうろを　こうしんする。

こうそくどうろ

じどうしゃが　はやく　すすめるように　つくった　どうろ。

トラック《とらっく》が　こうそくどうろを　すすむ。

こうたい

べつの　ひとと　かわる　こと。

せんしゅが　こうたいする。

こうてい

がっこうに　ある、うんどうを　したり　する　にわ。

ひろい　こうてい。

こうばしい

よく　やけたような　いい　においで　ある。

こうばしい　かおりの　する　クッキー《くっきい》。

こうばん

まちの　なかに　ある、おまわりさんの　いる　たてもの。

ひろった　さいふを　こうばんに　とどける。

こうぶつ

すきな たべものや のみもの。

わたしの **こうぶつ**は
プリン《ぷりん》だ。

ゴール《ごうる》

かけっこで、そこまで
はしって いく さいごの
ところ。

もうすぐ **ゴール《ごうる》**だ。

こえ

ひとや どうぶつが のどから
だす おと。

びっくりして おもわず
こえを だす。

こえる

うえを とおって むこうへ
いく。

この やまを **こえる**と
となりの まちだ。

こおり

みずが ひえて かたまった
もの。

れいぞうこから **こおり**を
だす。

こおる

みずが ひえて かたまる。

みずが **こおる**。

こかげ

きの したで、すこし くらく
なって いる ところ。

こかげで ひとやすみする。

こがす

やいて くろく する。

パン《ぱん》を **こがす**。

こがらし

あきの　おわりから　ふゆの
はじめの　ころに　ふく
つめたい　かぜ。

こがらしが　ふいて　さむい。

ごきげん

とても　きげんが　よい
ようす。

プレゼント《ぷれぜんと》を　もらって
ごきげんだ。

こぐ

てや　あしを　つかって
のりものを　うごかす。

じてんしゃを　**こぐ**。

こくばん

チョーク《ちょうく》で　じや　えを
かくのに　つかう　いた。

せんせいが　**こくばん**に　じを
かく。

こげる

やけて　くろく　なる。

もちが　**こげる**。

ごご

ひるの　12《じゅうに》じから　よなかの
12《じゅうに》じまでの　こと。

ごごに　なって　あめが
やんだ。

こごえる

さむくて　からだが　じゆうに
うごかなく　なる。

そとに　いると　**こごえる**。

こころ

かんじたり　おもったり　する
きもち。

こころが　やさしい　ひと。

こ

こころぼそい

たすけて　くれる　ひとが　いなくて　しんぱいで　ある。

ひとりで　るすばんするのは　**こころぼそい。**

こさめ

あめが　すこし　ふる　こと。こまかい　あめ。

こさめの　なかを　あるく。

こし

せなかと　おしりの　あいだの、まげて　うごかす　ことが　できる　ところ。

こしを　まげて　ごみを　ひろう。

こしかける

いすや　だいの　うえに　すわる。

ソファー《そふぁあ》に　**こしかける。**

こしょう

きかいの　ぐあいが　わるくて、うごかなく　なる　こと。

せんたくきが　**こしょう**する。

こしょう

からい　あじの　する　ちょうみりょう。

こしょうを　くわえる。

こすりつける

つよく　こすって　つける。

かみに　クレヨン《くれよん》を　**こすりつける。**

こする

つよく　くっつけて　うごかす。

タオル《たおる》で　せなかを　**こする。**

ごぜん

よなかの　12《じゅうに》じから　ひるの
12《じゅうに》じまでの　こと。

おみせは　ごぜん　9《く》じから
はじまる。

こそあどことば

☞158ページ《ぺえじ》

こたえる

へんじを　する。

なまえを　よばれて　こたえる。

こたつ

あしを　なかに　いれて
からだを　あたためる　どうぐ。

こたつに　はいって
トランプ《とらんぷ》を　する。

こだま

☞やまびこ　412ページ《ぺえじ》

ごちそう

おいしい　たべものや
のみもの。

ごちそうを　たべる。

ごちゃごちゃ

いろいろな　ものが、おなじ
ところに　ばらばらに　なって
いる　ようす。

つくえの　うえが
ごちゃごちゃだ。

こつ

うまく　できる　ほうほう。

おりがみの　こつを　おしえて
もらう。

コック《こっく》さん

りょうりを　つくる　ことを
しごとに　して　いる　ひと。

しろい　ぼうしを　かぶった
コック《こっく》さん。

こっそり

ひとに　わからないように
なにかを　する　ようす。

こっそり　へやを　でる。

こそあどことば

ひとや　ものや　ばしょを
いう　ことば。
「これ」「それ」「あれ」
「どれ」のように、
「こ」「そ」「あ」「ど」で
はじまる。

あれ。

どれにしようかな。
これ。
それ。

この　ほん、おもしろいね。
どの　ほんかな。
ああ、その　ほんね。
あの　たなに　もどして　おいてね。

どう　すれば、いいの。
こう　すれば、いいのよ。
そう　すれば、いいのか……。
ああ　すれば、いいのね。

めがねは、どこかな。
ここかな。
あっ、あそこかな。
そこに　あるよ。

のみものは、どちらに　ありますか。
あちらです。
そちらです。
こちらです。

ことし

いま すごして いる とし。

ことしの なつは あつい。

ことば

ひとに しらせたいと おもう ことを、こえや もじに した もの。

きもちを ことばで あらわす。

ことばづかい

はなす ときの ことばを えらぶ こと。

ていねいな ことばづかいを する。

こども

おとなに なって いない、としの すくない ひと。

ひろばに こどもが おおぜい いる。

⇔おとな

子《こ》

ことり

ちいさい とり。

ことりが とんで くる。

ことわる

たのまれた ことを いやだと いう。

いっしょに あそぶのを ことわる。

こな

とても ちいさい もの。

こなに なって いる くすり。

こなごな

ものが こわれて とても こまかく なる ようす。

ちゃわんが われて こなごなに なる。

こねる

こなや　つちに　みずを
まぜて　ねる。

ねんどを　こねる。

このごろ

きょうに　ちかい　ひ。

このごろ　あめの　ひが
おおい。

このは

きの　はっぱ。

このはの　いろが　あかく
かわる。

ごはん

こめを　たいた　もの。

ごはんを　たべる。

こぶ

ぶつかったり　した　ときに
からだに　できる　ふくらんだ
ところ。

ドア《どあ》に　ぶつかって　おでこに
こぶが　できた。

こぼす

なかの　ものを　そとに
おとす。

かびんの　みずを　こぼす。

こぼれる

いっぱいに　なって、なかの
ものが　そとに　おちる。

ミルク《みるく》が　こぼれる。

こま

くるくる　まわして　あそぶ
おもちゃ。

こまが　まわる。

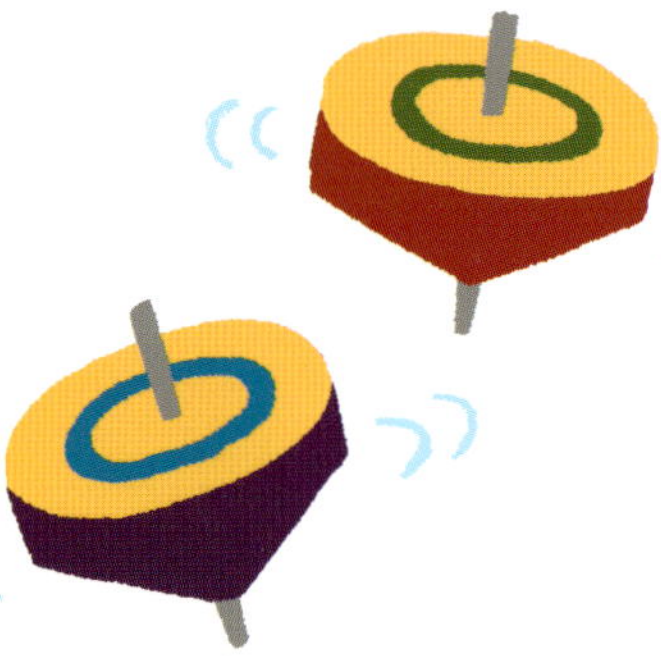

ごま
しょくぶつの たねから つくる、くろや しろの ちいさい たべもの。

ごまを かける。

こまかい
ひとつひとつが とても ちいさい。

こまかい もようの ふく。

ごまかす
ほんとうの ことを かくす。

しっぱいを **ごまかす**。

こまる
どう したら よいか わからなく なる。

かさが なくて **こまる**。

ごみ
いらなく なって すてる もの。

ごみを あつめる くるま。

ごみばこ
ごみを いれて おく はこ。

ごみばこに ごみを すてる。

こむ
ひとで いっぱいに なる。

おみせが **こむ**。

ゴム《ごむ》
ものを つくる ざいりょうに なる、のびたり ちぢんだり する もの。

わの かたちに なって いる **ゴム**《ごむ》で しばる。

こめ

いねの　みから　からを　とった　たべもの。

ふくろから　**こめ**を　だす。

こもりうた

ちいさい　こどもを　ねかせる　ときに　うたう　うた。

あかちゃんに　**こもりうた**を　きかせる。

こや

かんたんに　できて　いる　ちいさい　いえ。

もりの　なかの　**こや**。

これから

いまよりも　あと。

これから　でかける。

ころ

ある　ことが　あった　ときや、その　すぐ　まえか　あと。

よるが　あける　**ころ**、ゆきが　ふった。

ころがす

まわして　うごかす。

タイヤ《たいや》を　**ころがす**。

ころがる

まわりながら　うごく。

ボール《ぼうる》が　**ころがる**。

ころころ

ちいさい　ものが　まわるように　して　うごいて　いく　ようす。

みかんが　**ころころ**　ころがる。

ころす

しぬように　する。

むしを　**ころす**。

ころぶ

たって　いた　ひとや　ものが
たおれる。

さかみちで　**ころぶ**。

こわい

にげたい　きもちで　ある。

おにの　かおは　**こわい**。

こわがる

こわいと　おもう。

みずに　もぐるのを　**こわがる**。

こわす

なにかを　ぶつけたり　して
かたちを　かえて、つかえなく
する。

ふるい　いえを　**こわす**。

こわれる

なにかが　ぶつかったり　して
かたちが　かわって、
つかえなく　なる。

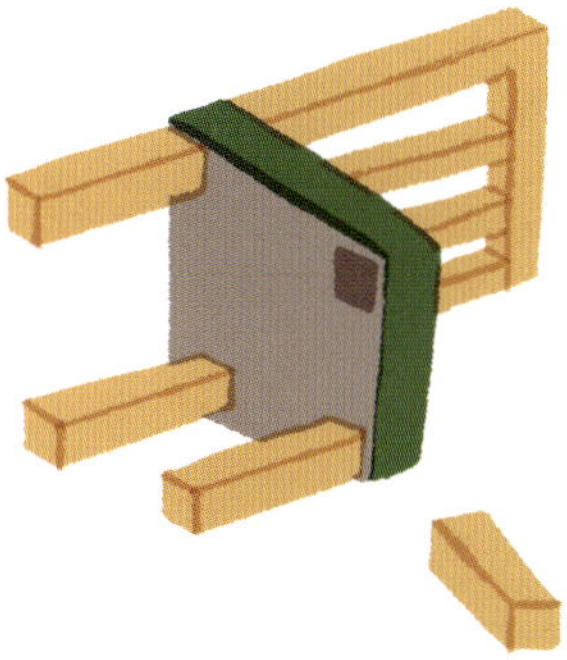

いすが　**こわれる**。

コンクリート《こんくりいと》

いろいろな　ものを　まぜて
かたく　した、みちや　ビル《びる》を
つくる　ざいりょう。

コンクリート《こんくりいと》の　へい。

コンセント《こんせんと》

でんきを　つかう　ために
かべに　つくって　ある　あな。

パソコン《ぱそこん》の　せんを
コンセント《こんせんと》に　つなぐ。

こんちゅう

からだが　あたまと　むねと
はらに　わかれて　いて、
6《ろく》ほんの　あしを　もつ　むし。

ぼくは　こんちゅうが　すきだ。

こんど

いまに　ちかい　とき。

こんどは　うまく　かけた。

こんど

つぎの　とき。

こんどの　どようびに
プール《ぷうる》に　いく。

コンビニエンスストア《こんびにえんすすとあ》〔コンビニ《こんびに》〕

ながい　じかん
あいて　いて、
ふだん　つかう
ものを　かうのに
べんりな　おみせ。

コンビニエンスストア《こんびにえんすすとあ》で
かいものを　する。

コンピューター《こんぴゅうたあ》

けいさんを　したり
いろいろな　ことを
しらべたり　する　きかい。

コンピューター《こんぴゅうたあ》を　うごかす。

こんぶ

うみで　とれる、ちゃいろの
かいそう。にて　でて　きた
しるを　りょうりに
つかったり　する。

こんぶを　つかった
りょうりを　つくる。

こんや

きょうの　よる。

こんやの　おかずは
てんぷらだ。

サンタクロース
かなつり
さくら
さばく
さんかく
さかさま
さいりょう
さわがしい

さ

ひらがな

サ

かたかな

サンドイッチ
さびしい
サラダ
サボテン
さんすう

サーカス《さあかす》

ふつうの ひとや どうぶつが できないように うごいて みせる もの。

サーカス《さあかす》を みる。

さい

としの かずに つける ことば。

5《ご》さいの おとこのこ。

さいきん

きょうに ちかい ひ。

さいきん、かぜが はやって いる。

さいご

いちばん あと。

バス《ばす》から さいごに おりる。

↕ **さいしょ**

さいこう

いちばん たかい ようす。

きょうは ことし さいこうに あつい。

さいしょ

いちばん はじめ。

ほんの さいしょの ページ《ぺえじ》。

↕ **さいご**

さいそく

はやく するように あいてに たのむ。

かした おもちゃを かえしてと さいそくする。

さいふ

おかねを いれて おく ちいさい いれもの。

あかい さいふ。

ざいりょう

ものを　つくる　ための　もの。

カレーライス《かれえらいす》の　**ざいりょう**を
かう。

サイレン《さいれん》

おおぜいの　ひとに
きこえるように、おおきい
おとを　だす　もの。

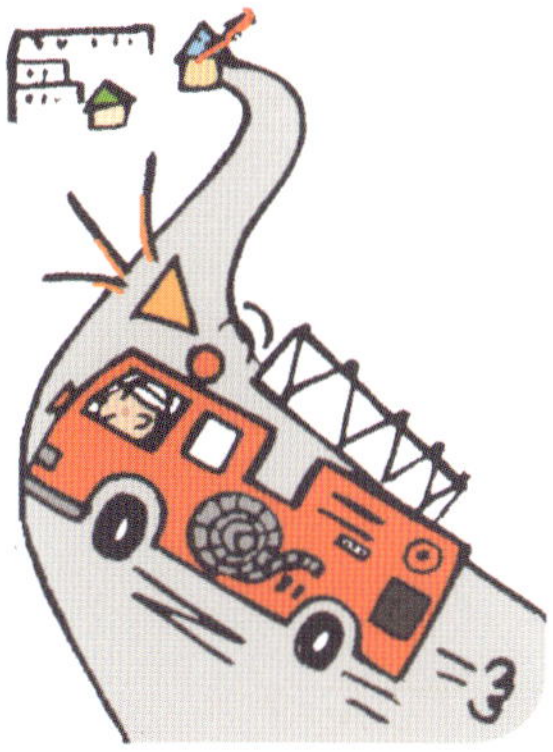

しょうぼうしゃが　**サイレン《さいれん》**を
ならして　すすむ。

さえずる

ことりが　なく。

もりで　ことりが　**さえずる**。

さか

ななめに　なって　いる　みち。

いえの　ちかくに　**さか**が
ある。

さかさま

ふつうの　ようすとは
はんたいに　なって　いる
ようす。

ほんが　**さかさま**に　たてて
ある。

さがす

みつけようと　する。

ぶんぼうぐやさんを　**さがす**。

さかだち

りょうほうの　てで　からだを
ささえ、さかさまに　たつ
こと。

さかだちの　れんしゅうを
する。

さかな

☞168ページ《ぺえじ》

さかなつり

さかなを　つる　こと。

おとうさんは　**さかなつり**が
すきだ。

さかな

みずの　なかで　およいで　いる　いきもの。

きんぎょ
goldfish
ゴウルドゥフィシ
どじょう
あゆ
なまず
ふな
こい
carp
カープ
さけ
salmon
サモン
うなぎ
eel
イール
ふぐ
たい
さんま
かつお
まぐろ
tuna
トゥーナ
さば
いわし
sardine
サーディーン
さめ
shark
シャーク
かれい

さ

さかみち

さかに　なって　いる　みち。

さかみちを　あるく。

さがる

ひくく　なったり　すくなく
なったり　する。

ねつが　さがる。

⇔ あがる

さき

のびて　いる　ものの　はし。

えだの　さきで　つつく。

先《さき》

さき

いまよりも　あとの　こと。

いちねん　さきの　こと。

さき

じゅんばんが　まえで　ある
こと。

おねえさんより　さきに　のる。

⇔ あと

☞ じゅんばん
195ページ《ぺえじ》

さく

なかと　そとを　わける
ために、まわりを　かこんで
ある　もの。

ぼくじょうの　さく。

さく

はなの　つぼみが　ひらく。

たんぽぽが　さく。

さくひん

ひとが　つくった　もの。

さくひんを　みんなに　みせる。

さけぶ

おおきい　こえを　だす。

「こっちだよ。」と　さけぶ。

さける

きれて　やぶれる。

ぬのが　さける。

さげる

ひくく　したり　ちいさく　したり　する。

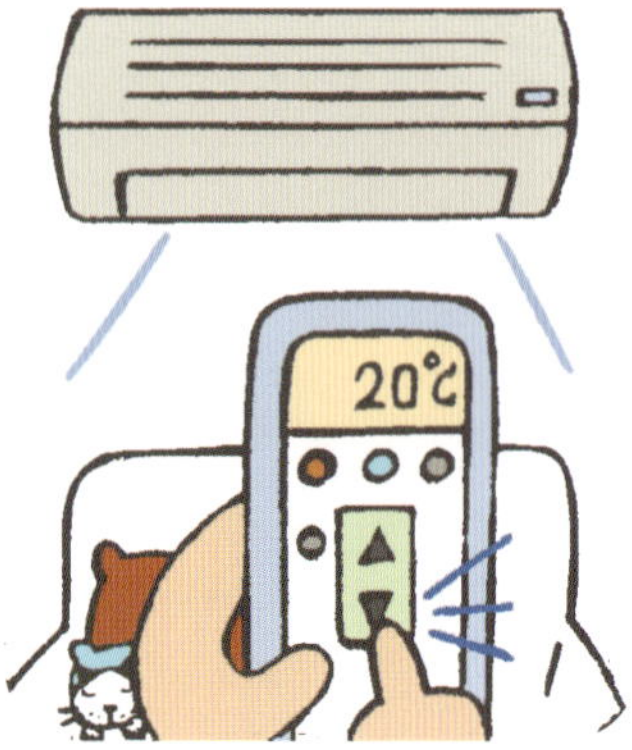

おんどを　さげる。

⇔あげる

さげる

てや　かたに　ひっかけるように　して　もつ。

バッグ《ばっぐ》を　さげる。

ささえる

ものが　おちたり　たおれたり　しないように　する。

くきを　ぼうで　ささえる。

ささやく

ちいさい　こえで　そっと　はなす。

おかあさんに　ささやく。

ささる

さきの　とがった　ものが、ほかの　ものの　なかに　はいる。

ばらの　とげが　ゆびに　ささる。

ざしき

いえの　なかで、たたみが　しいて　ある　ところ。

ひろい　ざしき。

さしこむ

ひかりが　はいって　くる。

あさひが　さしこむ。

さしだす

ものを　まえの　ほうに　だす。

かさを　さしだす。

さす

さきの　とがった　ものを
おして　いれる。

だんごに　くしを　さす。

さす

ゆびを　むける。

「これが　いいな。」と　ゆびで
さす。

さすが

おもった　とおり　すばらしい
ようす。

この　レストラン《れすとらん》の
りょうりは　さすがに
おいしい。

さする

てのひらで　くりかえし
なでる。

せなかを　さする。

ざせき

すわる　ところ。

バス《ばす》の　ざせき。

さそう

いっしょに　しようと　いう。

おにごっこを　しようと
ともだちを　さそう。

さつ

ほんや　ノート《のうと》の　かずに
つける　ことば。

としょかんで　ほんを　2《に》さつ
かりた。

さつえい

しゃしんや　えいがを　つくる
ために　カメラ《かめら》で　うつす
こと。

えいがを　さつえいする。

さっき

いまより　すこし　まえ。

さっき　ジュース《じゅうす》を　かった。

ざっし

いろいろな　ことが　かいて
あって、いつも　きまった
ひに　うられる　ほん。

ざっしを　えらぶ。

ざっそう

そだてて　いないのに　はえて
くる　いろいろな　くさ。

みちの　はしに　ざっそうが
はえる。

さっそく

すぐに。

うちに　かえると　さっそく
おやつを　たべた。

ざっと

じっくりと　しない　ようす。

へやの　なかを　ざっと
かたづける。

さっぱり

まったく。

なにを　いって　いるのか
さっぱり　わからない。

さっぱり

きれいで　きもちいい　ようす。

ふろに　はいったら　さっぱりした。

さなぎ

ようちゅうの　あと、おとなに　なる　まえの　こんちゅう。

ちょうの　さなぎ。

さばく

すなの　じめんが　ひろがって　いる、ほとんど　あめが　ふらない　ところ。

さばくの　けしき。

さび

てつに　できる、あかや　くろの　よごれ。

さびが　つく。

さびしい

ひとりぼっちに　なったような　きもちで、かなしい。

ともだちが　ひっこしたので　さびしい。

ざぶとん

すわる　ときに　おしりの　したに　しく　ちいさい　ふとん。

ざぶとんの　うえに　すわる。

サボテン《さぼてん》

あめの　すくない　ところに　そだつ、はっぱが　とげに　なって　いる　しょくぶつ。

さばくに　はえて　いる　サボテン《さぼてん》。

さます

あつい　ものの　おんどを　さげる。

あつい　おちゃを　さます。

さます

ねむるのを　やめて、めを　あける。

いもうとが　めを　さます。

さむい

くうきの　おんどが　ひくい。

この　へやは　さむい。

↕あつい

さめる

あつい　ものの　おんどが　さがる。

スープ《すうぷ》が　さめる。

さめる

ねむるのが　おわる。

めが　さめる。

さらさら

しめったり　ねばったり　して　いない　ようす。

さらさらした　すな。

さらに

もっと。ますます。

かぜは　さらに　つよく　なった。

ざりがに

かわや　いけに　すんで、おおきい　はさみを　もつ、えびの　ひとつ。

いけで　ざりがにを　とる。

さわがしい

おおきい　おとや　こえが　きこえて　きて　うるさい。

そとが　さわがしい。

さわぐ

うるさい　おとを　だしたり　おおきい　こえを　だしたり　する。

こどもが　さわぐ。

さわる

ものに　てを　くっつける。

ねこの　せなかに　さわる。

さんか

なかまに　なる　こと。

キャンプ《きゃんぷ》に　さんかする。

サングラス《さんぐらす》

ひかりが　まぶしく　ないように、いろを　つけた　めがね。

サングラス《さんぐらす》を　かける。

さんすう

しょうがっこうで　ならう、かずや　かたちの　べんきょう。

おにいさんは　さんすうが　とくいだ。

さんせい

じぶんも　ほかの　ひとと　おなじように　かんがえて　いる　こと。

さんせいの　ひとは　てを　あげて　ください。

⇔ **はんたい**

ざんねん

くやしいと　おもう　ようす。

しあいに　まけて　ざんねんだ。

さんぽ

いえを　でて、たのしむ　ために　ゆっくり　あるく　こと。

こうえんを　さんぽする。

じどうはんばいき
しんぶんし
しゃべる
しあい
しっぽ
しばふ
じてんしゃ
ジャケット

し

ひらがな

シ

かたかな

しんかんせん
ジャングルジム
じめん
シャボンだま

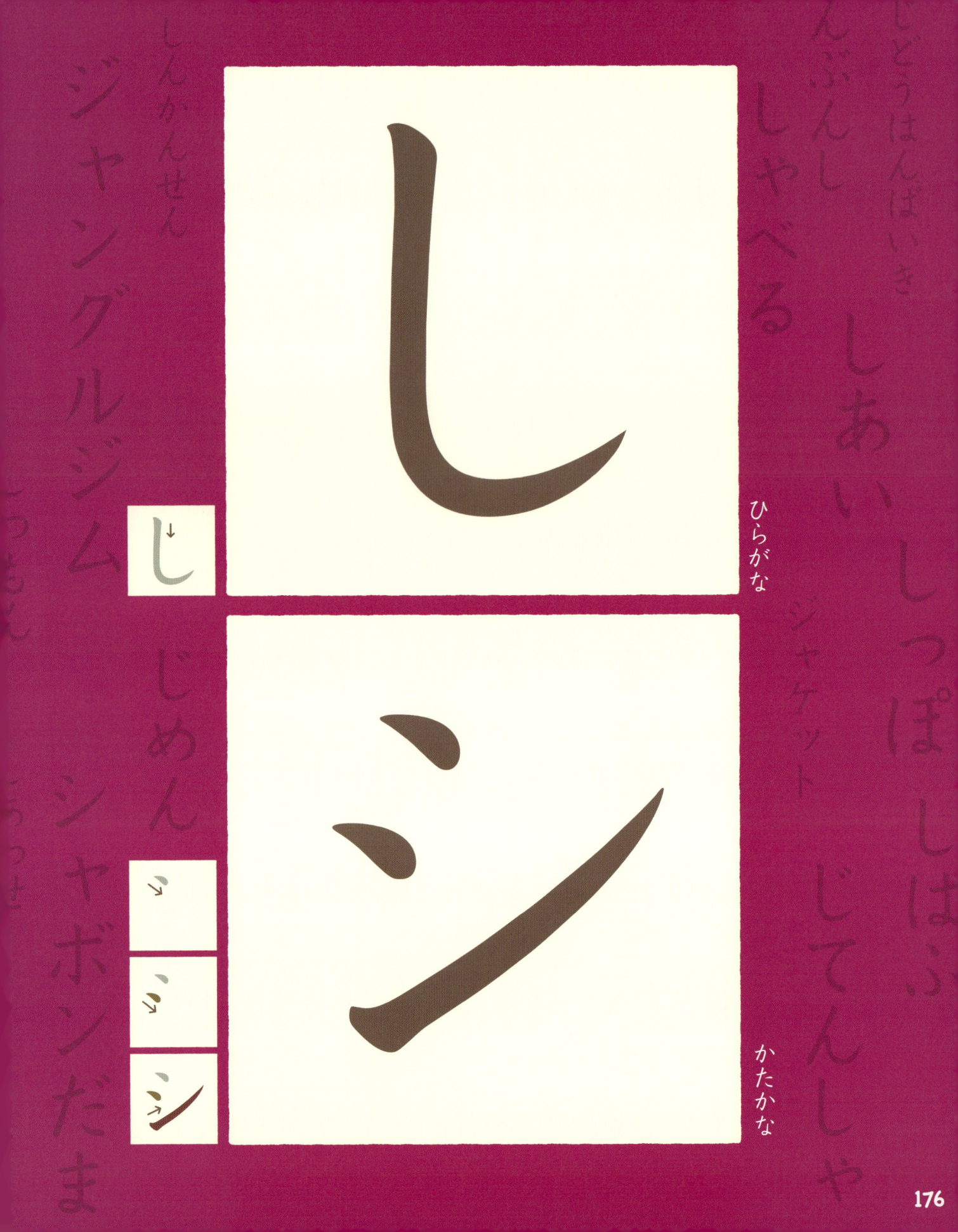

じ

ことばを　あらわす　ために　かく　もの。もじ。

じを　かく　れんしゅうを　する。

字《じ》

しあい

スポーツ《すぽうつ》で、どちらが　かつか　きめる　ために　する　こと。

やきゅうの　しあい。

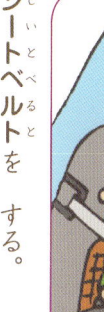

しあわせ

よい　ことが　あって、うれしいと　かんじる　ようす。

しあわせな　せいかつ。

しいく

いきものの　せわを　して、そだてる　こと。

うさぎを　しいくする。

シーツ《しいつ》

からだの　したに　しく　ふとんを　おおう　ぬの。

シーツ《しいつ》を　しく。

シート《しいと》

しいたり　かぶせたり　する　ための　うすくて　おおきい　もの。

シート《しいと》を　ひろげる。

シートベルト《しいとべると》

くるまや　ひこうきの　いすに　ある、あんぜんの　ために　からだに　つける　もの。

シートベルト《しいとべると》を　する。

シール《しいる》

はって　つかう　ちいさい　かみ。

ノート《のうと》に　シール《しいる》を　はる。

ジェットコースター《じぇっとこうすたあ》

のぼったり　おりたり　して
すすむ、ゆうえんちの
のりもの。

ジェットコースター《じぇっとこうすたあ》に　のる。

しお

しろくて　からい
ちょうみりょう。

しおを　かける。

しおからい〔しょっぱい〕

しおの　あじが　こい。

しおからい　せんべい。

しおひがり

すなはまで　かいを　とる
こと。

えんそくで　しおひがりを
する。

しおれる

くさや　はなの　げんきが
なくなる。

かびんの　はなが　しおれる。

しかくい

かどが　よっつ　ある
かたちで　ある。

しかくい　ぬの。

しかた

なにかを　する　ときの
ほうほう。

あいさつの　しかたを
おぼえる。

しかたない

ほかに　ほうほうが　ない。

じぶんが　わるいのだから
おこられても　しかたない。

し

しがみつく

つよく　だく。

おかあさんに　しがみつく。

しかめる

おでこや　まゆげの　あいだに、しわを　つくる。

かおを　しかめる。

しかる

わるい　ことを　した　ひとに、はんせいするように　きびしく　いう。

おとうさんが、いたずらを　した　おとうとを　しかる。

じかん

ある　ときから、ある　ときまでの　ながさ。

つくるのに　じかんが　かかる。

じかん

ある　きまった　とき。

やくそくの　じかんに　まにあう。

しく

たいらに　ひろげる。

ふとんを　しく。

しげる

くさや　きの、えだや　はが　たくさん　はえる。

のはらの　くさが　しげる。

じこ

とつぜんの　わるい　できごと。

じどうしゃが　ぶつかる　じこ。

しごと

くらす ときに つかう おかねを もらう ために する こと。

パイロット《ぱいろっと》
バレリーナ《ばれりいな》
おいしゃさん
かんごしさん
アナウンサー《あなうんさあ》
はいしゃさん
テレビ
やきゅうせんしゅ
サッカー《さっかあ》せんしゅ
うんてんしゅ
おまわりさん〔けいさつかん〕
かしゅ
カメラマン《かめらまん》
しょうぼうし
だいくさん

じしゃく

てつを ひっぱる ちからが ある もの。

じしゃくに くぎが つく。

じじょ

おんなの きょうだいの なかで 2《に》ばんめに うまれた こども。

じじょは 3《さん》さいです。

じしん

じめんが ゆれて うごく こと。

じしんで ゆれる。

しずか

おとが しない ようす。

しずかに おはなしを きく。

しずむ

みずの したの ほうへ おちる。

うみの そこに しずむ。

↕うく

しせい

たったり すわったり する ときの からだの かっこう。

しせいを ただしく する。

しぜん

☞182ページ《ぺえじ》

した

ひくい ところ。

つくえの したに えんぴつが おちる。

↕うえ

下《した》

した

くちの なかに あって たべものの あじを かんじる ところ。

いぬが したを だす。

しぜん

にんげんが　つくった
ものでは　ない　もの。

やま
mountain
マウンテン
たき
waterfall
ウォータフォール
たに
valley
ヴァリィ
もり
forest
フォ(ー)レスト
みずうみ
lake
レイク
かわ
river
リヴァ
すな
sand
サンド
すなはま
いし
stone
ストウン
石《いし》
うみ
sea
スィー

したぎ

はだに　つけて　きる
シャツ《しゃつ》や　パンツ《ぱんつ》。

したぎを　ぬぐ。

したく

ようい を　する　こと。

しょくじの　したくを
てつだう。

したしい

なかが　よい。

したしい　ともだち。

したじき

じを　かく　ときに、かみの
したに　しく　どうぐ。

ノート《のうと》に　したじきを　はさむ。

シチュー《しちゅう》

にくや　やさいを　ながい
じかん　にて、あじを　つけた
りょうり。

シチュー《しちゅう》を　たべる。

しっかり

うごかないように　する
ようす。

のりで　しっかり　はる。

じっくり

おちついて　ゆっくり　する
ようす。

じっくり　かんがえる。

しつけ

ぎょうぎが　よく　なるように
おしえる　こと。

おやが　こどもの　しつけを
する。

しつこい

おなじ ことを くりかえして いやな ようすで ある。

まえに ことわったのに、また いうなんて しつこい。

じっと

からだを うごかさないで いる ようす。

じっと みつめる。

しっぱい

しようと して できない こと。

しっぱいしても あきらめない。

↕ **せいこう**

しっぽ

どうぶつの おしりの ほうに ある ほそながい もの。

うまの しっぽ。

しつもん

おしえて もらいたい ことを きく こと。

おみせの ひとに しつもんする。

じてん

いろいろな ことばを あつめて いみを せつめいした ほん。

ことばを じてんで しらべる。

じてんしゃ

あしで こいで すすむ のりもの。

じてんしゃに のる。

じどうしゃ

☞ 185ペ《ぺ》ー《え》ジ《じ》

じどうはんばいき

おかねを いれると しなものが でて くる きかい。

じどうはんばいきで のみものを かう。

し

じどうしゃ

エンジン《えんじん》の ちからで すすむ くるま。

カーキャリア《かあきゃりあ》

タンクローリー《たんくろうりい》

きゅうきゅうしゃ

トラック《とらっく》

しょうぼうしゃ

パトカー《ぱとかあ》

ショベルカー《しょべるかあ》
［パワーショベル《ぱわあしょべる》］

ロードローラー《ろうどろうらあ》

ごみしゅうしゅうしゃ

ブルドーザー《ぶるどうざあ》

コンクリートミキサー《こんくりいとみきさあ》しゃ

ダンプカー《だんぷかあ》

クレーン《くれえん》しゃ

しなもの

なにかに　つかう　ための
もの。

たなに　しなものを　ならべる。

じなん

おとこの　きょうだいの
なかで　2《に》ばんめに　うまれた
こども。

ぼくは　じなんだ。

しぬ

いきて　いない。

ことりが　しぬ。

↕うまれる

しばふ

しばと　いう　みじかい
くさが　はえて　いる　ところ。

しばふに　すわる。

しばらく

すこしの　じかん。

でんしゃが　くるまで
しばらく　まつ。

しばる

うごかないように　ひもで
つよく　むすぶ。

ほんを　かさねて　しばる。

しびれる

からだが　なにも　かんじなく
なったり、いつもと　ちがう
かんじが　したり　する。

せいざを　して　いたので、
あしが　しびれる。

しぶい

したが　しびれるような
あじで　ある。

しぶい　かき。

しぶき

なにかに　あたって、あたりに　とんで　ひろがる　みず。

しぶきが　あがる。

じぶん

ほかの　ひとでは　なく、「わたし」や　「ぼく」の　こと。

じぶんの　せきに　すわる。

しぼむ

げんきが　なくなって　ちいさく　なる。

はなが　しぼむ。

しぼる

つよく　ちからを　いれて、なかの　みずを　だす。

タオル《たおる》を　しぼる。

しま

おなじ　ほうに　せんが　ならんで　いる　もよう。

しまの　シャツ《しゃつ》を　きる。

しま

みずに　かこまれて　いる　りく。

ちいさい　しまが　みえる。

しまい

おねえさんと　いもうと。おんなの　きょうだい。

なかの　よい　しまい。

しまう

もと　あった　ところに　いれる。

くすりを　はこに　しまう。

しまる

あいて　いた　ものが　あかないように　なる。

でんしゃの　ドア《どあ》が　しまる。

⇕あく

じまん

じぶんの　ことを　じぶんで　ほめる　こと。

かった　ことを　じまんする。

しみる

みずが　すこしずつ　なかに　はいって　いく。

ハンカチ《はんかち》に　ジュース《じゅうす》が　しみる。

しみる

みずが　はいって　きたり　して、いたいと　かんじる。

つめたい　みずが　はに　しみる。

しめる

あいて　いた　ものを　あかないように　する。

カーテン《かあてん》を　しめる。

⇕あける

しめる

すこし　ぬれたような　かんじに　なる。

あせで　ふくが　しめる。

しめる

しっかり　むすぶ。

ネクタイ《ねくたい》を　しめる。

じめん

つちの　うえ。

あめで　じめんが　ぬれる。

し

しも

さむい ときに じめんや くさに つく ちいさい こおり。

はたけの やさいに しもが つく。

しゃがむ

ひざを まげて からだを ひくく する。

つかれたので しゃがむ。

じゃぐち

すいどうの みずが でて くる ところ。

じゃぐちを ひねって みずを だす。

ジャケット《じゃけっと》

みじかい うわぎ。

ジャケット《じゃけっと》を きる。

しゃこ

くるまを いれて おく ところ。

しゃこに ある あおい くるま。

しゃしょう

でんしゃで、きゃくの せわや はっしゃの あいずの しごとを する ひと。

しゃしょうさんが くる。

しゃしん

カメラ《かめら》で うつした もの。

かぞくの しゃしん。

しゃっくり

ヒクッ《ひくっ》 ヒクッ《ひくっ》と おとを だして、きゅうに いきを つよく すう こと。

しゃっくりが とまらない。

シャベル《しゃべる》

つちや　すなを　ほったり
もちあげたり　する　どうぐ。

シャベル《しゃべる》を　つかって
つちを　いれる。

しゃべる

ことばで　いう。

ともだちと　しゃべる。

シャボン《しゃぼん》だま

せっけんを　とかした　みずを
くうきで　ふくらませて
とばす、まるい　もの。

シャボン《しゃぼん》だまが　ふわふわ
とぶ。

じゃま

なにかを　しようと　する
とき、できないように　する
こと。

りょうりを　つくる
じゃまを　する。

しゃりょう

でんしゃや　じどうしゃの
こと。

あたらしい　しゃりょう。

シャワー《しゃわぁ》

からだに　みずや　ゆを
かける　ための　どうぐ。

シャワー《しゃわぁ》を　あびて　あせを
ながす。

じゃんけん

てで、いし　かみ　はさみの
かたちを　だして、しょうぶを
する　あそび。

じゃんけんで　かった。

ジャンプ《じゃんぷ》

うえに とぶ こと。

ジャンプ《じゃんぷ》して ボール《ぼうる》を とる。

シャンプー《しゃんぷう》

かみを あらう ために つかう もの。

かおりが よい シャンプー《しゃんぷう》。

じゆう

じぶんの おもうように できる ようす。

どれでも じゆうに つかって いいよ。

しゅうごう

ひとつの ところに あつまる こと。

ひろばに しゅうごうする。

じゅうしょ

いま すんで いる ところ。

じゅうしょを かく。

しゅうてん

でんしゃや バス《ばす》が さいごに つく ところ。

しゅうてんの えきに つく。

シュート《しゅうと》

てんが はいると きめて ある ところに、ボール《ぼうる》を けったり なげたり する こと。

サッカー《さっかあ》の しあいで シュート《しゅうと》を する。

じゅうにし

☞192ページ《ぺえじ》

じゅうぶん

ひつような ものが ある ようす。

たべものは じゅうぶんに ある。

じゅうにし〔えと〕

としを　あらわす　12《じゅうに》の　どうぶつ。

ぼくたちは、
ねずみどしに
うまれたんだよ。
16《じゅうろく》さい
4《よん》さい
ねずみどし
うしどし
とらどし
うさぎどし
たつどし
へびどし
うまどし
ひつじどし
さるどし
とりどし
いぬどし
いのししどし
ね〔ねずみ〕
うし
とら
う〔うさぎ〕
たつ
み〔へび〕
うま
ひつじ
さる
とり〔にわとり〕
いぬ
い〔いのしし〕

し

しゅうり

こわれた ものを なおす こと。

じてんしゃを **しゅうり**する。

じゅぎょう

がっこうで べんきょうを おしえる こと。

さんすうの **じゅぎょう**。

しゅくだい

うちに かえってから するように いわれた もんだい。

おにいさんが **しゅくだい**を する。

しゅじゅつ

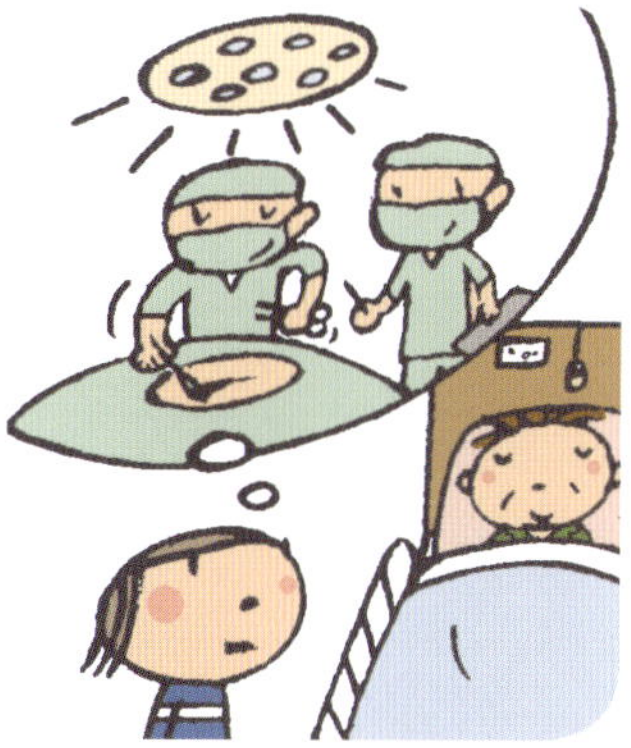

びょうきや けがを なおす ために からだを きる こと。

おじさんが **しゅじゅつ**を する ことに なった。

しゅっぱつ

でて いく こと。

あさの 8《はち》じに **しゅっぱつ**した。

じゅもん

ふしぎな ことが あるように する ために いう ことば。

まほうつかいの **じゅもん**。

しゅやく

げきや えいがで いちばん だいじな やくを する ひと。

しゅやくが ぶたいに でて くる。

しゅるい

かたちや ようすが おなじ ものを まとめた もの。

やさいの **しゅるい**。

しゅんかん

とても　みじかい　じかん。

ドア《どぁ》を　あけた　しゅんかん、
いぬが　とびだして　きた。

じゅんばん

195ページ《ぺえじ》

じゅんび

ようい　を　する　こと。

パーティー《ぱあてぃい》の　じゅんびを
する。

しょうかい

あいての　ことを　しらない
ひとたちを　あわせる　こと。

あたらしい　ともだちを
しょうかいする。

しょうがくせい

しょうがっこうに　かよって
いる　こども。

しょうがくせいが　ならんで
あるいて　いる。

しょうかせん

かじを　けす　ときに　つかう
ために　つくって　ある
すいどうの　せん。

しょうかせんに　ホース《ほうす》を
つなぐ。

しょうがつ

いちねんの　はじめの
おいわいを　する　ころ。

しょうがつに　たこを　あげる。

しょうがっこう

6《ろく》さいから　12《じゅうに》さいまでの
こどもが　かよって、
べんきょうする　がっこう。

しょうがっこうに　かよう
おねえさん。

じゅんばん

どれが　さきで　どれが　あとかと　いう　こと。

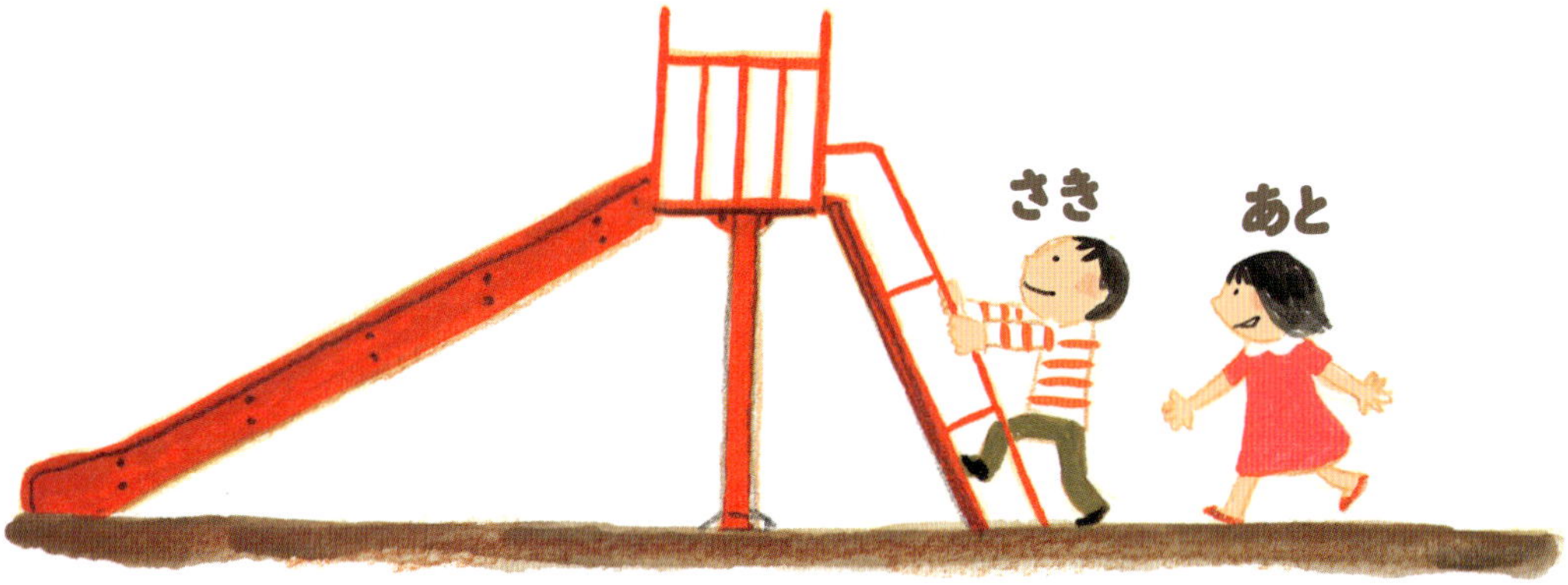
さき
あと

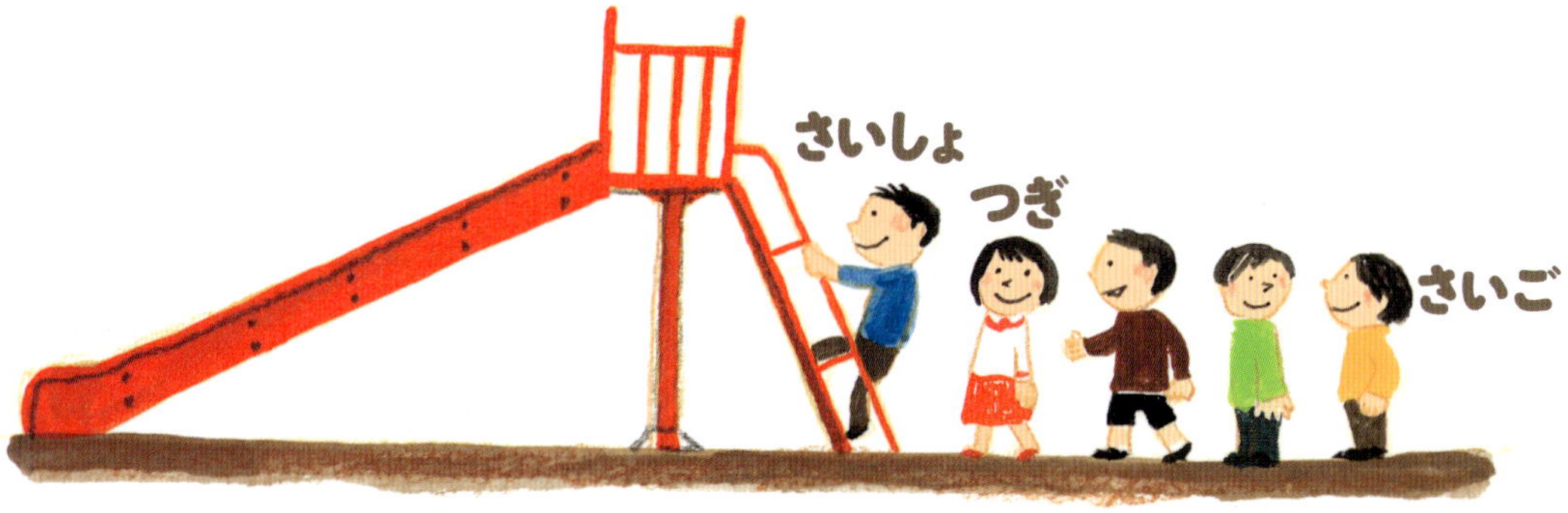
さいしょ
つぎ
さいご

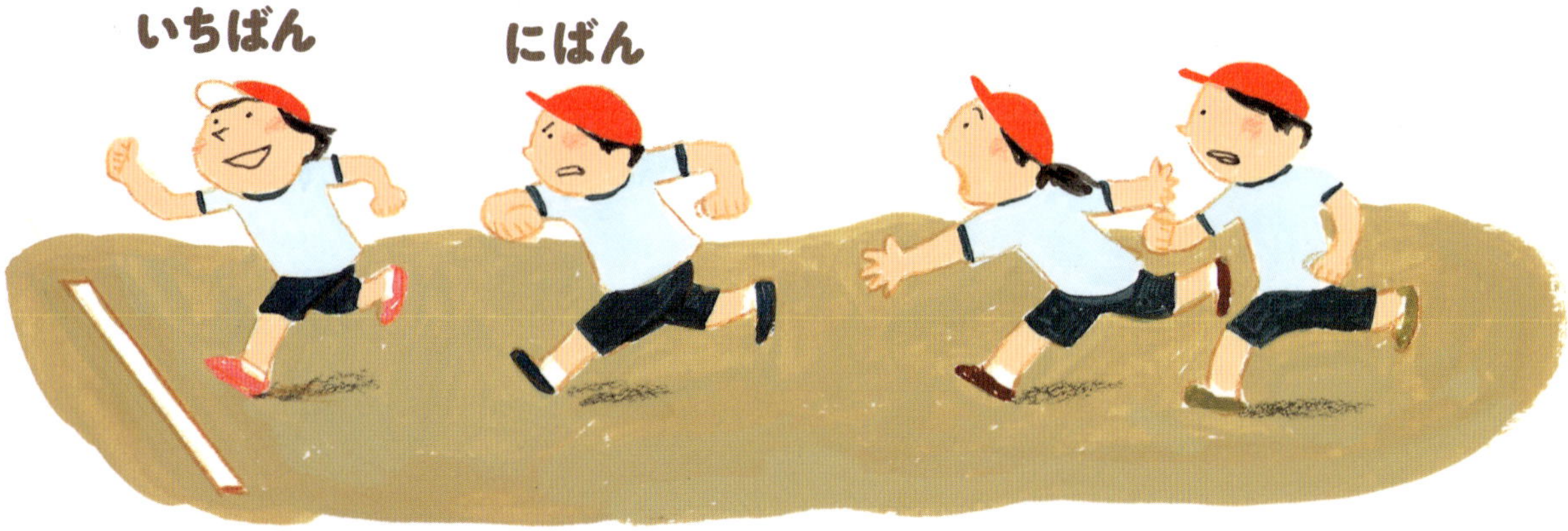
いちばん
にばん

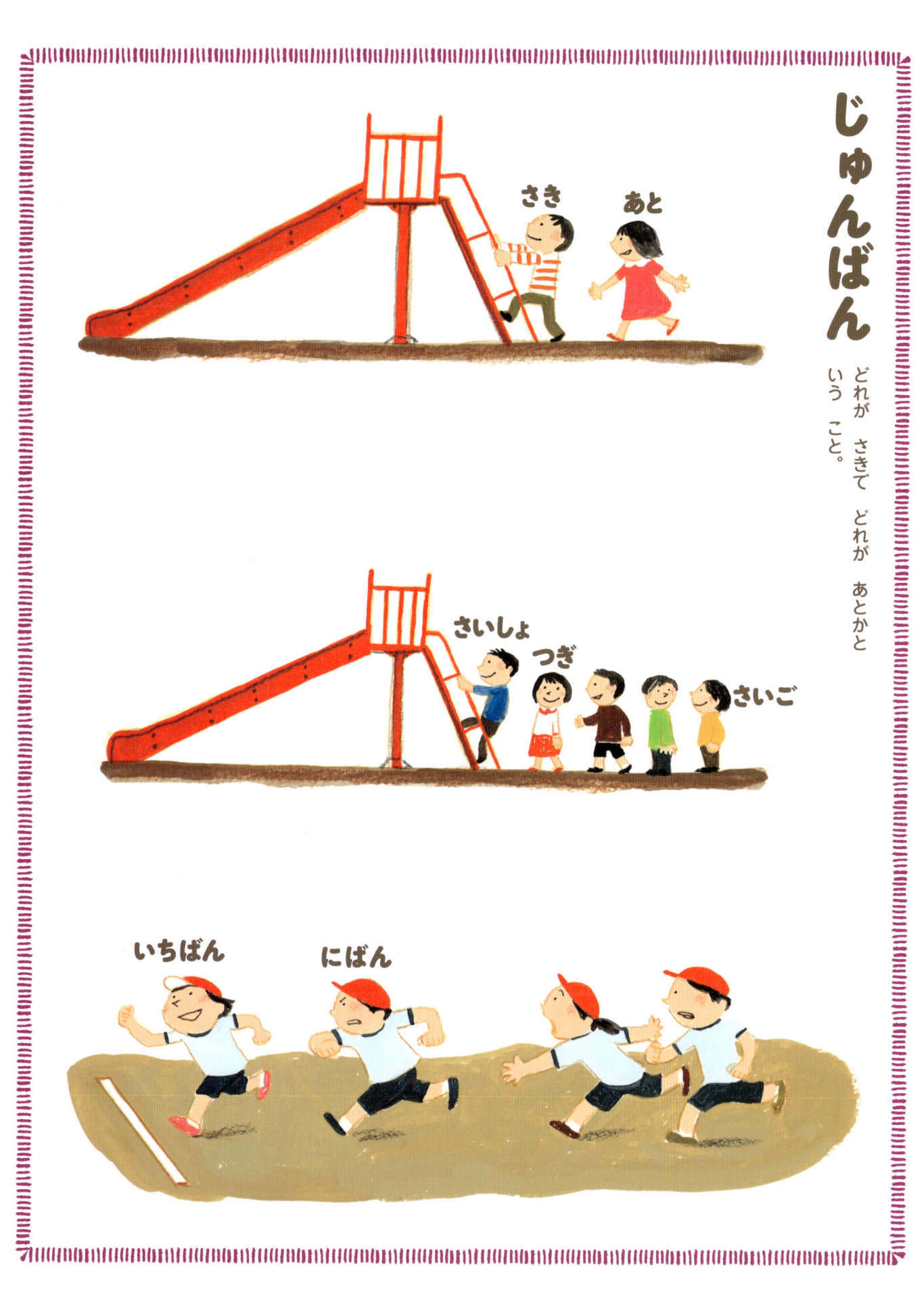

しょうがない

どう する ことも できない。しょうがない。

ねつが あるのだから でかけられなくても **しょうがない**。

じょうぎ

せんを かいたり ものを はかったり する ときに つかう どうぐ。

じょうぎで せんを ひく。

じょうげ

うえと した。

この えは、じょうげが さかさまだ。

しょうじ

たてと よこを ほそい きで かこんだ ものに、うすい かみを はった と。

しょうじの ある へや。

しょうじき

うそが ない ようす。

しょうじきに こたえる。

しょうじょ

おんなのこ。わかい おんなの ひと。

しょうじょが てを ふる。

じょうず

まちがえないで、よく できる ようす。

ピアノ《ぴあの》を じょうずに ひく。

↕へた

しょうたい

ほんとうの すがた。

おばけの しょうたいが わかった。

しょうたい

きゃくに きて もらうように する こと。

たんじょうびに ともだちを しょうたいする。

じょうだん

ふざけて いう はなし。

おじさんは いつも じょうだんを いう。

おじさんは うちゅうじんだよ
300さい だよ

しょうどく

くすりで ばいきんを ころす こと。

すりむいた ところを しょうどくする。

しょうとつ

ぶつかる こと。

じどうしゃが でんちゅうに しょうとつする。

しょうねん

おとこのこ。わかい おとこの ひと。

じてんしゃに のった しょうねん。

しょうひん

うったり かったり する ための しなもの。

おみせの ひとが しょうひんを ならべる。

じょうひん

おちついて いて すてきな ようす。

じょうひんな おんなの ひと。

しょうぶ

どちらが かつか まけるか、 きめる こと。

かけっこで しょうぶする。

じょうぶ

からだが　げんきな　ようす。

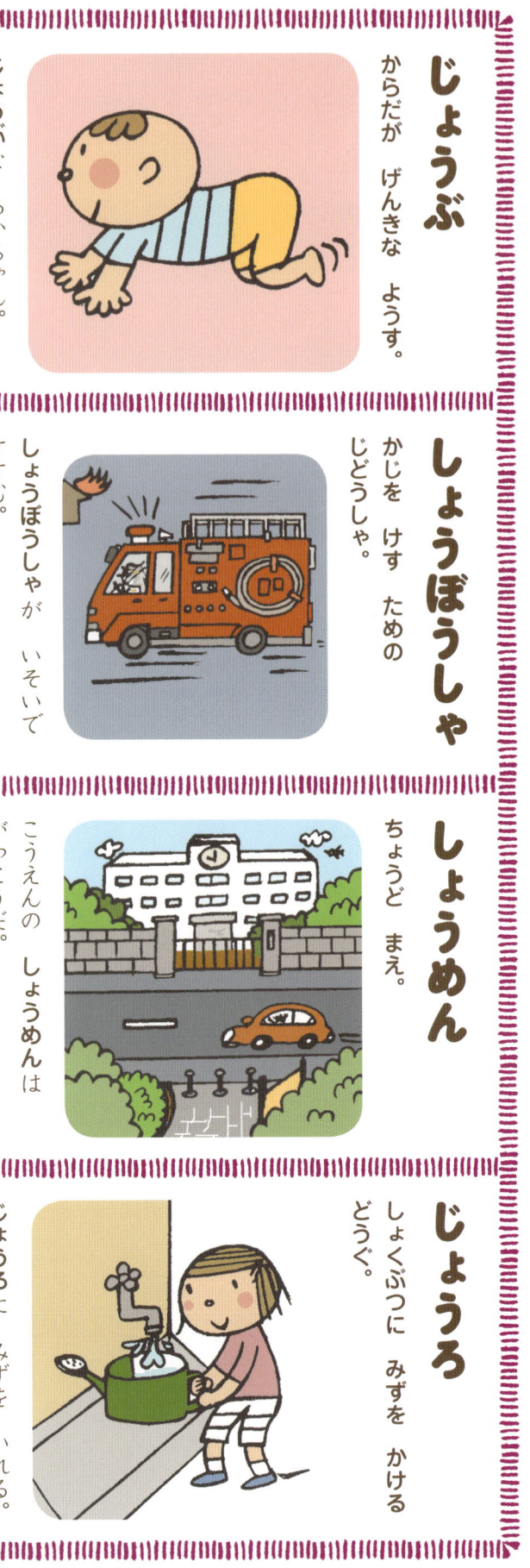

じょうぶな　あかちゃん。

しょうぼうし

かじの　とき、ひを　けしたり　ひとを　たすけたり　する　しごとを　する　ひと。

しょうぼうしが　かじを　けす。

しょうぼうしゃ

かじを　けす　ための　じどうしゃ。

しょうぼうしゃが　いそいで　すすむ。

しょうぼうしょ

しょうぼうしが　はたらいて　いる　ところ。しょうぼうしゃや　きゅうきゅうしゃが　ある。

うちの　ちかくに　**しょうぼうしょ**が　ある。

しょうめん

ちょうど　まえ。

こうえんの　**しょうめん**は　がっこうだ。

しょうらい

これから　さき。

わたしは　**しょうらい**　かしゅに　なりたい。

じょうろ

しょくぶつに　みずを　かける　どうぐ。

じょうろに　みずを　いれる。

しょくご

しょくじの　あと。

しょくごに　さんぽに　いく。

し

しょくじ

ごはんや　おかずを
たべる　こと。

かぞく　4《よ》にんで
たのしく
しょくじを　する。

しょくぶつ

くさや　きを　まとめて　いう
ことば。

のはらの　**しょくぶつ**を
かんさつする。

しょくよく

たべたいと　おもう　きもち。

しょくよくが　ある。

しょくりょう

たべもの。

キャンプ《きゃんぷ》の　ための
しょくりょうを　よういする。

じょせい

おとなの　おんなの　ひと。

じょせいに　にんきの　ある
レストラン《れすとらん》。

しょっかく

こんちゅうの　あたまに
ついて　いる　ほそながい
ひげのような　もの。

ありの　**しょっかく**。

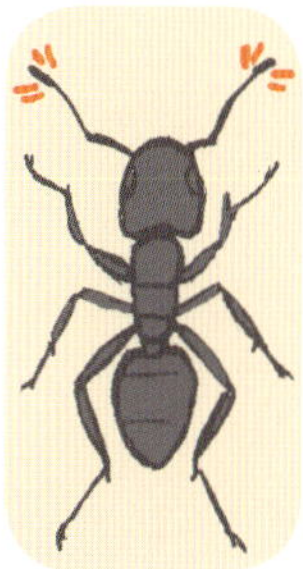

しょっき

☞ 200ページ《ぺえじ》

しょっちゅう

いつも。

おねえさんは　**しょっちゅう**
わすれものを　する。

しょっぱい

☞ **しおからい**　178ページ《ぺえじ》

しょっき

しょくじを　する　ときに
つかう　どうぐや　いれもの。

ストロー《すとろう》
コップ《こっぷ》
ナイフ《ないふ》
さら
フォーク《ふぉうく》
スプーン《すぷうん》
はしおき
はし
おわん
さら
ちゃわん
どんぶり

し

しょんぼり

げんきが　なくて　さびしいように　みえる　ようす。

いもうとは、しかられて　**しょんぼり**して　いる。

しらが

しろく　なった　かみの　け。

おじいさんの　かみには　**しらが**が　ある。

しらせる

ひとに　おしえる。

あそびに　いく　ひを　でんわで　**しらせる**。

しらべる

わからない　ことを　しる　ために、ひとに　きいたり　ほんを　よんだり　する。

こんちゅうの　なまえを　ずかんで　**しらべる**。

しりとり

まえの　ひとの　いった　ことばの　さいごの　おとを、つぎの　ひとが　ことばの　はじめに　つけて　いう　あそび。

おねえさんと　**しりとり**を　する。

しりもち

ころんで、おしりを　じめんに　ぶつける　こと。

いすから　おちて　**しりもち**を　つく。

しる

ものから　でる　みずのような　もの。

みかんの　**しる**。

しる

みたり　きいたり　して、わかるように　なる。

ことばの　いみを　**しる**。

しるし

ほかの　ものとの　ちがいが
わかるように　つける　もの。

リュックサック《りゅっくさっく》に　しるしを
つける。

じれったい

おもうように　ならないので
あせる　ようすで　ある。

くつの　ひもが　なかなか
むすべなくて　じれったい。

しろ

むかし、てきが　くるのを
ふせぐ　ために　たてた
おおきい　たてもの。

おかの　うえの　しろ。

しろい

しろの　いろで　ある。

しろい　ワンピース《わんぴいす》。

白《しろ(い)》

しろバイ《ばい》

おまわりさんが　しごとで
のる　しろい　いろの
オートバイ《おうとばい》。

しろバイ《ばい》に　のった
おまわりさん。

しわ

ひふに　できる　ほそい　すじ。

おばあさんの　おでこの　しわ。

しんけん

まじめで
いっしょうけんめいな　ようす。

せんせいの　はなしを
しんけんに　きく。

し

しんごう

いろや　かたちで、はなれた　ところに　いる　ひとに　しらせる　もの。

しんごうが　あおに　なる。

しんこきゅう

いきを　ゆっくり　すったり　はいたり　する　こと。

たいそうの　あとで、**しんこきゅう**を　する。

しんさつ

おいしゃさんが　ひとの　からだを　みて、びょうきか　どうか　しらべる　こと。

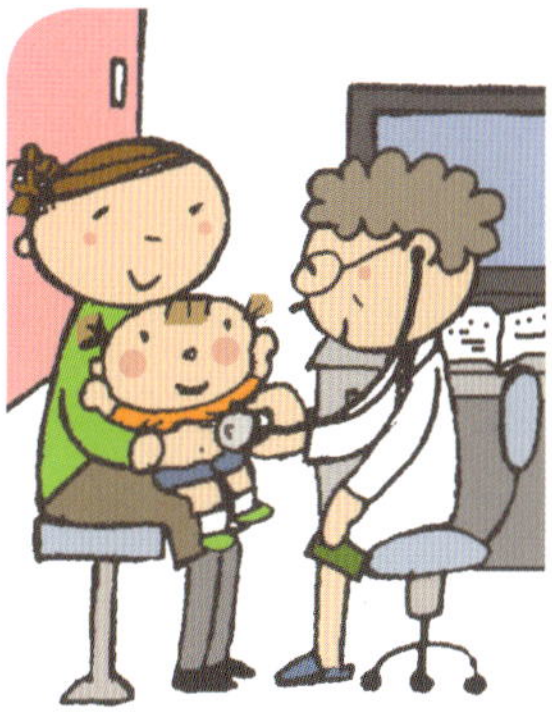

おいしゃさんが　かんじゃさんを　**しんさつ**する。

しんしつ

ねる　ときに　つかう　へや。

よる、**しんしつ**に　はいる。

しんじる

うたがわないで、ほんとうだと　おもう。

たからものが　あると　**しんじる**。

しんせき

おとうさん　おかあさんの　きょうだいや　その　かぞくの　ひと。

しんせきの　いえに　いく。

しんせつ

あいての　ために　なる　ことを　する　ようす。

しんせつな　おばさんに　みちを　おしえて　もらう。

しんせん

あたらしくて　いきいきして　いる　ようす。

しんせんな　くだものを　たべる。

しんぞう

からだの　なかに　あって、ちが　ながれるように　して　いる　ところ。

しんぞうの　おとを　かんじる。

しんたいそくてい

からだの　ぐあいを　しらべる　こと。

しんたいそくていで　たいじゅうを　はかる。

しんちょう

せいの　たかさ。

しんちょうを　はかる。

しんぱい

どう　なるかと　おもって、きもちが　おちつかない　こと。

あめが　ふりそうで　しんぱいだ。

↕あんしん

しんぱん

スポーツ《すぽうつ》で、ルール《るうる》に　あって　いるかを　きめる　ひと。

やきゅうの　しんぱん。

しんぴん

あたらしい　しなもの。

この　くつは　しんぴんだ。

しんぶん

たくさんの　できごとを、ぶんや　しゃしんで　おおぜいの　ひとに　しらせる　もの。

あさ、しんぶんを　よむ。

しんぶんし

しんぶんを　つくるのに　つかう　かみ。

ふるい　しんぶんしを　ひもで　しばる。

スーパーマーケット

すわる

スープ

ききらい

すうじ

すばらしい

すべりだい

すなはま

す

ひらがな

ス

かたかな

すくない

スキー

スパゲッティ

すっぱい

スコップ

すずしい

すりばち

す

いきものが　すんで　いる
ところ。

つばめの　**す**。

す

りょうりで　つかう、すっぱい
あじの　もの。

ごはんに　**す**を　まぜる。

すいえい

およぐ　こと。

すいえいの　れんしゅう。

すいそう

みずを　いれて、さかなや
みずべの　いきものを　かう
いれもの。

すいそうで　ざりがにを　かう。

すいぞくかん

みずの　なかに　すむ
いきものを　あつめて、
おおぜいの　ひとに　みせて
いる　ところ。

すいぞくかんで
ねったいぎょを　みる。

スイッチ《すいっち》

でんきを　つないだり
きったり　する　ための　もの。

へやの　あかりの　**スイッチ**《すいっち》を
おす。

すいとう

のみものを　いれて　もって
いく　いれもの。

すいとうに　むぎちゃを
いれる。

すいどう

すぐ　つかえるように、　みずを　いえや　たてものまで　はこんで　くる　もの。

すいどうの　みずを　かびんに　いれる。

すいとる

すって　なかに　いれる。

そうじきで　ごみを　**すいとる**。

ずいぶん

とても。

ずいぶん　とおくまで　きた。

すいみん

ねむる　こと。

すいみんの　じかんが　ながい。

すう

くうきや　みずを、　はなや　くちから　からだの　なかに　いれる。

ストロー《すとろう》で　**すう**。

⇕ はく

すうじ

かず

100ページ《ぺえじ》

ずうずうしい

へいきで　ひとの　いやがるような　ことを　する　ようすで　ある。

ほかの　ひとの　ぶんまで　たべるなんて　**ずうずうしい**。

スーツケース《すうつけえす》

りょこうに　もって　いく　バッグ《ばっぐ》。

おおきい　**スーツケース**《すうつけえす》。

スーパーマーケット《すうぱあまあけっと》

たべものや　いろいろな　ものを　うって　いる　おおきい　おみせ。

スーパーマーケット《すうぱあまあけっと》に　いく。

スープ《すうぷ》

にくや　やさいを　にた
しるに　あじを　つけた　もの。

スープ《すうぷ》を　のむ。

すえっこ

きょうだいの　なかで
いちばん　としが　したの
こども。

ぼくは　**すえっこ**だ。

スカーフ《すかあふ》

あたまに　かぶったり　くびに
まいたり　する　うすい　ぬの。

おねえさんが　**スカーフ**《すかあふ》を
まく。

すがた

めに　みえる　ようすや
かたち。

きものを　きた　**すがた**。

ずかん

おなじ　しゅるいの　ものを、
えや　しゃしんを　たくさん
つかって　せつめいして　ある
ほん。

はなの　なまえを　**ずかん**で
しらべる。

すき

とても　すこしの　じかん。

あいてが　よそを　みた
すきに　にげる。

すき

よいと　おもう　ようす。

わたしは　えを　かくのが
すきだ。

⇔**きらい**

すききらい

すきだと　おもう　ことと
きらいだと　おもう　こと。

たべものの　**すききらい**が
ある。

す

スキップ《すきっぷ》

みぎの　あしで　2《に》かい、ひだりの　あしで　2《に》かい　とぶのを　くりかえして、まえに　すすむ　こと。

スキップ《すきっぷ》を　しながら　うたう。

すきとおる

ものの　なかや　むこうが　よく　みえる。

すきとおる　みず。

すきま

ものと　ものの　あいだの　なにも　ない　ところ。

たなと　れいぞうこの　すきま。

すぎる

ある　ところを　とおって　まえの　ほうに　すすむ。

パン《ぱん》やさんを　すぎると　ぼくの　うちが　みえる。

すく

なかに　ある　ものが　すくなく　なる。

バス《ばす》が　すく。

すぐ

じかんが　かからない　ようす。

すぐ　できるよ。

すくう

みずや　みずの　なかの　ものを　いれものや　てで　とりだす。

きんぎょを　すくう。

すくう

たすける。

ひとを　すくう。

すくない

かずや　りょうが　あまり　ない　ようすで　ある。

おやつが　すくない。

↕ おおい

すける

あいだに　ある　ものが　うすいので、なかや　むこうが　みえる。

すける　ぬの。

すごい

びっくりするような　ようすで　ある。

すごい　いきおいで　はしる。

すこし

すくない　ようす。

おかずが　**すこし**　のこる。

すごす

なにかを　して　じかんを　つかう。

テレビ《てれび》を　みて　**すごす**。

スコップ《すこっぷ》

つちや　すなを　ほったり　もちあげたり　する　どうぐ。

スコップ《すこっぷ》で　かだんの　つちを　ほる。

すじ

ほそながく　つづいて　いる　もの。

はねに　くろい　**すじ**の　ある　ちょう。

すず

ゆれると　よい　おとが　でる　もの。

すずが　なる。

すすぐ

みずで よごれを ながす。

さらを **すすぐ**。

すずしい

くうきが つめたくて きもちいい。

すずしい かぜが ふく。

すすむ

まえの ほうに うごいて いく。

くるまが **すすむ**。

スタート《すたあと》

しゅっぱつする こと。

せんしゅが **スタート**《すたあと》する。

ずつう

あたまが いたい こと。

おとうさんは **ずつう**で かいしゃを やすんだ。

すっかり

のこる ものが ない ようす。

りょうりを **すっかり** たべた。

すっきり

むだな ことや しんぱいな ことが なく、きもちいい ようす。

よく ねむると あたまが **すっきり**する。

ずっと

くらべた とき、ちがいが おおきい ようす。

この すいかの ほうが **ずっと** あまい。

すっぱい

おもわず　くちを　とじて　しまう、すのような　あじで　ある。

すっぱい　うめぼし。

すてき

とても　よい　ようす。

すてきな　セーター《せえたあ》。

すてる

いらない　ものを　ないように　する。

ごみを　**すてる**。

⇔ひろう

ストーブ《すとうぶ》

でんきや　ガス《がす》を　つかって　へやを　あたためる　どうぐ。

ストーブ《すとうぶ》の　ある　へや。

ストップ《すとっぷ》

とまる　こと。

あかしんごうで　**ストップ**《すとっぷ》する。

すな

いしが　こまかく　なった　もの。

シャベル《しゃべる》で　**すな**を　ほる。

すなお

はんたいしたり　いやがったり　しない　ようす。

すなおに　いう　ことを　きく。

すばやい

とても　はやい。

にげるのが　**すばやい**。

すばらしい

とても　きれいだったり、よい　もので　あったり　する　ようすだ。

すばらしい　けしきだ。

スピード《すぴいど》

すすむ　はやさ。

すごい　スピード《すぴいど》で　はしる。

すべる

ものの　うえを　ひっかからずに　うごく。

スキー《すきい》で　すべる。

スポーツ《すぽうつ》

☞214ページ《ぺえじ》

すみ

まんなかでは　なく、はしの　ところ。

へやの　すみで　ねこが　ねて　いる。

すみ

ふでで　じを　かく　ときに　つかう、くろい　いろを　だす　もの。

すみを　もつ。

すむ

ばしょを　きめて　そこで　くらす。

いなかに　すむ。

すむ

して　いる　ことが　おわる。

そうじが　すむ。

すもう

どひょうで　たたかう　スポーツ《すぽうつ》。

テレビ《てれび》で　すもうを　みる。

す

スポーツ《すぽうつ》

いろいろな うんどう。

やきゅう
ボール《ぼうる》
バット《ばっと》
バレーボール《ばれえぼうる》
テニス《てにす》
ラケット《らけっと》
バスケット《ばすけっと》
ボール《ぼうる》
けんどう
たっきゅう
じゅうどう
スキー《すきい》
アイススケート《あいすすけえと》
サッカー《さっかあ》

す

ずらす

ものの　ばしょを　すこし
うごかす。

いすを　**ずらす。**

すりむく

つよく　こすって　ひふが
うすく　とれる。

ひざを　**すりむく。**

する

なにかの　ために　からだを
うごかす。

たいそうを　**する。**

する

かんじる。　わかる。

おとが　**する。**

する

からだに　つけて　つかう。

マスク《ますく》を　**する。**

ずるい

じぶんだけが　よく
なるように　する　ようすだ。

さきに　おおきい　ケーキ《けえき》を
とるなんて　**ずるい。**

するどい

さきが　ほそく　とがる
ようすで　ある。

するどい　くちばし。

すわる

ひざを　まげて　ものの
うえに　おしりを　のせる。

ソファー《そふぁあ》に　**すわる。**

せ

ひらがな

セ

かたかな

せい〔せ〕

かかとから　あたまの
てっぺんまでの　たかさ。

おにいさんは　**せい**が　たかい。

せいかく

きもちや　たいどに
あらわれる、その　ひとの
ようす。

あかるい　**せいかく**の　ひと。

せいかつ

くらす　こと。

がいこくで　**せいかつ**する。

せいこう

おもったように　できる　こと。

たかい　やまに　のぼる
ことに　**せいこう**した。

↕ **しっぱい**

せいざ

ひざを　まげて　ゆかに
ただしく　すわる　こと。

ざしきで　**せいざ**を　する。

せいざ

いくつかの　ほしを　まとめて
なまえを　つけた　もの。

せいざを　みる。

せいぞろい

みんなが　ひとつの　ばしょに
あつまる　こと。

マラソン《まらそん》の　せんしゅが
せいぞろいする。

せいと

せんせいに　おしえて　もらう
ひと。

せいとが　べんきょうする。

せいとん

ものを　きちんと　かたづける　こと。

へやを　**せいとん**する。

せいり

ばらばらに　なって　いる　ものを　ただしく　ならべる　こと。

ほんを　**せいり**する。

せおう

せなかに　のせる。

リュックサック《りゅっくさっく》を　**せおう**。

せかい

ちきゅうの　ぜんぶの　ばしょ。

せかいには　いろいろな　どうぶつが　いる。

せかす

はやく　するように　いう。

あとかたづけを　**せかす**。

せき

おとを　だして　のどから　はげしく　でる　いき。

せきを　する。

せき

すわる　ばしょ。

ひとが　いない　**せき**は　ひとつだ。

せっかく

その　ことを　わざわざ　する　ようす。

せっかく　かたづけたのに　もう　ちらかって　いる。

せっけん

みずに とかして からだや
ぬのの よごれが ないように
する もの。

せっけんで てを あらう。

ぜったい

どんな ことが あっても。

あしたは ぜったい
はやおきする。

せつめい

よく わかるように
はなしたり かいたり する
こと。

すいぞくかんで せつめいを
きく。

せつやく

おかねや ものを だいじに
つかう こと。

おこづかいを せつやくする。

せなか

おしりの うえの、かたから
こしまでの ところ。

せなかを おす。

☞からだ 114ペ《ぺ》ー《え》ジ《じ》

せのび

つまさきで たって、せいが
たかく みえるように する
こと。

まえが みえないので
せのびする。

せまい

たてと よこの ながさが
みじかい。

せまい へや。

↕ ひろい

せめる

てきを やっつける ために
たたかう。

てきの しろを せめる。

せ

せめる

しかる。もんくを　いう。

おとうとを　せめる。

ゼ《ぜ》ロ《ろ》

なにも　ない　こと。

ちょきんは　ゼ《ぜ》ロ《ろ》だ。

☞かず　100ページ《ぺえじ》

せわ

いろいろな　ことを　して
あげる　こと。

あかちゃんの　せわを　する。

せん

ほそながく　かいた　すじ。

がようしに　せんを　ひく。

ぜんいん

ぜんぶの　ひと。

ぜんいんが　あつまる。

せんしゅ

しあいを　する　ために
えらばれた　ひと。

テ《て》ニ《に》ス《す》の　せんしゅ。

せんせい

べんきょうを　おしえる　ひと。

せんせいが　こくばんに　じを
かく。

ぜんぜん

まったく。

むずかしくて　ぜんぜん
わからない。

ぜんたい

ある もののぜんぶ。

ぜんたいに いろを ぬる。

せんたく

よごれた ものを あらって きれいに する こと。

せんたくした シャツ《しゃつ》を ほす。

せんたくもの

せんたくする ために あつめた もの。

せんたくものが たまる。

せんちょう

ふねで はたらいて いる ひとを まとめる やくめの ひと。

おおきい ふねの せんちょうさん。

ぜんぶ

ある ものや ある ことを、ひとつも のこさない ようす。

おやつは ぜんぶ たべた。

せんぷうき

はねを まわして かぜを だす きかい。

せんぷうきの まえに すわる。

せんめんじょ

かおや てを あらう ばしょ。

せんめんじょで てを あらう。

せんろ

でんしゃが とおる みち。

とおくまで つづく せんろ。

そ

ひらがな

ソ

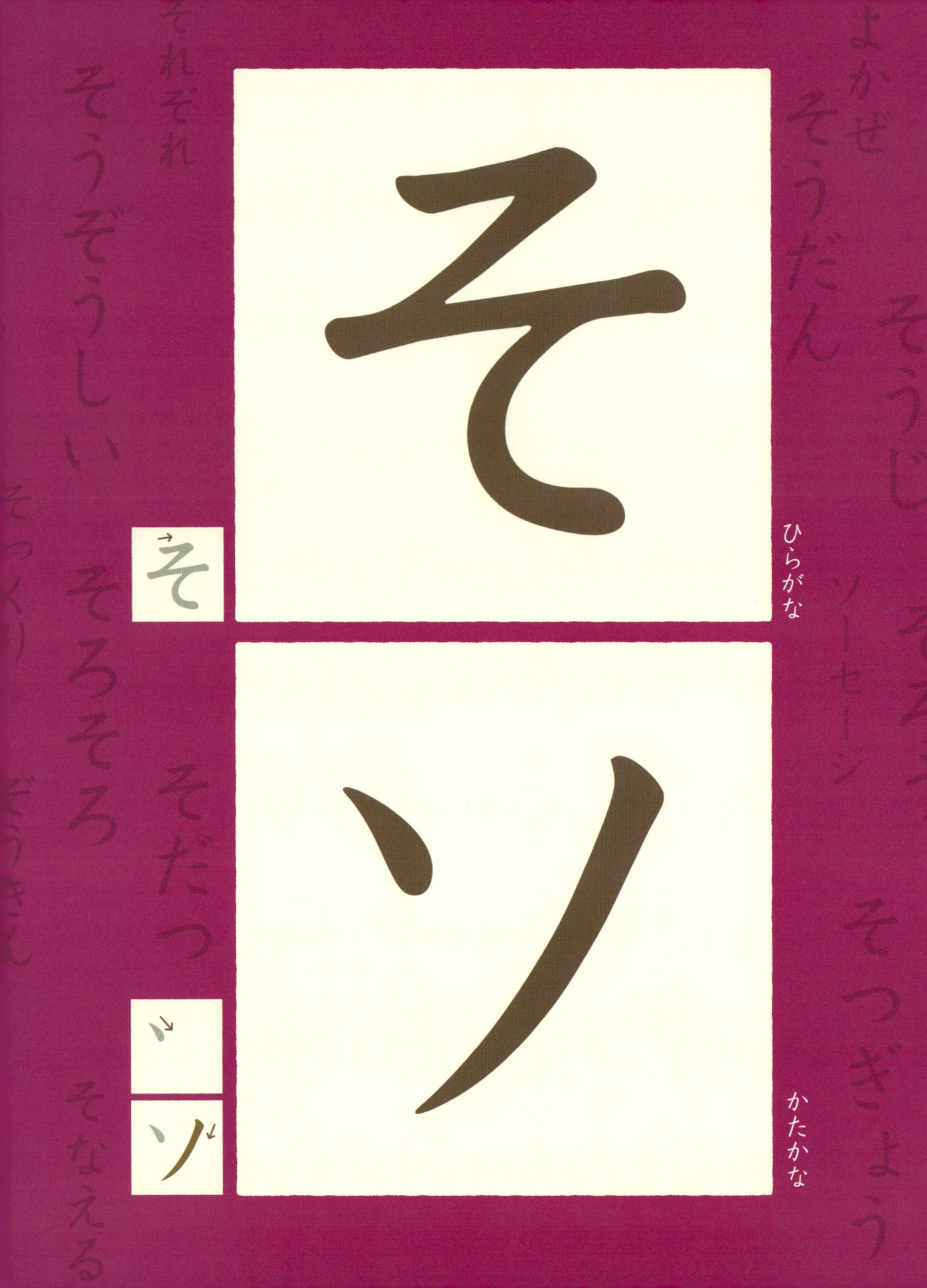

かたかな

そうがんきょう
よかぜ
そうだん
そうじ
そろう
ソーセージ
ソーダ
そつぎょう
それぞれ
そうぞうしい
そろそろ
そだつ
そなえる
そっくり
ぞうきん

ぞうきん

よごれた ところを ふいて
きれいに する ための ぬの。

こぼした ジュース《じゅうす》を
ぞうきんで ふく。

そうこ

ものを しまって おく
たてもの。

にもつを **そうこ**の なかに
はこぶ。

そうじ

ごみや ほこりを ないように
して きれいに する こと。

だいどころを **そうじ**する。

ソーセージ《そうせえじ》

こまかく した にくを、
うすい ふくろのような
ものに いれて つくった
たべもの。

ソーセージ《そうせえじ》を たべる。

そうぞう

みた ことや した ことの
ない ものの ことを
かんがえる こと。

おとなに なった ときの
ことを **そうぞう**する。

そうぞうしい

うるさい ようすで ある。

となりの へやが
そうぞうしい。

そうだん

どう したら よいかを、
ほかの ひとと はなす こと。

なにを して あそぶか
みんなで **そうだん**する。

そこ

ものの、いちばん　ひくい　ところ。

なべの　**そこ**が　よごれて　いる。

そそぐ

ながして　いれる。

コップ《こっぷ》に　ジュース《じゅうす》を　**そそぐ**。

そだつ

ひとや　いきものが　おおきく　なる。

あさがおが　**そだつ**。

そだてる

こどもや　いきものの　せわを　して、おおきく　する。

うしを　**そだてる**。

そつえん

ようちえんや　ほいくえんでの　べんきょうが　ぜんぶ　おわって、でて　いく　こと。

そつえんの　おいわいを　する。

そつぎょう

がっこうでの　べんきょうが　ぜんぶ　おわって、でて　いく　こと。

ここは　おかあさんが　**そつぎょう**した　しょうがっこうだ。

↕ **にゅうがく**

そっくり

とても　にて　いる　ようす。

わたしと　いもうとは　かみの　かたちが　**そっくり**だ。

そっと

しずかに。

そっと ドア《どあ》を あける。

そで

ふくで、うでを おおって いる ところ。

そでが みじかい。

そと

たてものから でた ところ。

そとに でて あそぶ。

そなえる

かみさまや ほとけさまに あげる。

はなを そなえる。

そば

とても ちかい ばしょ。

えきの そばに デパート《でぱあと》が ある。

そまる

いろが つく。

ゆうやけで そらが あかく そまる。

そよかぜ

しずかに ふく きもちいい かぜ。

そよかぜに ふかれながら あるく。

そら

たかい ところに ひろがって いる、たいようや つきが でる ところ。

あおい そら。

空《そら》

そり

ゆきの　うえを　すべって
すすむ　のりもの。

そりで　すべる。

そる

ひげや　かみを、どうぐを
つかって　ぜんぶ　きる。

ひげを　**そる**。

そる

まっすぐな　ものが　まるく
なって　まがる。

いたが　**そる**。

それぞれ

ひとりひとりの　ひと。
ひとつひとつの　もの。

それぞれ　すきな　ほんを
よむ。

そろう

おなじように　なる。

かたちが　**そろう**。

そろえる

おなじように　する。

ふくの　いろを　**そろえる**。

そろそろ

なにかを　する　じかんに
なる　ようす。

そろそろ　ねる　じかんだ。

そん

おかねや　ものが　へったり
なくなったり　する　こと。

きっぷを　おとして、**そん**を
した。

⇔とく

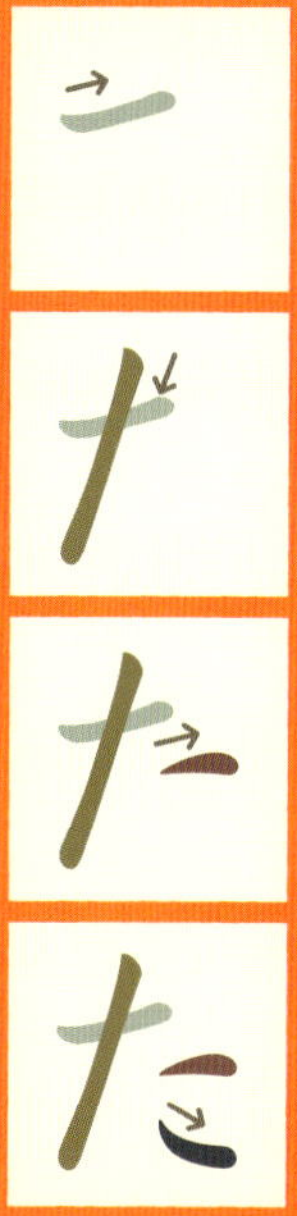

た

ひらがな

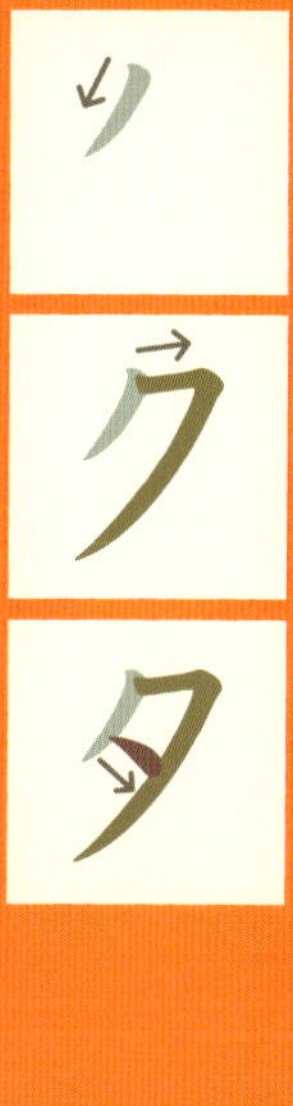

タ

かたかな

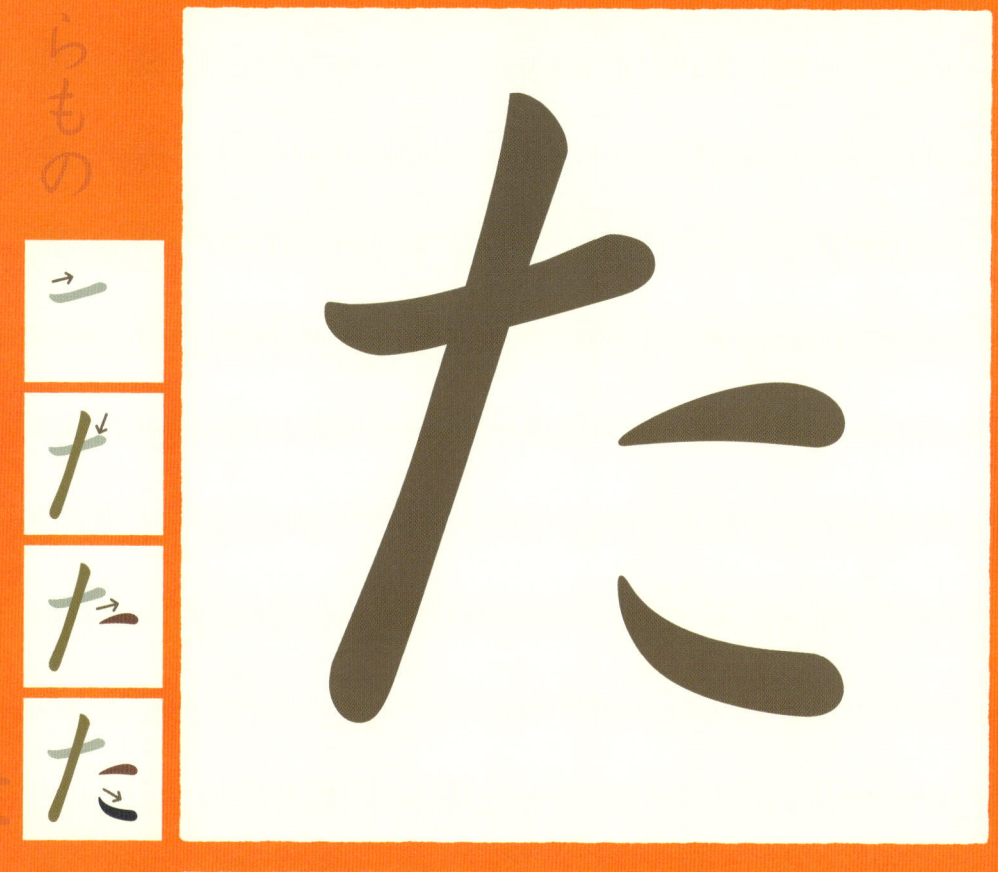

だい
ものを　のせたり　ひとが
のったり　する　もの。

かびんを　**だい**に　のせる。

たいいく
からだの　ことや　うんどうの
ことを　おそわる　べんきょう。

おねえさんは　**たいいく**が
とくいだ。

たいいん
にゅういんして　いた　ひとが
うちに　かえる　こと。

おばあさんが
たいいんする。
⇕**にゅういん**

たいおん
からだの　おんど。

かぜを　ひいて　**たいおん**が
あがった。

たいおんけい
からだの　おんどを　はかる
どうぐ。

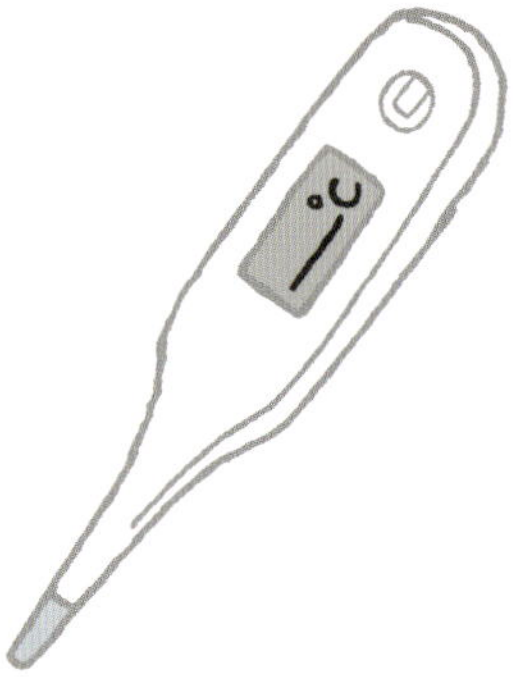

たいおんけいで　はかる。

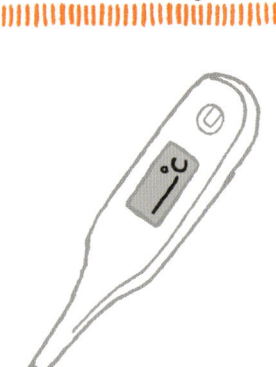

たいがい
ほとんど。

その　はなしは、**たいがい**の
ひとが　しって　いる。

たいくつ
する　ことが　なくて
つまらない　ようす。

はなしが　なかなか
おわらないので　**たいくつ**だ。

だいじ
よい　ものと　して、
たいせつに　する　ようす。

だいじに　しまって　おく。

たいじゅう

からだの　おもさを　かずで
あらわした　もの。

たいじゅうが　すこし　ふえた。

だいじょうぶ

しんぱいしなくて　よい
ようす。

かさが　あるから、あめが
ふっても　**だいじょうぶ**だよ。

たいせつ

なくしたり　こわれたり
しないように、きをつける
ようす。

もらった　バッグ《ばっぐ》を
たいせつに　する。

たいそう

からだの　いろいろな
ところを　うごかす　うんどう。

そとで　**たいそう**を　する。

だいたい

ほとんど。

いる　ものは　**だいたい**
そろった。

たいど

ひとの　まえで　からだを
うごかしたり　はなしを
したり　する　ときの　しかた。

きちんと　した　**たいど**。

だいどころ

230ページ《ぺえじ》

だいなし

だめに　なって　しまう
ようす。

くみたてた　つみきが
だいなしだ。

だいぶ

おもったより　おおい　ようす。

かわの　みずが　**だいぶ**
ふえた。

だいどころ〔キッチン《きっちん》〕

しょくじの したくを する ところ。

でんしレンジ《れんじ》
〔レンジ《れんじ》〕
れいぞうこ
しょっきだな
すいはんき
しゃもじ
フライパン《ふらいぱん》
おたま
やかん
なべ
ポット《ぽっと》
ほうちょう
すりこぎ
すりばち
ボウル《ぼうる》
ざる
まないた
ふきん
たわし
ながし
スポンジ《すぽんじ》
せんぬき
びん

たいふう

なつから あきの ころに くる、つよい かぜや あめの てんき。

たいふうで きが たおれた。

たいへん

とても こまる ようす。

あの バス《ばす》に のれないと たいへんだ。

だいめい

ものがたりや ほんの なまえ。

ほんの だいめいを みる。

タイヤ《たいや》

じどうしゃや じてんしゃに ついて いる ゴム《ごむ》の わ。

じてんしゃの タイヤ《たいや》を かえる。

ダイヤモンド《だいやもんど》

すきとおって いる きれいな ほうせき。

ダイヤモンド《だいやもんど》の ネックレス《ねっくれす》。

たいよう

ちきゅうを てらして いて、ひるま そらに みえる もの。おひさま。

たいようが まぶしい。

たいら

でこぼこが ない ようす。

たいらな みちが つづいて いる。

たおす

たって いる ものを よこに する。

つみきを たおす。

タオル《たおる》

かおや　からだを　ふく
やわらかい　ぬの。

タオル《たおる》で　てを　ふく。

たおれる

たって　いる　ものが　よこに
なる。

かんばんが　たおれる。

たかい

くらべた　とき、うえの
ほうに　ある　ようすだ。
たてに　ながい　ようすだ。

たかい　ところに　てを
のばす。

↕ ひくい

たかい

かうのに　おかねが　たくさん
いる　ようすだ。

この　ふくは　たかい。

↕ やすい

たがやす

つちを　ほって　やわらかく
する。

はたけを　たがやす。

たからもの

とても　たいせつに　して
いる　もの。

ぼくの　たからものは　この
ほんだ。

たき

たかい　ところから　みずが
おちて　いる　ところ。

たきを　みる。

たきぎ

もやす　ための　きや　きの
えだ。

たきぎを　あつめる。

たきび

たきぎや　おちばを　あつめて　もやす　こと。

たきびを　する。

たく

こめを　にる。

ごはんを　たく。

だく

うでで　かこむように　して　もつ。

あかちゃんを　だく。

たくさん

かずや　りょうが　じゅうぶん　ある　ようす。

くだものが　たくさん　ある。

タクシー《たくしい》

きゃくを　いきたい　ところまで　のせて　いく　じどうしゃ。

タクシー《たくしい》の　うんてんしゅさん。

たくましい

からだが　じょうぶで　つよい。

たくましい　からだ。

たけ

うちがわが　からに　なって　いる　かたい　くきが、まっすぐ　うえに　のびる　しょくぶつ。

たけが　はえて　いる　はやし。

竹《たけ》

たこ

うみに　すむ、あしが　8《はち》ほん　あって　からだが　やわらかい　いきもの。

たこが　およぐ。

たこ

かみに いとを くっつけて かぜの ちからで そらに あげて あそぶ もの。

ひろばで **たこ**を あげる。

たしか

はっきりと しては いないが、だいたい あって いる ようす。

これは、**たしか** おばさんの バッグ《ばっぐ》だ。

たしかめる

よく しらべる。

ばんごうを **たしかめる**。

たしざん

かずを たす けいさん。

たしざんの べんきょうを する。

たす

くわえる。

ふろの ゆを **たす**。

だす

なかから そとへ うつす。

かって きた ものを ふくろから **だす**。

↕ **いれる**

たすける

こまって いる ひとを らくに して あげる。

ともだちを **たすける**。

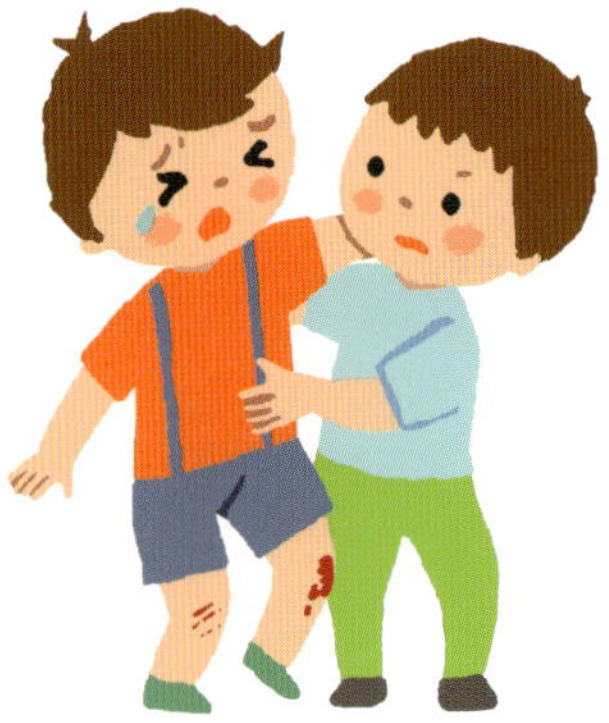

たずねる

ひとの いえや ある ばしょへ いく。

しんせきを **たずねる**。

たずねる

わからない　ことを　きく。

えきへ　いく　みちを　**たずねる**。

ただ

なにかを　するのに　おかねが　いらない　こと。

きょうは、ゆうえんちに　**ただで**　はいる　ことが　できる。

ただ

とても　すくない　ようす。

でんしゃを　まって　いるのは　**ただ**　ひとりだ。

たたかう

あいてを　やっつける　ために　うごく。

いっしょうけんめい　**たたかう**。

たたく

てや　ぼうで　うつ。

かたを　**たたく**。

ただしい

きまりに　あって　いる　ようすで　ある。

ただしい　こたえを　かく。

正《ただ(しい)》

たたむ

おって　かさねる。

ふとんを　**たたむ**。

たちあがる

すわったり　ねたり　して　いた　ひとが　たつ。

いすから　**たちあがる**。

たちどまる

あるくのを　やめて　とまる。

おみせの　まえで　**たちどまる**。

たちまち

とても　みじかい　じかんの　うちに。

たちまち　ありが　あつまって　きた。

たつ

からだを　うえに　のばして　まっすぐに　なる。

だいの　うえに　**たつ**。

立《た(つ)》

たつ

☞りゅう

429ページ《ぺえじ》

たつ

たてものが　つくられる。

マンション《まんしょん》が　**たつ**。

だっせん

でんしゃが　せんろから　はずれて　でて　しまう　こと。

でんしゃが　**だっせん**した。

たっぷり

とても　たくさん　ある　ようす。

あんが　**たっぷり**　はいった　まんじゅう。

たて

うえと　したを　つなぐ　ほうこう。
まえと　うしろを　つなぐ　ほうこう。

せんを　**たて**に　ひく。

↕よこ

たてもの

その　なかで、すんだり　しごとを　したり　する　ために　つくった　もの。

りっぱな　**たてもの**。

た

たてる

ものを たてに まっすぐに する。

はたを たてる。

たてる

たてものを つくる。

びょういんを たてる。

たとえば

まえに いった ことを、くわしく いうと。

あまい もの、たとえば チョコレート《ちょこれえと》が すきです。

たに

やまと やまの あいだの ひくく なって いる ところ。

たにを ながれる かわ。

たね

その なかから めが でて きて、くさや きが そだつ もの。

ひまわりの たねを まく。

たのしい

しんぱいな ことが なく、わらいたく なるようで きもちいい。

おにごっこは たのしい。

たのしみ

たのしいだろうと そうぞうする ようす。

かいすいよくに いくのが たのしみだ。

たのしむ

すきな ことを して たのしい きぶんに なる。

ゲーム《げえむ》を たのしむ。

たのむ

して　ほしいと　おねがいする。

てつだいを　たのむ。

たのもしい

つよくて、みんなを
たすけて　くれるような
ようすで　ある。

たのもしい　おじさん。

たば

ひとつに　まとめた　もの。

しんぶんの　たば。

たび

りょこう

430ページ《ぺえじ》

たび

その　とき　いつも。

あう　たびに　おおきく　なる
あかちゃん。

たぶん

そう　なると　おもう　ようす。

あしたは　たぶん　あめだろう。

たべもの

239ページ《ぺえじ》

たべる

ものを　かんで　のみこむ。

ゆうごはんを　たべる。

たまいれ

たかい　ところに　ある
かごに、まるい　ものを
いれる　スポーツ《すぽうつ》。

たまいれの
きょうそうを　する。

玉《たま》

だます

うその　ことを　いって、
ほんとうだと　おもわせる。

きつねが　ひとを　だます。

たべもの

たべる もの。

ソーセージ
ソーセージ《そうせえじ》
もち
ベーコン《べえこん》
パン《ぱん》
bread
ブレッド
ハム《はむ》
なっとう
ふりかけ
ごはん
rice
ライス
こめ
つけもの
なまたまご
ゆでたまご
きみ
しろみ
うめぼし
たまご
egg
エッグ

たまに

する ときが すくない ようす。

みちで **たまに** あう おじいさん。

たまらない

がまんが できない ようすで ある。

あつくて **たまらない**。

たまる

すこしずつ おおく なる。

ちょきんが **たまる**。

だまる

なにも いわなく なる。

おとうとは、きげんが わるいと **だまる**。

だめ

よく ない ようす。

たべものが **だめ**に なる。

だめ

して いる ことが ただしく ない ようす。

ちこくしては **だめ**だよ。

だめ

できない ようす。

ぼくは てつぼうが **だめ**だ。

ためいき

しんぱいしたり こまったり した ときに でる おおきな いき。

しんぱいで **ためいき**が でる。

た

ためし

どう なるか たしかめる ために、して みる こと。

できるか どうか **ためし**に やって みる。

ためす

どう なるか たしかめる ために、して みる。

くつが あしに あうか **ためす**。

ためる

あつめて ふやす。

きのみを **ためる**。

たりる

なにかを するのに ひつような ものが ぜんぶ ある。

おかねが **たりる**。

たる

みそや しょうゆを いれる、きで つくった いれもの。

おおきい **たる**。

だれ

どの ひとの ことか、わからない ときに つかう ことば。

この ぼうしは、**だれ**の ものだろう。

たれる

すこしずつ おちる。

じゃぐちから みずが **たれる**。

だん

のぼったり おりたり する ために つくった ところ。

だんを のぼる。

たんき

すぐに　おこる　ようす。

おにいさんは　たんきだ。

たんけん

ひとが　ほとんど　いかない　ところへ　いって、いろいろ　しらべる　こと。

だれも　すんで　いない　しまを　たんけんする。

たんじょうび

うまれた　ひ。

きょうは、いもうとの　たんじょうびだ。

だんせい

おとなの　おとこの　ひと。

せいの　たかい　だんせい。

だんだん

すこしずつ　かわる　ようす。

かぜが　だんだん　つよく　なって　きた。

たんぼ

いねを　そだてて　こめを　つくる　ところ。

たんぼの　いねが　そだつ。

田《た》

だんぼう

へやの　なかを　あたためる　きかい。

さむいので　だんぼうを　つかう。

↕ れいぼう

だんろ

ひを　もやして　へやを　あたためる　もの。

だんろの　まえに　すわる。

ち

ひらがな

チ

かたかな

ちゅうしゃじょう
コレート
ちゃいろ
ちがい
ちから
ちょうじょう
ちゃくりく
ちち

からもち
ちゅうがえり
チーター
ちっとも
ちいさい
ちえのわ

ち

からだの なかを ながれて いる あかい もの。

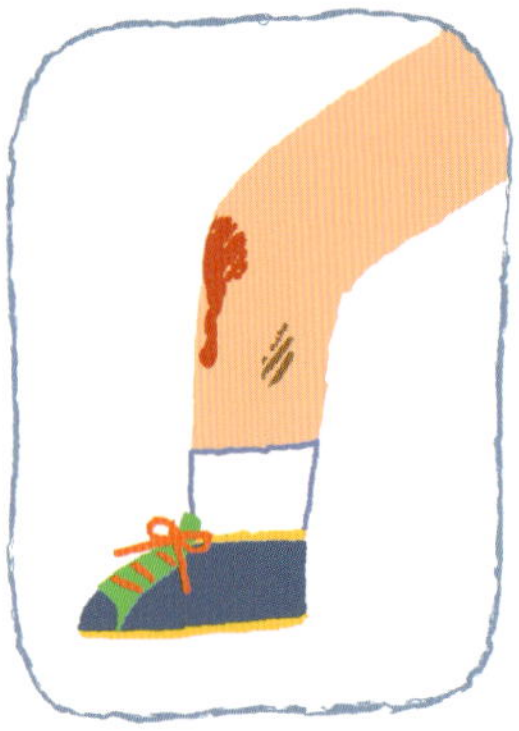

ころんで **ち**が でた。

ちいさい

ながさや ひろさや おおきさが、ふつうより すくない。

あかちゃんの ては **ちいさい**。

↕ **おおきい**

小《ちい(さい)》

チ《ち》ー《い》ズ《ず》

ぎゅうにゅうから つくった たべもの。パ《ぱ》ン《ん》に はさんだり、おかしに したり する。

いろいろな **チ《ち》ー《い》ズ《ず》**。

チ《ち》ー《い》ム《む》

いっしょに しごとや ス《す》ポ《ぼ》ー《う》ツ《つ》を する ひとが あつまった もの。

やきゅうの **チ《ち》ー《い》ム《む》**に はいる。

ちえ

うまく できるように かんがえる ちから。

おばあさんの **ちえ**で、みみに はいった むしが でた。

ちえのわ

ふたつの わを つないだり はずしたり して あそぶ もの。

ちえのわは むずかしい。

ちか

じめんの した。

デ《て》パ《ぱ》ー《ぁ》ト《と》の **ちか**に ある うりば。

ちかい

あいだの ながさが みじかい。

うちは はなやさんに **ちかい**。

↕ **とおい**

ち

ち

ちがい

ちがって いる ところ。

ふたつの バッグ《ばっぐ》の **ちがい**が わからない。

ちがう

おなじでは ない もので ある。

いろは おなじだが、かたちが **ちがう**。

ちかく

ちかい ところ。

うちの **ちかく**に ポスト《ぽすと》が ある。

↕とおく

ちかづく

だんだん ちかく なる。

でんしゃが えきに **ちかづく**。

ちかてつ

じめんの したを すすむ でんしゃ。

ちかてつに のる。

ちかみち

いきたい ところまで はやく いく ことの できる みち。

ちかみちを とおる。

ちかよる

ちかくに いく。

ねこが いぬに **ちかよる**。

ちから

からだや ものを うごかす もの。

あしに **ちから**を いれて ボール《ぼうる》を ける。

力《ちから》

ちからづよい

ちからが　あって　つよい。

はしる　すがたが　**ちからづよい**。

ちからもち

ちからが　つよい　こと。

おとうさんは　**ちからもち**だ。

ちきゅう

うちゅうの　なかで　にんげんが　すんで　いる　ところ。

ちきゅうは　うちゅうの　ほしの　ひとつだ。

ちぎる

ゆびで　やぶって　ちいさく　する。

かみを　**ちぎる**。

ちぎれる

やぶれて　はなれる。

かみが　**ちぎれる**。

チケット《ちけっと》

きっぷ。

どうぶつえんで　**チケット**《ちけっと》を　かう。

ちこく

きめられた　じかんに　おくれる　こと。

やくそくの　じかんに　**ちこく**する。

ちず

たてものが　ある　ばしょや　みちが　わかるように、えに　かいた　もの。

えきまでの　ちず。

ちぢむ

ちいさく　なったり　みじかく　なったり　する。

けいとの　セーター《せぇたぁ》が　ちぢむ。

↔ **のびる**

ちぢめる

まえより　ちいさく　したり　みじかく　したり　する。

みつからない　ように　からだを　ちぢめる。

ちっとも

すこしも　そうでは　ない　ようす。

この　ほんは　ちっとも　おもしろく　ない。

ちゃくりく

そらから　じめんに　おりる　こと。

ヘリコプター《へりこぷたぁ》が　ちゃくりくする。

↔ **りりく**

チャック《ちゃっく》

☞ **ファスナー《ふぁすなぁ》**　349ページ《ぺぇじ》

チャンス《ちゃんす》

ちょうど　よい　とき。

チャンス《ちゃんす》が　きた。

ちゃんと

きちんと　なにかを　して　いる　ようす。

つくえの　うえを　ちゃんと　かたづける。

ちゅうい

あぶない　ことが　ないように　する　こと。

くるまに　ちゅういして　みちを　わたる。

ちゅうがえり

そらや じめんの うえで まわる こと。

せんしゅが **ちゅうがえり**を する。

ちゅうし

しようと して いた ことを やめる こと。

あめが ふったので、えんそくは **ちゅうし**だ。

ちゅうしゃ

さきが ほそく とがった ものを さして、くすりを からだの なかに いれる こと。

おいしゃさんが **ちゅうしゃ**を する。

ちゅうしゃじょう

じどうしゃを とめる ところ。

ちゅうしゃじょうから くるまが でて くる。

ちゅうとはんぱ

しようと して いる ことが ぜんぶ おわって いない ようす。

ちゅうとはんぱに つくって あそびに いく。

ちゅうもん

ほしいと たのむ こと。

すきな すしを **ちゅうもん**する。

ちょうし

からだや きかいの ぐあい。

おなかの **ちょうし**が よく ない。

ちょうじょ

おんなのこの なかで、いちばん はじめに うまれた こども。

ちょうじょは 9《きゅう》さいです。

ちょうじょう

やまの いちばん たかい ところ。

ちょうじょうが みえる。

ちょうせん

たたかおうと する こと。

つよい せんしゅに ちょうせんする。

ちょうだい

なにかを もらう ことを たのむ ときに いう ことば。

その クッキー《くっきい》を ちょうだい。

ちょうど

ぴったり あって いる ようす。

いま、ちょうど 10《じゅう》じだ。

ちょうなん

おとこのこの なかで、いちばん はじめに うまれた こども。

ちょうなんは しょうがくせいです。

ちょうみりょう

☛ 250ページ《ぺえじ》

ちょきん

おかねを ためる こと。

ちょきんを する。

ちょっと

すくない ようす。すこし。

ちょっと たべて みる。

ちょうみりょう

たべものに　あじを　くわえる
ための　もの。

こしょう
pepper
ペパァ
しお
salt
ソールト
みりん
しょうゆ
soy sauce
ソイ　ソース
ケチャップ《けちゃっぷ》
す
ソース《そうす》
みそ
マヨネーズ《まよねえず》
とうがらし
red pepper
レッド　ペパァ
バター《ばたあ》
ジャム《じゃむ》
さとう
sugar
シュガア
マーガリン《まあがりん》

ち

ちょっぴり

とても　すくない　ようす。

さとうを　**ちょっぴり**　いれる。

ちらかす

ものを　あちこちに　ばらばらに　おく。

おとうとが　テーブル《てえぶる》の　うえを　**ちらかす。**

ちらかる

ものが　あちこちに　ばらばらに　おいて　ある。

へやが　**ちらかる。**

ちらばる

あちこちに　ばらばらに　ひろがる。

ゆかに　えんぴつが　**ちらばる。**

ちりとり

そうじの　とき、あつめた　ごみを　いれて　はこぶ　どうぐ。

ちりとりに　ごみを　いれる。

ちりょう

びょうきや　けがを　なおす　こと。

せんせいに　けがの　**ちりょう**を　して　もらう。

ちる

はなや　はっぱが　じめんに　おちる。

さくらの　はなが　**ちる。**

つみあげる
つよい
つつむ
れていく
つばさ
つまようじ
つぶれる
つりかわ

つ

ひらがな

ツ

かたかな

めたい
つまらない
つぶやく
つまさき
つながる
つづける

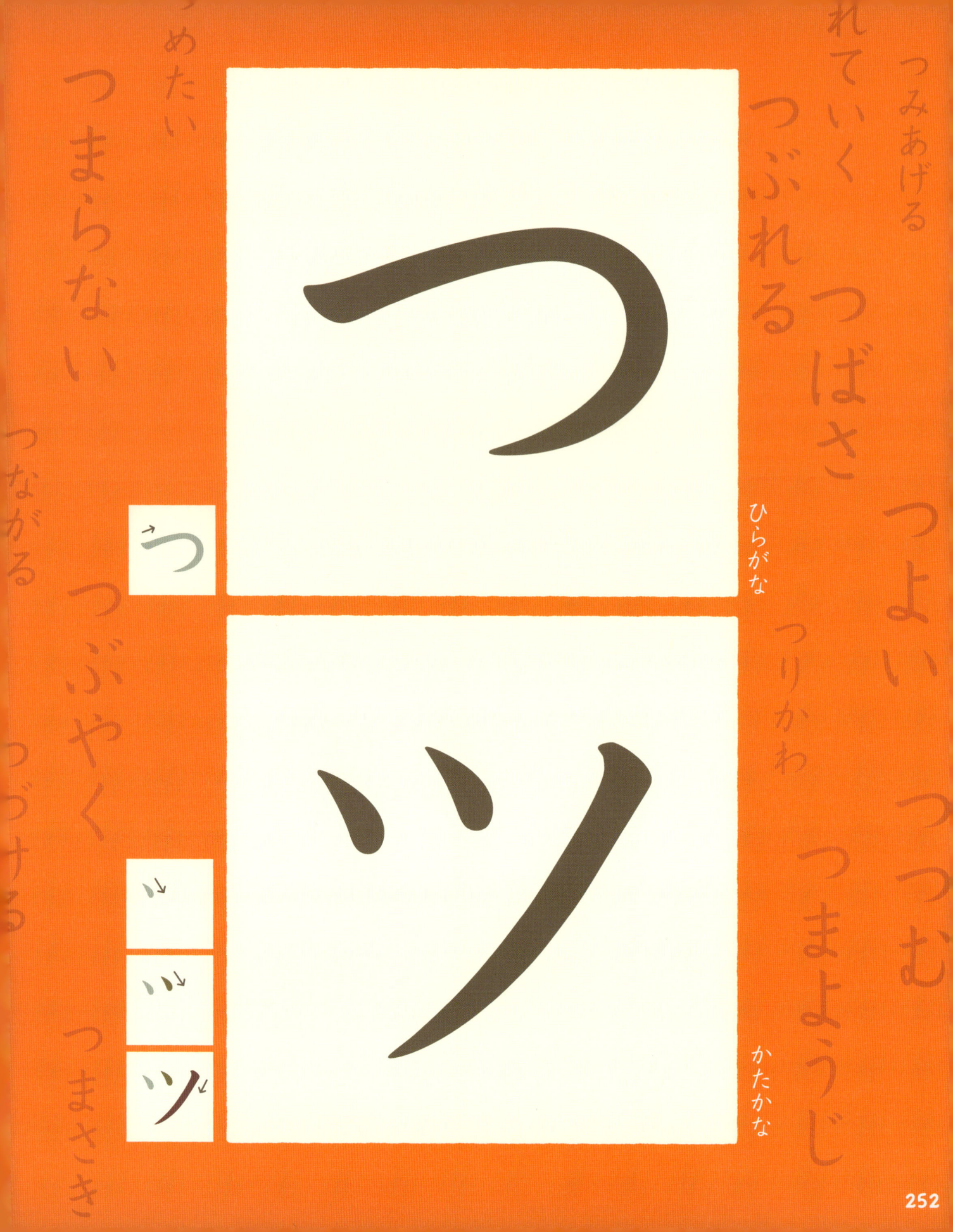

つい

じかんが　とても　すくない　ようす。

おとうさんは　つい　さっき　かえって　きた。

ついていく

いっしょに　いくように　する。

おかあさんに　ついていく。

ついでに

なにかを　するのと　おなじ　ときに。

えきへ　いく　ついでに　ほんやさんに　よる。

ついに

ながく　つづけて　いて、さいごに。

ついに　やまの　ちょうじょうに　ついた。

つうじる

ある　ところまで　つづく。

えきに　つうじる　みち。

つえ

あるく　ときに、てに　もって　からだを　ささえる　ぼう。

おばあさんが　つえを　ついて　あるく。

つかう

ある　ことを　する　ために、どうぐや　ざいりょうを　うごかす。

スプーン《すぷうん》を　つかう。

つかまえる

にげる　ことが　できないように　しっかり　おさえる。

だんごむしを　つかまえる。

つ

つかまる

にげる ことが できないように しっかり おさえられる。

はんにんが つかまる。

つかまる

てで しっかり にぎる。

でんしゃの つりかわに つかまる。

つかむ

てで しっかり もつ。

おとうとの うでを つかむ。

つかれる

げんきが なくなる。

ながい じかん あるくと つかれる。

つき

よる、そらに みえる、まるくて あかるい もの。ひに よって、かたちが かわる。

ひがしの そらに つきが みえる。

つぎ

ひとつ あとの じゅんばん。

つぎは わたしの ばんだ。

つきあう

あいてと なかよく する。

きんじょの ひとと うまく つきあう。

つぎつぎ

たくさん つづく ようす。

つぎつぎと せんしゅが はいって くる。

つく

とれなく　なる。

ふくに　よごれが　つく。

つく

でんきが　つうじるように　なる。

あかりが　つく。

つく

つよく　おす。

かねを　つく。

つく

その　ばしょに　くる。

バス《ばす》が　えきに　つく。

つくりかた

つくる　ための　ほうほう。

かみひこうきの　つくりかたを　おしえて　もらう。

つくる

かたちが　あるように　する。

はこで　ロボット《ろぼっと》を　つくる。

つける

とれないように　あわせる。

のりで　つける。

つける

もえる　ひや　あかりが　でるように　する。

かいちゅうでんとうを　つける。

つ

つける

みずの　なかに　いれて　ぬらす。

せんたくものを　みずに　つける。

つち

じめんの　うえの　ちゃいろの　もの。

にわの　**つち**を　ほる。

つつく

ゆびや　くちばしで　かるく　つづけて　おす。

ともだちの　せなかを　**つつく**。

つづく

おなじ　ことが　つながって　いく。

あめの　ひが　**つづく**。

つづける

おなじ　ことを　やめないで　する。

れんしゅうを　**つづける**。

つつむ

なかに　ものを　いれて　かぶせる。

しなものを　ふろしきで　**つつむ**。

つながる

はなれて　いた　ものが　くっついて　ひとつに　なる。

しまが　はしで　**つながる**。

つなぐ

はなれて　いた　ものを　くっつけて　ひとつに　する。

いもうとと　てを　**つなぐ**。

つの

どうぶつの　あたまから　でて　いる　かたい　もの。

しかの　つの。

つば

くちの　なかに　でて　くる、みずのような　もの。

くしゃみを　したら、てに　つばが　ついた。

つばさ

とりや　ひこうきの　はね。

ひこうきの　つばさ。

つぶす

ものを　つよい　ちからで　おして、かたちを　かえる。

おおきな　はこを　つぶす。

つぶやく

ちいさい　こえで　いう。

ひとりごとを　つぶやく。

つぶる〔つむる〕

めを　とじる。

めを　つぶる。

つぶれる

つよく　おされて、かたちが　かわる。

たまごが　つぶれる。

つぼみ

はなが　ひらく　まえの　もの。

チューリップ《ちゅうりっぷ》の　つぼみ。

つまずく

あしが　なにかに　あたって
ころびそうに　なる。

でこぼこな　みちを　あるいて
つまずく。

つまむ

ゆびや　はしの　さきで
はさんで　もつ。

まめを　つまむ。

つまようじ

はに　はさまった　ものを
とる、さきが　ほそく　なって
いる　みじかい　ぼう。

おじいさんが　つまようじを
つかう。

つまらない

おもしろく　ない。

ともだちと　あそべないので
つまらない。

つまる

ものが　たくさん　はいって
じゃまに　なる。

はなが　つまる。

つみあげる

ものを　たかく　かさねる。

つくえの　うえに　ほんを
つみあげる。

つむ

ゆびの　さきで　つまんで
とる。

のはらで　はなを　つむ。

つむ

ものの　うえに　おく。

はこを　つむ。

つむる

☞つぶる
257ページ《ぺえじ》

つ

つめ

ゆびの　さきに　ある　かたい　ところ。

つめが　のびる。

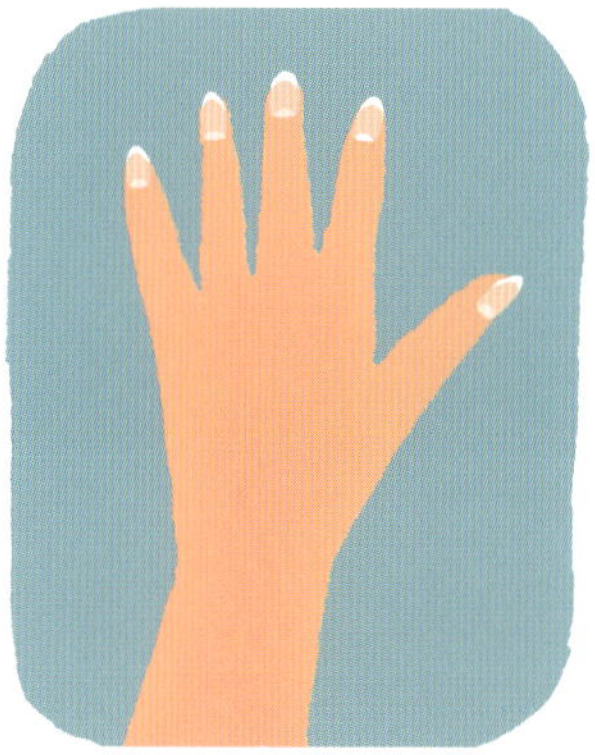

つめきり

のびた　つめを　きる　どうぐ。

つめきりで　つめを　きる。

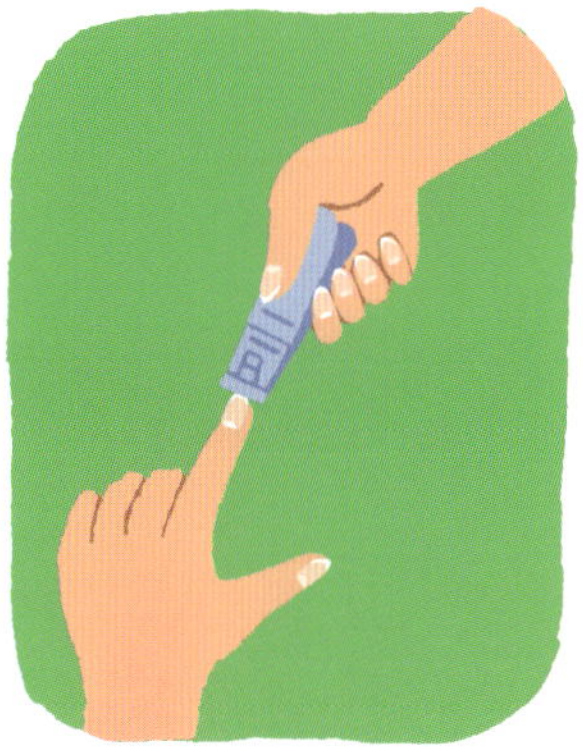

つめこむ

いれられるだけ　いっぱいに　いれる。

バッグ《ばっぐ》に　にもつを　**つめこむ**。

つめたい

ものの　おんどが　ひくい。

つめたい　みずを　のむ。

⇔ **あつい**

つめる

いっぱいに　いれる。

ふくろに　ごみを　**つめる**。

つもり

そう　しようと　いう　きもち。

あしたは　あさ　はやく　おきる　**つもり**だ。

つもる

うえに　かさなって　たかく　なる。

ゆきが　**つもる**。

つゆ

6《ろく》がつや　7《しち》がつに、あめが　ながい　あいだ　つづいて　ふる　てんき。

つゆの　ときは、せんたくものが　なかなか　かわかない。

つゆ

ものから　でる　みずのような　もの。

レモン《れもん》の　つゆを　しぼる。

つよい

ちからが　おおい。たたかうと　かつ　ようすだ。

すもうが　つよい。

⇕よわい

つらい

がまんが　できないくらい　くるしい。

せきが　とまらなくて　つらい。

つらら

すこしずつ　おちる　みずが　こおって、ぼうのように　なった　もの。

つららが　できる。

つり

さかなを　つる　こと。

かわで　つりを　する。

つる

ぶらさがるように　する。

ふうりんを　つる。

つる

ほそく　とがった　ものの　ついた　いとを　つかって、さかなを　とる。

うみで　さかなを　つる。

つれていく

いっしょに　くるように　させる。

かいものに　つれていく。

て

ひらがな

テ

かたかな

て

ひとの　からだで、てくびから
ゆびの　さきまでの　ところ。

てを　ふる。

手《て》

であう

おもって　いなかった　ときに
あう。

みちで　せんせいに　であう。

てあて

けがや　びょうきを　なおす
ために　する　こと。

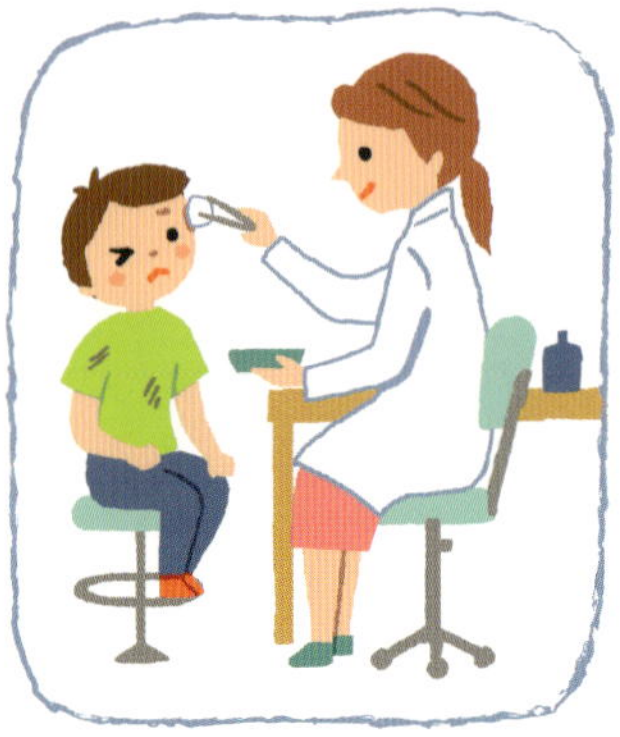

きずの　てあてを　して
もらう。

ていしゃ

でんしゃや　じどうしゃが
とまる　こと。

バス《ばす》が　ていしゃする。

ていでん

でんきが　とまって　しまう
こと。

ていでんで　くらく　なる。

ていねい

きちんと　して　いる　ようす。

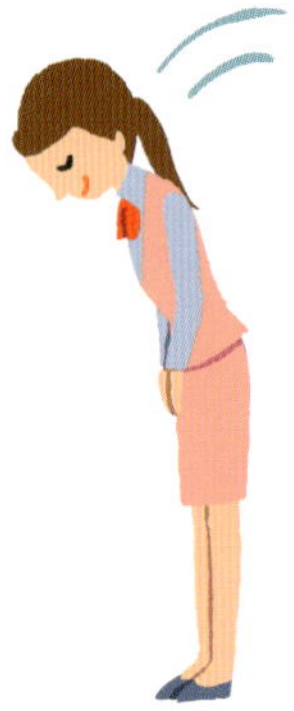

ていねいに　おじぎを　する。

テープ《てえぷ》

うすくて　ほそながい　かみや
ぬの。

かみの　テープ《てえぷ》で　かざる。

でかける

どこかへ　いく　ために
うちから　でる。

ピクニック《ぴくにっく》に　でかける。

てがみ

あいての ひとに しらせたい ことを かいて おくる もの。

おばあさんから とどいた てがみを よむ。

てき

たたかう あいて。

てきから ボール《ぼうる》を とる。

↕みかた

できあがり

ぜんぶ できる こと。

りょうりの できあがりを まつ。

できあがる

ぜんぶ できる。

りょうりが できあがる。

できごと

あった こと。

うれしい できごと。

できたて

できて すぐで ある こと。

できたての コロッケ《ころっけ》。

てきとう

ちょうど よい ようす。

てきとうな おおきさに わける。

できる

あたらしく つくられる。

いえが できる。

できる

なにかを する ちからが ある。

じてんしゃに のる ことが できる。

でぐち

そとに でて いく ところ。

でぐちに むかって すすむ。

↕いりぐち

でこぼこ

たかく なったり ひくく なったり して いて、たいらで ない ようす。

でこぼこの やまみちを あるく。

デザート《でざあと》

しょくじの あとに たべる おかしや くだもの。

デザート《でざあと》は アイスクリーム《あいすくりいむ》だ。

てじな

みて いる ひとの まえで、てや どうぐを つかって する ふしぎな こと。

てじなを みせる。

でたらめ

よく かんがえないで する ようす。

いすを でたらめに おく。

てちょう

わすれないように かいて おく ためのちいさい ノート《のうと》。

てちょうに やくそくの じかんを かく。

てつ

きかいや どうぐを つくるのに つかう、とても かたい ざいりょう。

てつで できて いる なべ。

てつだう

ひとの　して　いる　ことを
たすける。

にわの　そうじを　てつだう。

てっぺん

ものの　いちばん　たかい
ところ。

くもの　うえに、やまの
てっぺんが　みえる。

てっぽう

まるくて　かたい　ものを
いれて　とばす　どうぐ。

てっぽうで　うつ。

てにもつ

てに　もって　はこぶ　ことが
できる　おおきさの　にもつ。

てにもつを　あずける。

てのひら

てを　にぎった　とき、
うちがわに　なる　ところ。

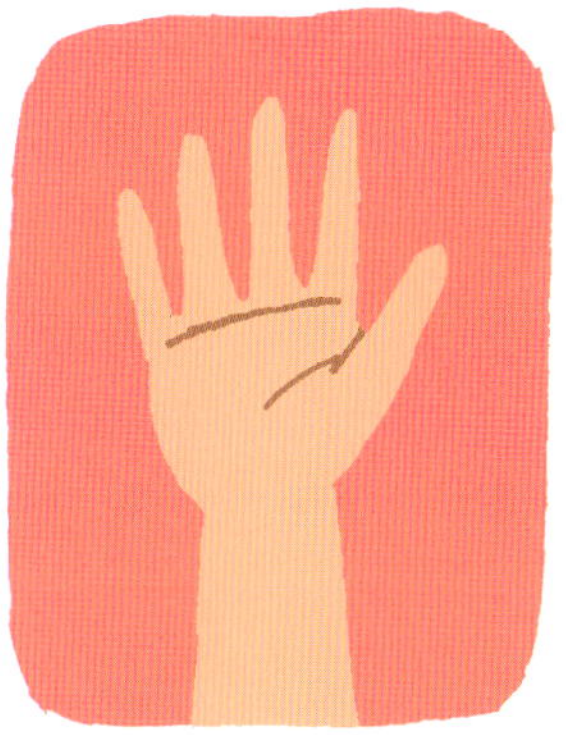

てのひらを　みる。

デパート《でぱあと》

いろいろな　しなものを
うって　いる、おおきい
おみせ。

デパート《でぱあと》の　まえに
ぎょうれつが　できる。

でばん

じぶんが　でて　いく　ばん。

つぎは　わたしの　でばんだ。

てぶくろ

さむい　ときや　しごとを
する　ときに　てに　はめる
もの。

けいとの　てぶくろを　する。

てほん

れんしゅうを　する　ときに　まねを　すると　よい　もの。

てほんを　よく　みて　かく。

てる

たいようや　つきが　ひかる。

たいようが　てる。

でる

なかから　そとへ　いく。

ふねが　みなとを　でる。

⇕ **はいる**

出《で(る)》

でる

みえるように　なる。

つきが　でる。

てるてるぼうず

てんきが　はれに　なるように　ねがって　かける　にんぎょう。

てるてるぼうずを　つくる。

てれる

すこし　はずかしいと　おもう。

おおぜいの　ひとに　みられて　てれる。

てん

ちいさい　まるのような　かたちの　もの。

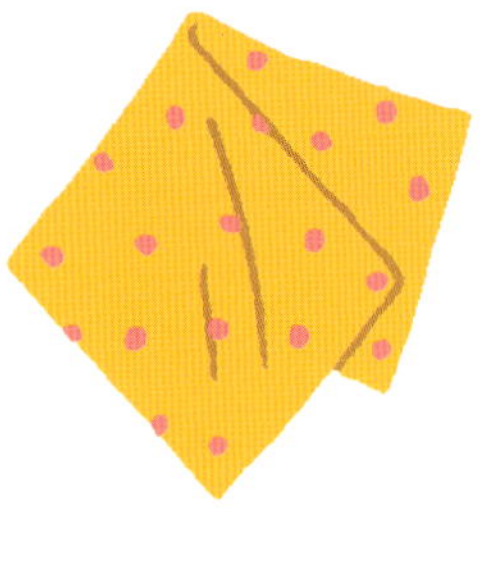

てんの　もようの　ハンカチ《はんかち》。

てんき

☞ 267ページ《ぺえじ》

でんき

いろいろな　ものを　うごかす　ための　もの。

そうじきは　でんきで　うごく。

てんき

そらの ようす。

天《てん》気《き》

はれ
sunny
サニィ
くもり
cloudy
クラウディ
ゆき
snowy
スノウィ
かみなり
thunder
サンダァ
きり
あめ
rainy
レイニィ
こさめ
おおあめ
どしゃぶり
たいふう

てんきよほう

これから　さきの　てんきが
どう　なるかを　しらせる
こと。

てんきよほうを　みる。

てんぐ

おはなしに　でて　くる、
かおが　あかく　はなが
ながい　いきもの。

てんぐが　でて　くる
おはなし。

てんさい

うまれた　ときから、ほかの
ひとと　くらべて、ある
ことが　とても　うまく
できる　ひと。

ピアノ《ぴあの》の　**てんさい**。

でんしゃ

269ページ《ぺえじ》

てんじょう

へやの　うえに　ある
たいらな　ところ。

てんじょうが　たかい　へや。

てんせん

てんを　たくさん　ならべて
せんのように　した　もの。

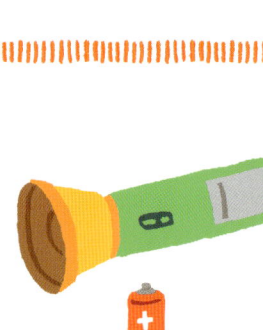

てんせんを　かく。

でんち〔かんでんち〕

でんきを　ためて　おく
どうぐ。

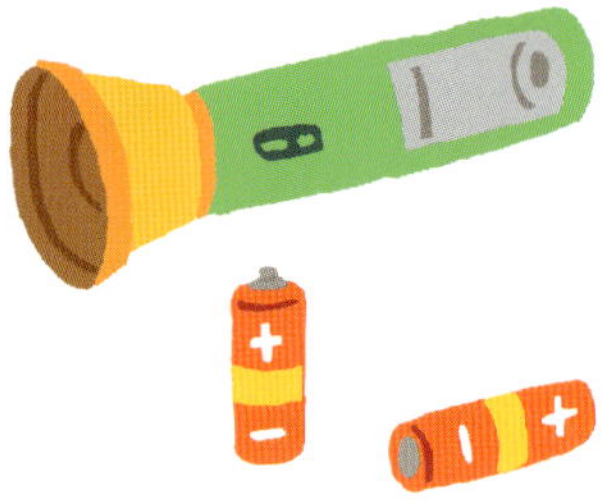

かいちゅうでんとうの
でんちを　かえる。

でんちゅう

でんきを　おくる　せんを
つなぐ　はしら。

でんちゅうを　みあげる。

テント《てんと》

かんたんに　くみたてる
ことが　できる、ぬのの　こや。

テント《てんと》の　なかに　はいる。

でんしゃ

でんきの ちからで せんろの うえを すすむ のりもの。

かもつれっしゃ
きかんしゃ
しゃしょう
パンタグラフ《ぱんたぐらふ》
あみだな
つりかわ
しゃない
うんてんし
えき
○○○○えき
えきいん
プラットホーム《ぷらっとほうむ》
〔ホーム《ほうむ》〕
せんろ
きっぷうりば
かいさつぐち
ふみきり

と

ひらがな

ト

かたかな

トライアングル
とかげ
とくい
ぶつえん
どうろ
どしゃぶり
ともだち
とうもろこし
りもどす
とんでもない
とうだい
どんぐり
ドーナツ

と

たてものの　いりぐちや
でぐちに　ある、あけたり
しめたり　する　もの。

げんかんの　とを　あける。

どうか

おねがいする　きもちを
あらわす　ことば。

どうか　おねがいします。

どうぐ

☞272ページ《ぺえじ》

とうじょう

ぶたいや　ものがたりに　でて
くる　こと。

ぶたいに　しゅやくが
とうじょうする。

とうぜん

そう　しなければ　いけない
ようす。

あやまるのは　とうぜんだ。

どうぞう

どうと　いう　ざいりょうで、
ひとの　かたちを　つくった
もの。

こうえんに　ある　どうぞう。

とうだい

よる、うみを　すすむ　ふねの
ために　ひかりを　だして
いる　たてもの。

とうだいの　あかりが　つく。

とうちゃく

いこうと　して　いる
ところに　つく　こと。

バス《ばす》が　とうちゃくする。

どうてん

とった　てんの　かずが
おなじで　ある　こと。

しあいは　どうてんだった。

どうぐ

なにかを　する　ときに　つかう　もの。

ねじまわし
〔ドライバー《どらいばあ》〕
くぎ
かなづち
むしとりあみ
5m
まきじゃく
だんボール《ぼうる》
ガムテープ《がむてえぷ》
シャベル《しゃべる》

バケツ《ばけつ》
ぞうきん
ふみだい
そうがんきょう
くし
ヘアブラシ《へあぶらし》
ほうき
ちりとり
そうじき

とうとう

ながく　つづけて　いて　さいごに。

とうとう　できあがった。

ドーナツ《どうなつ》

わや　ボール《ぼうる》の　かたちを　した　おかし。

きょうの　おやつは　ドーナツ《どうなつ》だ。

どうにか

がんばって　なんとか。

どうにか　まにあった。

とうばん

ある　ことを　する　ばんに　なる　こと。

きゅうしょくの　とうばん。

とうふ

まめから　つくった、しろくて　やわらかい　たべもの。

とうふが　はいった　みそしる。

どうぶつ

276ページ《ぺえじ》

どうぶつえん

ひとに　みせる　ために、いろいろな　どうぶつを　かって　いる　ところ。

どうぶつえんで　ぞうを　みた。

とうめい

ものの　なかや　むこうが　よく　みえる　ようす。

とうめいな　ガラス《がらす》の　かびん。

どうろ

ひとや　じどうしゃが　とおる　みち。

どうろを　くるまが　とおる。

とおい

あいだの　ながさが　ながい。

ちょうじょうまでは　とおい。

↕ちかい

とおく

とおい　ところ。

とおくに　ふねが　みえる。

↕ちかく

とおす

ある　ほうから　べつの　ほうに　だすように　する。

シャツ《しゃつ》に　うでを　とおす。

とおり

ひとや　くるまが　いったり　きたり　する　みち。

にぎやかな　とおり。

とおりすぎる

ある　ばしょを　とおって　さきへ　いく。

こうばんの　まえを　とおりすぎる。

とおりぬける

なかを　とおって　むこうへ　でる。

こうえんを　とおりぬける。

とおる

ひとや　くるまが　うごいて　いく。

タクシー《たくしい》が　とおる。

とかげ

しっぽが　ながく、4《よん》ほんの　みじかい　あしで　うごく　いきもの。

はらっぱで　とかげを　みつけた。

と

どうぶつ

からだを うごかす いきもの。

きりん
giraffe
ヂラフ
ぞう
elephant
エレファント
らくだ
カンガルー《かんがるう》
パンダ《ぱんだ》
コアラ《こあら》
チンパンジー《ちんぱんじい》
しまうま
ゴリラ《ごりら》
くま
bear
ベア
しか
おおかみ
wolf
ウルフ
きつね
fox
ファックス
たぬき

と

くじら
いるか
あしか
らっこ
わに
チーター《ちいたあ》
ライオン《らいおん》
かば
トナカイ《となかい》
ねこ
cat
キャット
ぶた
やぎ
りす
もぐら
いぬ
dog
ド(ー)グ

とかす

かたまって いる ものを やわらかく して、みずのように する。

さとうの かたまりを **とかす**。

とがる

さきが、はりのように ほそく なる。

えんぴつの さきが **とがる**。

とき

なにかを する、その じかん。

かおを あらう **とき**には、めがねを はずす。

ときどき

おなじ ことを くりかえして いる ようす。

ときどき ハイキング《はいきんぐ》に いく。

とぎれる

つづいて いた ものが、とちゅうで なくなる。

あしあとが **とぎれる**。

とく

おかねや ものが じぶんの ものに なる こと。

やすく なって いて **とく**を した。

⇕そん

どく

からだに よく ない もの。

どくの ある きのこ。

どく

その ばしょから はなれる。

へやの はしに **どく**。

とくい

じょうずに　できる　ようす。

おねえさんは　おりがみが　とくいだ。

↕にがて

とくに

ふつうと　ちがって。とくべつに。

きょうは　とくに　さむい。

とげ

くさや　きの、くきや　はに　はえて　いる、はりのように　とがった　もの。

サボテン《さぼてん》には　とげが　ある。

とける

かたまって　いた　ものが　やわらかく　なって、みずのように　なる。

こおりが　とける。

どくしょ

ほんを　よむ　こと。

へやで　どくしょを　する。

とくべつ

ふつうとは　はっきりと　ちがう　ようす。

おいわいなので　とくべつの　りょうりを　たべた。

とけい

じかんを　しらせる　きかい。

とけいを　みたら　3《さん》じだった。

どこまでも

それが　ながく　つづく　ようす。

どこまでも　つづく　みち。

と

ところ

ばしょ。

ぼくの いきたい ところは、みなみの しまです。

とし

1《いち》がつ ついたち（1《いち》にち）から 12《じゅうに》がつ 31《さんじゅういち》にちまでの こと。

としの はじめに おまいりに いく。

年《とし》

とし

なんさいかを あらわす かず。

わたしの としは 5《ご》さいです。

とじこめる

なかに いれて、そとに でる ことが できないように する。

どうぶつを おりに とじこめる。

どしゃぶり

あめが とても はげしく ふる こと。

どしゃぶりなので そとに でられない。

としょかん

みたり かりたり できるように、たくさんの ほんが おいて ある たてもの。

としょかんで ほんを さがす。

とじる

なかが みえるように なって いた ものを、みえなく なるように うごかす。

ほんを とじる。

↕ひらく

とたん

ちょうど その とき。

そとに でた とたん、かみなりが なった。

と

とちゅう

ある ばしょから、いこうと おもって いる ばしょまでの あいだ。

うちに かえる **とちゅうで** ほんやさんに よった。

とっくに

ずいぶん まえに。

ゆうびんきょくは **とっくに** おわって いた。

とっくん

あまえたり なまけたり させない、きびしい れんしゅう。

せんしゅが **とっくんを** うける。

とつぜん

かんがえる じかんが ぜんぜん ないくらい すぐ。

とつぜん いぬが ほえた。

とても

ふつうと ちがって すごい ようす。

きょうは **とても** いそがしい。

とどく

ある ところまで うごく。

きの えだに てが **とどく。**

とどく

おくった ものが、あいての ところに つく。

てがみが **とどく。**

とどける

あいてに ものが つくように する。

わすれものを **とどける。**

となり

よこに くっついて いる こと。

となりの せきに すわる。

どなる

おおきい こえを だして おこる。

けんかを して どなる。

とにかく

どんな ことが あったと しても。

とにかく いって みよう。

とびおきる

いきおい よく おきる。

ベッド《べっど》から とびおきる。

とびこえる

ものの うえを とんで むこうへ いく。

みずたまりを とびこえる。

とびこむ

いきおい よく なかに はいる。

かえるが いけに とびこむ。

とびだす

いきおい よく そとに でる。

とびだす おもちゃ。

とびばこ

しかくい だいを かさねた うんどうの どうぐ。

おにいさんが とびばこを とぶ。

と

とびはねる

いきおい よく うえに あがる。

うさぎが とびはねる。

とびまわる

いろいろな ところに とんで いく。

ちょうが のはらを とびまわる。

とびら

ひらいたり とじたり する と。

とびらを しめる。

とぶ

そらを うごく。

ひこうきが とぶ。

とぶ

じめんを あしで けって、 いきおい よく うえに うごく。

かえるが とぶ。

とまる

うごいて いた ものが うごかなく なる。

くるまが とまる。

とまる

じぶんの いえで ない ところに いって、 よるを すごす。

ホテル《ほてる》に とまる。

とめる

うごいて いた ものを うごかなく する。

けいさつかんが くるまを とめる。

とめる

くっつけて　はなれないように　する。

セロハンテープ《せろはんてえぷ》で　とめる。

ともだち

なかよく　して　いる　ひと。

ともだちと　あう。

ドライブ《どらいぶ》

くるまに　のって　とおくへ　いく　こと。

ふたりで　ドライブ《どらいぶ》を　する。

トラック《とらっく》

にもつを　つんで　はこぶ　じどうしゃ。

トラック《とらっく》から　にもつを　おろす。

トランク《とらんく》

りょこうに　もって　いく　おおきい　バッグ《ばっぐ》。

トランク《とらんく》に　つめる。

トランプ《とらんぷ》

ゲーム《げえむ》や　てじなに　つかう　カード《かあど》。

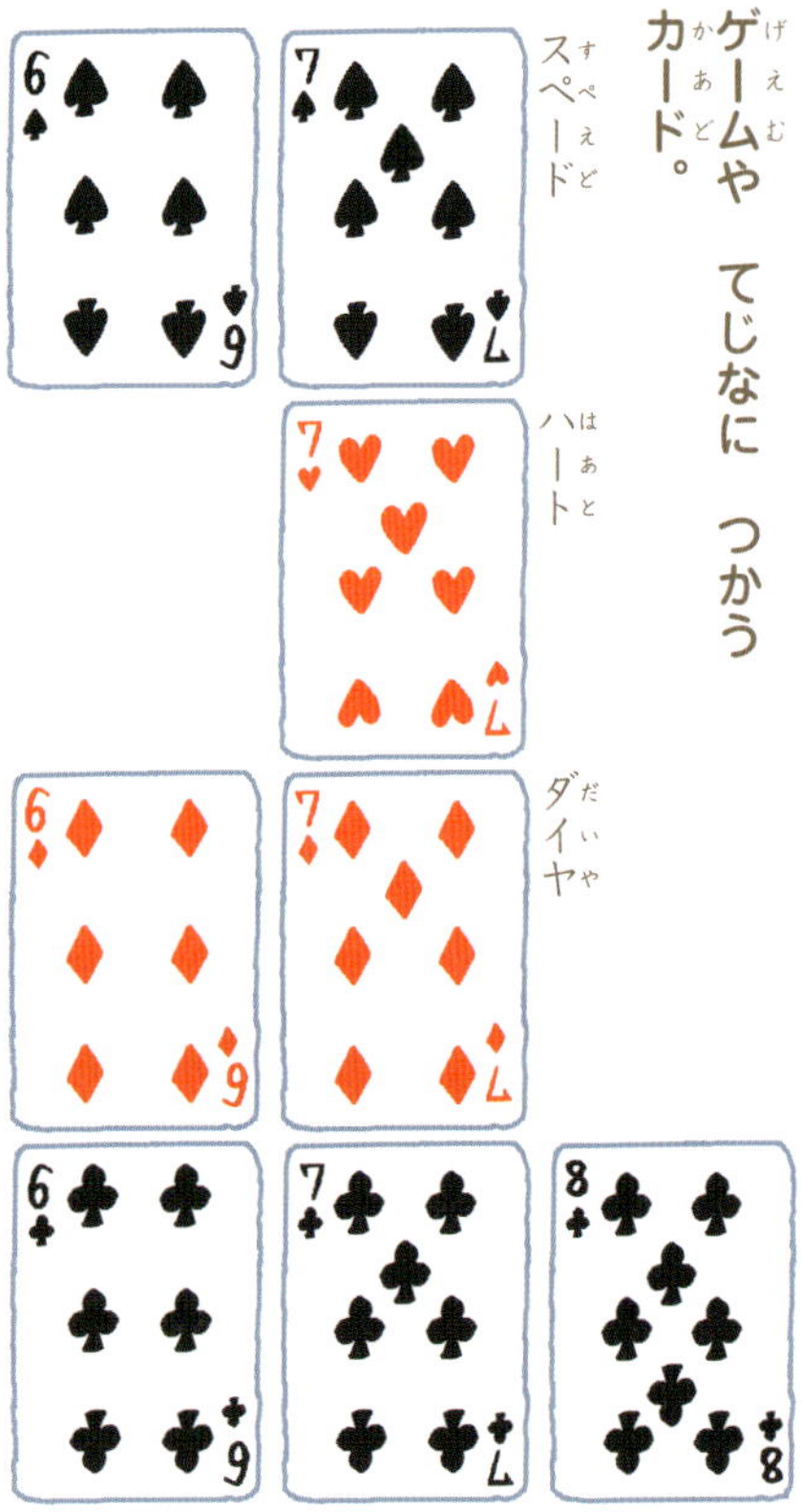

トランプ《とらんぷ》で　あそぶ。

とり

☞285ページ《ぺえじ》

とりかえす

じぶんから　はなれた　ものを、また、じぶんの　ものに　する。

おとうとから　ほんを　とりかえす。

とり

くちばしと はねの ある どうぶつ。

つばめ

はと pigeon《ピヂョン》

すずめ

からす crow《クロウ》

かもめ

にわとり rooster《ルースタァ》 おす hen《ヘン》 めす

ひよこ

わし eagle《イーグル》

きつつき

ふくろう owl《アウル》

ペンギン《ぺんぎん》

おうむ

きじ

つる

あひる duck《ダック》

くじゃく

ペリカン《ぺりかん》

はくちょう swan《スワン》

かも

と

とりかえる

じぶんの ものと あいての ものを かえる。

バナナ《ばなな》と りんごを とりかえる。

とりだす

なかから そとに だす。

かばんから ノート《のうと》を とりだす。

とりもどす

なくした ものを、また、じぶんの ものに する。

げんきを とりもどす。

どりょく

いっしょうけんめい がんばる こと。

じを じょうずに かく どりょくを する。

とる

つかんで もつ。

リモコン《りもこん》を とる。

とる

ひとの ものを じぶんの ものに して しまう。

いもうとの おかしを とる。

とる

いきものを つかまえる。

せみを とる。

とる

さがして あつめる。

きのこを とる。

ドレス《どれす》

おんなの ひとが きる
きれいな ふく。

ドレス《どれす》を きた おねえさん。

とれる

くっついて いた ものが
はなれる。

ボタン《ぼたん》が とれる。

どろ

みずが まじって やわらかく
なった つち。

くつに どろが つく。

どろぼう

ほかの ひとの ものを
こっそり とる ひと。

どろぼうが にげる。

どんぐり

ぶなと いう きの きのみ。
まるくて からが かたい。

いろいろな かたちの
どんぐり。

とんでもない

ふつうでは ない。

あらしの なかを
でかけるなんて、とんでもない。

トンネル《とんねる》

やまや じめんを ほって
つくった みち。

トンネル《とんねる》を とおる。

な

ひらがな

ナ

かたかな

なかまはずれ
つまつり
ながぐつ
ながめ
なだれ
なぐさめる
ながい
なつやすみ
つかしい
なまたまご
なっとう
なのはな

ない
どこにも　みえない　ようすで　ある。

ぼうしが　**ない**。

ないしょ
ほかの　ひとに　おしえない　こと。

おねえさんに　**ないしょ**に　する。

なおす
こわれた　ものを　こわれる　まえのように　よく　する。

おもちゃを　**なおす**。

なおる
びょうきや　けがが　よく　なる。

ゆびの　きずが　**なおる**。

なおる
こわれて　いた　ものが　こわれる　まえのように　よく　なる。

こしょうして　いた　とけいが　**なおる**。

なか
たてものや　いれものや　ものの　うちがわ。

バッグ《ばっぐ》の　**なか**に　さいふを　いれる。

中《なか》

なか
ひとと　ひとが、あいてを　どう　おもって　いるかと　いう　こと。

わたしと　おとうとは　**なか**が　よい。

ながい
ものや　じかんの　あいだが　おおきい。

ながい　はしを　わたる。

↕ **みじかい**

ながぐつ

ゴム《ごむ》で つくった ながい くつ。

あめの ひに **ながぐつ**を はく。

ながす

みずを うごかす。

トイレ《といれ》の みずを **ながす**。

なかなおり

けんかを やめて まえのように なかが よく なる こと。

ともだちと **なかなおり**を する。

なかなか

おもうように、すぐには。

あめが **なかなか** やまない。

なかま

なにかを いっしょに する ひと。

なかまが あつまる。

なかまいり

あたらしく なかまに はいる こと。

れんしゅうに **なかまいり**する。

なかまはずれ

なかまに いれて もらえない こと。

なかまはずれに するなんて、いじわるだ。

なかみ

なかに はいって いる もの。

はこの **なかみ**を しらべる。

ながめ

とおくまで　みる　ことが
できる　けしき。

すばらしい　ながめ。

ながめる

けしきを　とおくまで　みる。

ベランダ《べらんだ》から　うみを
ながめる。

なかよし

なかが　よい　こと。

ぼくたちは　なかよしだ。

ながれる

みずや　かぜが　うごいて
いく。

おがわが　ながれる。

なく

かなしかったり
うれしかったり　して
なみだが　でる。

しあいで　まけて、くやしくて
なく。

なく

どうぶつや　むしが　こえを
だす。

とりが　なく。

なぐさめる

かなしい　きもちの　ひとが
げんきに　なるように
やさしく　する。

いもうとを　なぐさめる。

なくす

もって　いた　ものが　どこに
あるか　わからなく　なる。

さいふを　なくす。

なくなる

へって　しまって　のこって
いない。

すいとうの　みずが　**なくなる**。

なくなる

どこに　あるか　わからなく
なる。

てぶくろが　**なくなる**。

なぐる

にぎった　てや　ぼうで、
つよく　うつ。

ひとを　**なぐる**のは　よく
ない。

なげく

とても　かなしいと　いう
きもちを　あらわす。

ことりが　いなく　なった
ことを　**なげく**。

なげる

てで　とおくへ　とばす。

おにいさんが　ボール《ぼうる》を
なげる。

なさけない

おもうように　ならなくて、
かなしく　なったり　げんきが
なくなったり　する　ようすだ。

わすれものが　おおくて、
なさけない。

なぞなぞ

きまった　ことばを
こたえさせる　あそび。

なぞなぞを　して　あそぶ。

なぞる

かいて　ある　えや　じの
うえに　おなじように　かく。

てほんの　かたかなを　**なぞる**。

なだれ

やまに つもった ゆきが きゅうに おちて くる こと。

なだれが あった。

なつ

はるの あとに くる きせつ。6《ろく》がつから 8《はち》がつの ころの こと。

なつは いちねんで いちばん あつい。

きせつ 125ページ《ぺえじ》

なつかしい

おもいだして、たのしい。

キャンプ《きゃんぷ》に いった ときの ことが **なつかしい**。

なつやすみ

なつの あつい ころ、がっこうや しごとを やすむ こと。

なつやすみの よてい。

なでる

てのひらで そっと さわる。

うさぎの せなかを **なでる**。

ななめ

たてでは なく、すこし たおれて いる こと。

からだを **ななめ**に する。

なに

はっきりしない ことを たずねる ときに つかう ことば。

なにを かって きたの。

なにか

きまって いない ものを いう ことば。

なにか おみやげを かって きてね。

ナプキン《なぷきん》

たべる ときに ふくを よごさないように むねや ひざに かける ぬのや かみ。

レストラン《れすとらん》で ナプキン《なぷきん》を つかう。

なふだ

なまえを かいた ふだ。

むねに なふだを つけて いる。

なま

にたり やいたり して いない こと。

なまの やさいを たべる。

なまいき

えらい ひとのように したり いったり して、あいてから いやだと おもわれる ようす。

なまいきな ことを いう。

なまえ

ものや ひと それぞれに つけられて いる ことば。

じぶんの なまえを いう。

名《な》

なまクリーム《くりいむ》

ぎゅうにゅうから つくる、しろくて ふわふわした たべもの。

なまクリーム《くりいむ》が のって いる ケーキ《けえき》。

なまけもの

しなければ いけない ことを しない ひと。

ねころんでばかり いる なまけもの。

なまける

しなければ いけない ことを しないで いる。

あとかたづけを なまける。

なみ

うみの　みずが　たかく　なったり　ひくく　なったり　する　もの。

たかい　なみ。

なみだ

ないた　ときに　めから　でる　みずの　ような　もの。

なみだが　こぼれる。

なめくじ

しめって　いる　ところに　すむ、やわらかい　からだの　いきもの。

はっぱの　うえに　なめくじが　いる。

なめる

したの　さきで　さわる。

ねこが　からだを　なめる。

ならう

おしえて　もらって　おぼえる。

えを　ならう。

ならぶ

ひとや　ものが、じゅんばんに　つづく。

まっすぐに　ならぶ。

ならべる

いくつかの　ものを　じゅんばんに　つづくように　おく。

トランプ《とらんぷ》を　ならべる。

なる

かたちや　ようすが　かわる。

しょうがくせいに　なる。

なる

おとが　する。

はっしゃの　ベル《べる》が　**なる**。

なるべく

できる　ことなら。

なるべく　たくさん　あつめたい。

なれる

くりかえす　うちに、
できるように　なる。

ふでを　つかうのに　**なれる**。

なわ

ものを　むすんだり　するのに
つかう　ひも。

はこを　**なわ**で　しばる。

なんだか

よく　わからないけれど。

なんだか　しんぱいに　なる。

なんて

とても　すばらしいと
かんじた　ときに　つかう
ことば。なんと。

なんて　きれいな　はなだろう。

なんとか

はっきりと　いえないけれど。

はしって　いけば、　**なんとか**
まにあうと　おもう。

なんにも

ひとつも。なにも。

くらくて　**なんにも**　みえない。

に

ひらがな

ニ

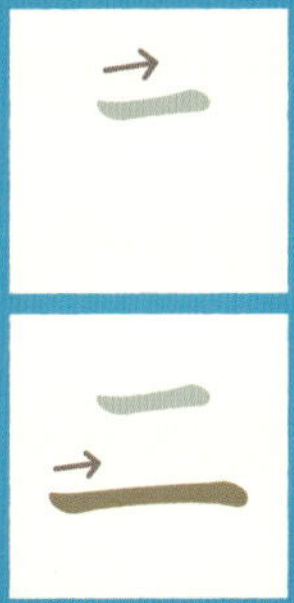

かたかな

にゅうどうぐも
にもつ
におい
ちようび
にあう
にゅうえん
にんぎょう
にぎやか
にくやさん
にゅうがく
にんげん
にんじん
にせもの
にわとり

にあう

ぴったりして よい かんじが する。

あかい セーター《せえたあ》が よく にあう。

にえる

たべものが ひで あたためられて、たべられるように なる。

かぼちゃが にえる。

におい

はなで かんじる もの。

さかなを やく におい。

におう

においが する。

ばらの はなが におう。

にがい

こい おちゃを のんだ ときのような あじで ある。

この やさいは にがい。

にがて

じょうずに できない ようす。

ぼくは かけっこが にがてだ。

⇔ とくい

にぎやか

ひとが たくさん いて こえや おとが たくさん きこえる ようす。

おまつりなので まちは にぎやかだ。

にぎる

ての ゆびを まげて、ものを つつむように する。

ボール《ぼうる》を にぎる。

にく

どうぶつの　からだの　ほねを
つつんで　いる　もの。

とりの　にくを　やく。

にげる

つかまらないように
ほかの　ところへ　いく。

ねこが　にげる。

にごる

ほかの　ものが　まじって
すきとおらなく　なる。

いけの　みずが　にごる。

にし

ゆうがた、たいようが　みえる
ほう。

にしの　そらに　ゆうやけが
みえる。

にじ

あめが　ふった　あとに
そらに　みえる、ななつの
いろの　ひかりの　すじ。

そらに　にじが　みえる。

にせもの

ほんものと　にて　いるように
つくった　もの。

この　ほうせきは　にせものだ。

↕ **ほんもの**

にたつ

とても　たかい　おんどで
にえる。

やかんの　ゆが　にたつ。

にっき

その　ひに　あった　ことを　かいた　もの。

にっきを　かく。

にもつ

はこんだり　おくったり　する　もの。

くるまに　にもつを　のせる。

にゅういん

びょうきや　けがを　なおす　ために　びょういんに　とまる　こと。

ともだちが　にゅういんした。

↕たいいん

にゅうえん

ようちえんや　ほいくえんに　あたらしく　はいる　こと。

にゅうえんの　ひの　しゃしん。

にゅうがく

がっこうに　あたらしく　はいる　こと。

しょうがっこうに　にゅうがくする。

↕そつぎょう

ニュース《にゅうす》

しんぶんや　テレビ《てれび》で　あたらしい　できごとを　しらせる　こと。

テレビ《てれび》で　ニュース《にゅうす》を　みる。

にゅうどうぐも

なつの　そらに　やまのように　おおきく　みえる　くも。

にゅうどうぐもが　みえる。

にらむ

こわい　めで　じっと　みる。

おとうとを　にらむ。

にる

おなじように　みえる。

わらうと、かおが　おかあさんに　にる。

にる

たべものを　ひで　あたためて　たべられるように　する。

いもを　にる。

にわ

いえの　たてものの　ちかくで、はなを　うえたり　する　ところ。

にわで　いぬが　ねて　いる。

にんき

たくさんの　ひとが　きにいって　いる　こと。

この　おかしは　にんきが　ある。

にんげん

わたしたち、ひとの　こと。

ぼくは　にんげんです。

にんじゃ

むかし、そっと　てきの　いえに　はいり、ひみつを　しらべた　ひと。

にんじゃが　とうじょうする　おはなしを　よむ。

にんずう

ひとの　かず。

にんずうを　かぞえる。

ぬ

ひらがな

ヌ

かたかな

ぬいぐるみ
げる
ぬけだす
ぬりえ
ぬれる
ぬま
ぬるい
ぬく
ぬう
ぬすむ
ぬらす
ぬぐ
ぬる
ぬける
ぬげる

ぬいぐるみ

ぬので つくった どうぶつの
かたちの にんぎょう。

ぬいぐるみを だく。

ぬう

いとを とおした はりを
つかって ぬのを くっつけて
いく。

ふきんを ぬう。

ぬく

ひっぱって とる。

はたけの にんじんを ぬく。

ぬぐ

からだに きて いた ものを、
からだから はずす。

シャツ《しゃつ》を ぬぐ。

↕ きる

ぬぐ

はいて いた ものを
からだから はずす。

くつを ぬぐ。

↕ はく

ぬけだす

こっそり そとに でる。

へやから ぬけだす。

ぬける

なかに はいって いた
ものが、そとに でる。

はが ぬける。

ぬげる

からだに つけて いた
ものが はなれる。

スリッパ《すりっぱ》が ぬげる。

ぬすむ

ほかの ひとの ものを こっそり とる。

どろぼうが ほうせきを **ぬすむ**。

ぬの

いとで つくった うすくて ひらたい もの。

はなの もようの **ぬの**。

ぬま

みずが たまって できた あさくて おおきい いけ。

やまの ちかくに **ぬま**が ある。

ぬらす

みずを つける。

ハンカチ《はんかち》を **ぬらす**。

ぬりえ

せんで かいて ある えに、いろを ぬる あそび。

わたしは **ぬりえ**が すきだ。

ぬる

ものの おもてに こすって つける。

へいに ペンキ《ぺんき》を **ぬる**。

ぬるい

みずや ゆが、あつくも つめたくも ない ようすで ある。

ぬるい おちゃを のむ。

ぬれる

みずが ついて しめる。

かみが **ぬれる**。

ね

ひらがな

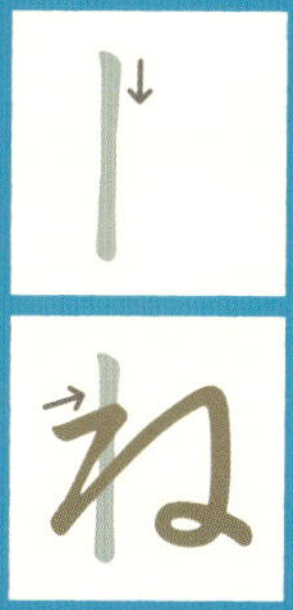

ネ

かたかな

ねんがじょう
ったいぎょ
ねかせる
ねむい
ねだん
ねじまわし
ネックレス
ねぼける
ねんじゅう
ねずみ
ねころぶ
ねんまつ
ねがい

ね〔ねっこ〕

くさや きの、じめんの したに ある もの。

じめんの したに ねが ある。

ねがい

☞**おねがい** 79ペ《ぺ》ー《え》ジ《じ》

ねがう

こう なると よいと おもう。

あした はれるように **ねがう。**

ねかせる

ねむるように する。

いもうとを **ねかせる。**

ねころぶ

からだを らくに して ねるように する。

しばふの うえに **ねころぶ。**

ねじ

ものを しっかり とめる ために つかう どうぐ。

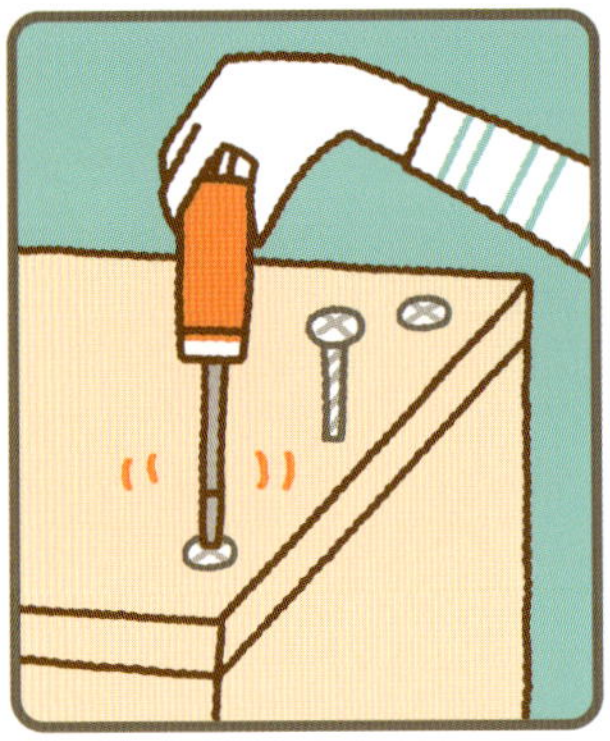

ねじを **まわす。**

ねじる

ちからを いれて まわす。

ぬのを **ねじる。**

ねだる

ほしいと いって いっしょうけんめい たのむ。

おもちゃを **ねだる。**

ねだん

しなものを かったり うったり する ときの おかねの りょう。

ねだんの たかい ふく。

ねつ

からだの　おんどが　いつもより　たかい　こと。

かぜで　ねつが　ある。

ネックレス《ねっくれす》

くびに　つける　かざり。

ネックレス《ねっくれす》を　する。

ねっこ

☞ね　306ページ《ぺぇじ》

ねったいぎょ

あつい　ところに　すんで　いる　さかな。

ねったいぎょを　みる。

ねばる

やわらかくて　のびやすく、ものに　よく　くっつく。

やいた　もちは　ねばる。

ねぼう

あさ　おそくまで　ねて　いる　こと。

うっかり　ねぼうを　して　しまった。

ねぼける

めが　さめない　まま、へんな　ことを　したり　いったり　する。

ときどき　ねぼける　ことが　ある。

ねむい

ねむりたい　きもちだ。

あさ　はやく　おきたので、まだ　ねむい。

ねむる

めを　つぶって　からだや
こころを　やすませる。

ベッド《べっど》で　ねむる。

ねらう

あてたい　ところに　ものを
あてようと　する。

まんなかを　ねらう。

ねる

やすむ　ために、からだを
よこに　する。

いつもより　はやく　ねる。

ねる

まぜて　ねばるように　する。

ざいりょうを　ねる。

ねんがじょう

しょうがつに、あたらしい
としを　いわって　おくる
はがき。

ねんがじょうを　かく。

ねんじゅう

いちねんの　うち、いつも。

この　とおりは　ねんじゅう
にぎやかだ。

ねんど

ねばって　いる　つち。

ねんどで　きょうりゅうを
つくる。

ねんまつ

いちねんの　おわりの　ころ。

ねんまつに　いえの　そうじを
する。

の

ひらがな

ノ

かたかな

ノート《のうと》

たくさんの かみを かさねて くっつけて ある、もじを かく ための もの。

ノート《のうと》に ひらがなを かく。

のこぎり

とがった ところが たくさん ある、きを きる ための どうぐ。

のこぎりを つかって きる。

のこす

あまるように する。

おかしを **のこす**。

のこり

のこった もの。

おかずの **のこり**を れいぞうこに いれる。

のこる

なくならないで、ある。

おにぎりが **のこる**。

のせる

なにかの うえに おく。

トラック《とらっく》に にもつを **のせる**。

のぞく

すきまや ちいさな あなから みる。

ドア《どあ》の すきまから **のぞく**。

ノック《のっく》

なかに いる ひとに しらせる ために、かるく たたく こと。

へやの とを **ノック**《のっく》する。

のばす

ながく　する。

かみを　のばす。

のはら

くさが　たくさん　はえて　いる、ひろくて　たいらな　ところ。

のはらで　あそぶ。

のびる

そだって　おおきく　なる。

せいが　のびる。

のびる

ながく　なる。まっすぐに　なる。

ゴム《ごむ》が　のびる。

↕ちぢむ

のぼる

たかい　ところに　いく。

おかに　のぼる。

のみこむ

のんで　おなかの　なかに　いれる。

みずを　のみこむ。

のみもの

☛312ページ《ぺえじ》

のむ

くちから　おなかの　なかに　いれる。

おちゃを　のむ。

のやま

のはらや　やま。

のやまを　あるく。

のみもの

のむ ための もの。

ソーダ《そうだ》

ジュース《じゅうす》

みず

むぎちゃ

ぎゅうにゅう
〔ミルク《みるく》〕

おちゃ

ココア《ここあ》

こうちゃ

コーヒー《こうひい》

のり

かいそうを　ほして　つくった　たべもの。

もちに　のりを　まいて　たべる。

のり

ものを　くっつける　ときに　つかう、べたべたする　もの。

のりを　つけて　はる。

のりおくれる

しゅっぱつの　じかんに　まにあわなくて、のりものに　のれなく　なる。

バス《ばす》に　のりおくれる。

のりかえる

のって　いた　のりものを　おりて、べつの　のりものに　のる。

でんしゃを　のりかえる。

のりもの

☞314ページ《ぺえじ》

のる

のりものの　なかに　はいる。

くるまに　のる。

↕おりる

のろい

うごくのが　おそい。

あるくのが　のろい。

のんき

しんぱいしたり　あわてたり　しない　ようす。

あめが　ふりそうなのに　のんきに　すわって　いる。

のんびり

こころや　からだが　ゆっくりと　して　いる　ようす。

いちにち　のんびり　すごす。

のりもの

ひとを　のせて
はこぶ　もの。

ききゅう
ヘリコプター《へりこぷたあ》
ヨット《よっと》
モノレール《ものれえる》
モノレール
●●●えき
ろめんでんしゃ
バス《ばす》
オートバイ《おうとばい》〔バイク《ばいく》〕

の

ひこうき
airplane
エアプレイン
ロープウェイ《ろうぷうぇい》
ふね
ship
シップ
しんかんせん
タクシー《たくしい》
じょうようしゃ
car
カー
オープンカー《おうぷんかあ》
カヌー《かぬう》
ボート《ぼうと》
じてんしゃ
bicycle
バイスィクル

は

ひらがな

ハ

かたかな

バウムクーヘン
いしゃさん
はいいろ
ばあい
はがき
はしら
はずかしい
はっぴょう
ハンバーグ
はなしあう
はたらく
はしご
はっけん
バスケットボール

は〔はっぱ〕

しょくぶつの　くきや　えだに　ついて　いる　うすい　もの。

あさがおの　は。

は

くちの　なかに　ある、たべものを　かむ　ための　かたい　もの。

はを　みがく。

ばあい

その　とき。

あめが　ふった　ばあい、えんそくは　ちゅうしです。

パーティー《ぱあてぃい》

おおぜいの　ひとが　あつまって、たべたり　あそんだり　する　こと。

パーティー《ぱあてぃい》が　はじまる。

バーベキュー《ばあべきゅう》

いえの　そとで　にくや　やさいを　やいて　たべる　りょうり。

にわで　バーベキュー《ばあべきゅう》を　する。

はい

ものが　もえた　あとに　のこる　もの。

たきびを　した　あとの　はいを　かたづける。

パイ《ぱい》

くだものや　にくを　パン《ぱん》のような　かわで　つつんで　やいた　たべもの。

りんごの　はいった　パイ《ぱい》。

ばいきん

からだの　ために　よく　ない、とても　ちいさい　いきもの。

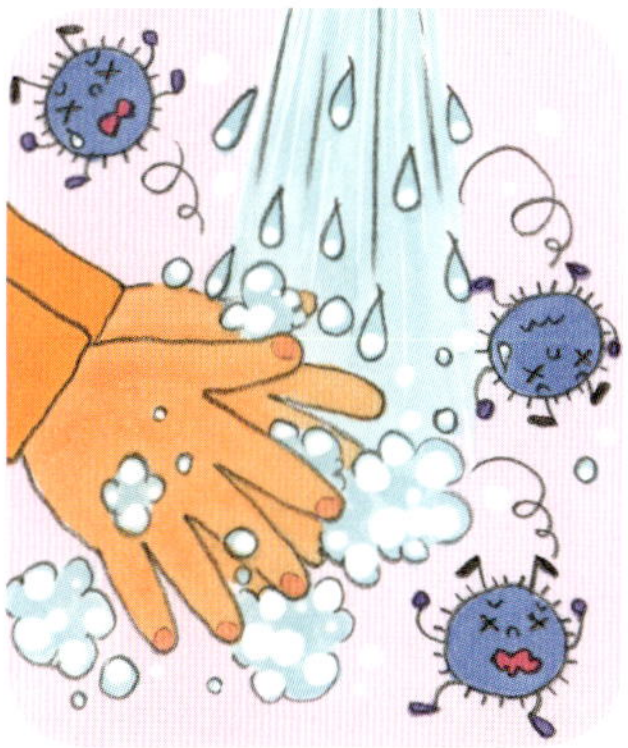

ばいきんが　つかないように　せっけんで　てを　あらう。

ハイキング《はいきんぐ》

のはらや やまを たのしみの ために あるく こと。

ハイキング《はいきんぐ》に いく。

はいたつ

しなものを とどける こと。

しんぶんを はいたつする。

ばいてん

えきや がっこうで しなものを うって いる おみせ。

ばいてんで ガム《がむ》を かう。

はいる

そとから なかへ いく。

へやに はいる。

↕ でる

入《はい(る)》

パイロット《ぱいろっと》

ひこうきを うんてんする ひと。

パイロット《ぱいろっと》に なりたい。

はえる

のびて そとに でて くる。

くさが はえる。

はおる

ふくの うえに かさねて きる。

コート《こうと》を はおる。

はか

☞ おはか 79ページ《ぺえじ》

はがき

てがみを かいて おくる ための しかくい かたちの かみ。

はがきを かう。

はがす

はって ある ものを はずす。

ポスター《ぽすたあ》を はがす。

はかり

ものの おもさを はかる どうぐ。

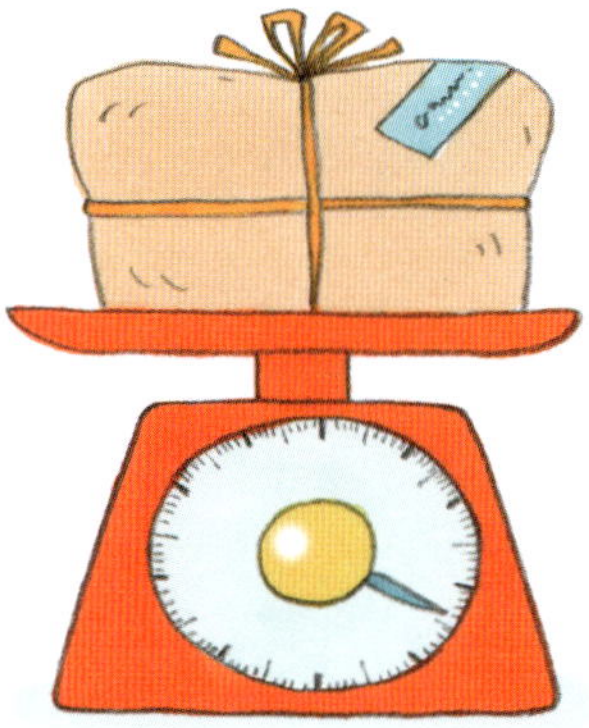

はかりに しなものを のせる。

はかる

ながさや おもさや はやさを しらべる。

しんちょうを はかる。

はきもの

☞320ページ《ぺえじ》

はく

からだに つける。

くつを はく。

スカート《すかあと》を はく。

⇕ぬぐ

はく

くちから そとへ だす。

いきを はく。

⇕すう

はくい

おいしゃさんや かんごしさんが きる しろい ふく。

はくいを きた おいしゃさん。

はくしゅ

てを たたいて ほめる こと。

はくしゅを して むかえる。

はきもの

あるく ときに あしに
はく もの。

くつ
shoes
シューズ

トウシューズ《とうしゅうず》

スリッパ《すりっぱ》

うわばき

サンダル《さんだる》

げた

ぞうり

ブーツ《ぶうつ》

ながぐつ

うんどうぐつ

は

ばくはつ

おおきい おとを だして
ひかりや ひを だす こと。

かざんが **ばくはつ**する。

はぐれる

いっしょに いた ひとが
どこに いるのか わからなく
なって しまう。

おねえさんと **はぐれる**。

はげしい

とても いきおいが つよい。

はげしい かぜが ふく。

はげます

あいての げんきが
でるように する。

ともだちを **はげます**。

はげる

ついて いた ものが とれる。

いろが **はげる**。

ばける

ほかの ものに すがたを
かえる。

たぬきが おひめさまに
ばける。

はこ

かみや きで つくった
いれもの。

はこに かいがらを いれる。

はこぶ

ものを べつの ばしょに
もって いく。

いすを **はこぶ**。

はさむ

あいだに　おく。

パン《ぱん》に　チーズ《ちいず》を　はさむ。

はし

たべものを　はさむ　ために　つかう　2《に》ほんの　ほそい　ぼう。

はしを　つかって　たべる。

はし

まんなかから　いちばん　はなれた　ところ。

どうろの　はしを　あるく。

はし

かわの　うえを　とおる　ために　つくった　みち。

はしを　わたる。

はじく

ゆびの　さきで　いきおい　よく　うごかす。

まるい　きのみを　はじく。

はじける

なかの　ものが　ふくらんで　いきおい　よく　われる。

まめが　はじける。

はしご

たかい　ところに　のぼる　ための　どうぐ。

はしごを　つかって　やねに　のぼる。

はじまる

あたらしく　なにかが　うごきだす。

しあいが　はじまる。

↕おわる

はじめ

なにかを する ときの じゅんばんで、いちばん さき。

パーティー《ぱあてぃい》の はじめに あいさつを する。

↕ おわり

はじめて

それまで なかった ことが あるように なる ようす。

はじめて モノレール《ものれえる》に のる。

はじめる

あたらしく なにかを する。

マラソン《まらそん》を はじめる。

ばしゃ

うまが ひいて すすむ くるま。

おうさまが ばしゃに のる。

はしゃぐ

うれしく なって さわぐ。

おみやげを もらって はしゃぐ。

パジャマ《ぱじゃま》

ねる ときに きる ふく。

パジャマ《ぱじゃま》を ぬぐ。

ばしょ

なにかが あったり、なにかを したり おいたり する ところ。

すわる ばしょを さがす。

はしら

たてものを ささえて いる ふとい ぼう。

はしらに ぶつかる。

は

はしりまわる

はしって　あちこちへ　いく。

こうえんの　なかを
はしりまわる。

はしる

あしを　うごかして　はやく
うごく。

うんどうかいで　**はしる。**

バ《ば》ス《す》

おおぜいの　きゃくを　のせる
おおきい　じどうしゃ。

バス《ばす》が　くる。

はずかしい

どこかに　かくれて
しまいたい　きもちで　ある。

おおぜいの　まえで
うたうのは　**はずかしい。**

はずす

ついて　いる　ものを、その
ばしょから　はなす。

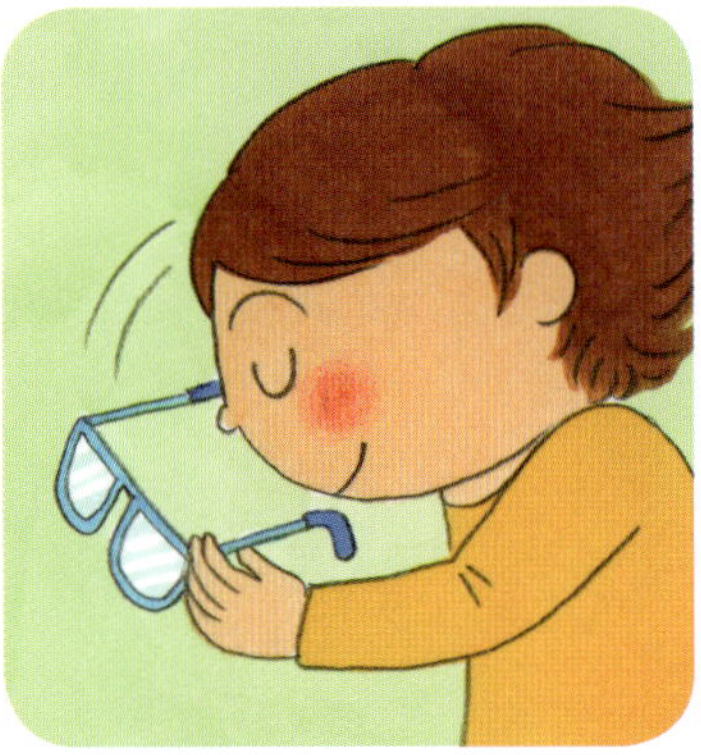

めがねを　**はずす。**

バ《ば》ス《す》てい

バス《ばす》が　とまって、きゃくが
のったり　おりたり　する
ところ。

バス《ばす》ていで　バス《ばす》を　まつ。

はずむ

ものに　ぶつかって、はねて
うごく。

この　ボール《ぼうる》は　よく　**はずむ。**

パ《ぱ》ズ《ず》ル《る》

もんだいの　こたえを
かんがえる　あそび。

パズル《ぱずる》で　あそぶ。

はずれ

いちばん　はしの　ところ。

まちの　はずれ。

はずれる

くっついて　いた　ものが
はなれる。

ねじが　はずれる。

パソコン《ぱそこん》

いえや　しごとを　する
ばしょで　つかう、ちいさい
コンピューター《こんぴゅうたあ》。

パソコン《ぱそこん》で　てんきを
しらべる。

はた

ぼうに　つけた　ぬのや
かみに　しるしを　かいて、
かざりや　あいずに　する　もの。

はたを　たてる。

はだ

からだの　おもての　ところ。

さむくて　はだが　つめたく
なる。

はだか

からだに　なにも　きて
いない　こと。

はだかの　あかちゃん。

はたけ

やさいや　はなを　つくる
ばしょ。

はたけに　たねを　まく。

はだし

なにも　はいて　いない　あし。

はだしに　なる。

は

ばたばた

つぎつぎと　ものが　おちたり　たおれたり　する　ようす。

ほんが　ばたばた　たおれる。

はたらく

しごとを　する。

スーパーマーケット《すうぱあまあけっと》で　はたらく。

はちみつ

みつばちが　はなから　あつめた　あまい　しる。

はちみつを　なめる。

ばつ

わるい　ことを　した　ひとが　はんせいの　ために　する　つらい　こと。

いたずらを　した　ばつで、そうじを　した。

はっきり

よく　わかる　ようす。

むしめがねを　つかうと　はっきり　みえる。

バッグ《ばっぐ》

ものを　いれて　もつ　ための　いれもの。

バッグ《ばっぐ》に　ハンカチ《はんかち》を　いれる。

はっけん

はじめて　みつける　こと。

あたらしい　しまを　はっけんする。

はっしゃ

でんしゃや　バス《ばす》が　うごきはじめる　こと。

でんしゃが　はっしゃする。

はっぱ

は　317ページ《ぺえじ》

はっぴょう

おおぜいの　ひとに　しらせたり　みせたり　する　こと。

ごうかくした　ひとを　はっぴょうする。

はつめい

いままでに　なかった　ものを　つくる　こと。

あたらしい　きかいを　はつめいする。

はで

いろや　もようや　かたちが　とても　めだつ　ようす。

はでな　ようふく。

パ《ぱ》ト《と》カ《か》ー《ぁ》

けいさつかんが　しごとに　つかう　じどうしゃ。

パ《ぱ》ト《と》カ《か》ー《ぁ》が　きた。

はな

☞328ペ《ぺ》ー《え》ジ《じ》

はな

かおの　まんなかに　あって、いきを　すったり　においを　かいだり　する　ところ。

はなが　かゆい。

はなし

くちで　いったり、かいたり　した　こと。

ともだちの　はなしを　きく。

はなし

☞おはなし　80ペ《ぺ》ー《え》ジ《じ》

はなしあう

じぶんの　おもって　いる　ことを　いって、そうだんする。

みんなで　はなしあう。

はなしかける

あいてに　はなしを　はじめる。

となりの　ひとに　はなしかける。

はな

くきや えだの さきに ひらく もの。

花《はな》

すみれ

たんぽぽ

なのはな

ばら

すいせん

チューリップ《ちゅうりっぷ》

ラベンダー《らべんだあ》

あじさい

カーネーション《かあねえしょん》

はす

ひまわり

あさがお

きく

コスモス《こすもす》

ゆり

はなす

つかまえて いた ものを じゆうに する。

さかなを はなす。

はなす

ことばで いう。

おにいさんと はなす。

はなす

くっついて いた ものの あいだを あける。

つくえを はなす。

はなたば

たくさんの はなを ひとつに まとめた もの。

はなたばを おくる。

はなぢ

はなから でる ち。

ころんで はなぢが でる。

はなび

ひを つけて でる きれいな ひかりや いろを たのしむ もの。

はなびを みる。

はなびら

はなの かたちを つくって いる うすい もの。

ばらの はなびら。

はなみず

はなから でる みずのような しる。

かぜを ひいて はなみずが でる。

はなれる

あいだが　あく。

おとこのこが　れつから　**はなれる**。

はね

むしや　とりが　そらを　とぶ　ときに　ひろげる　ものや、それに　にた　かたちの　もの。

とんぼが　**はね**を　ひろげる。

はねる

いきおい　よく　うえに　とぶ。

かえるが　**はねる**。

パパ《ぱぱ》

☞おとうさん　75ページ《ぺえじ》

はブラシ《ぶらし》

はの　よごれを　とる　どうぐ。

はブラシ《ぶらし》で　はを　みがく。

はまべ

うみや　みずうみの、みずに　ちかい　りく。

はまべを　あるく。

はまる

あなや　すきまに　ぴったり　あう。

ボール《ぼうる》が　**はまる**。

はみがき

はを　みがいて　よごれを　とる　こと。

しょくじの　あと、**はみがき**を　する。

はみでる

なかから　すこし　そとに　でる。

ポケット《ぽけっと》から　ハンカチ《はんかち》が　**はみでる**。

はめる

ぴったり　あうように　いれる。

ボタン《ぼたん》を　はめる。

はやい

ある　じかんより　まえで　ある　ようすだ。

いつもより　はやい　じかんに　おきる。

↕おそい

早《はや(い)》

はやい

じかんが　かからない　ようすだ。

おとうさんは　あるくのが　はやい。

↕おそい

はやおき

あさ　はやく　おきる　こと。

はやおきを　して　さんぽする。

はやくち

はなしの　しかたが　はやい　こと。

おかあさんは　はやくちだ。

はやし

きが　たくさん　はえて　いる　ところ。

はやしで　せみを　とる。

林《はやし》

はやる

おおくの　ひとの　あいだに　ひろがる。

かぜが　はやる。

はらう

かいものを　して　おかねを　わたす。

ほんを　かって　おかねを　はらう。

はらう

ふったり かるく たたいたり して なくなるように する。

ほこりを **はらう**。

はらっぱ

くさが はえて いる ひろい ところ。

はらっぱで たけとんぼを とばす。

ばらばら

ものが、あちこちに はなれて いる ようす。

トランプ《とらんぷ》が **ばらばら**に なる。

ばらまく

あちこちに まく。

えさを **ばらまく**。

バランス《ばらんす》

おもさや ちからが、みぎも ひだりも おなじで ある こと。

からだの **バランス**《ばらんす》を とって あるく。

はり

ぬのを ぬう ための どうぐ。

はりの あなは、とても ちいさい。

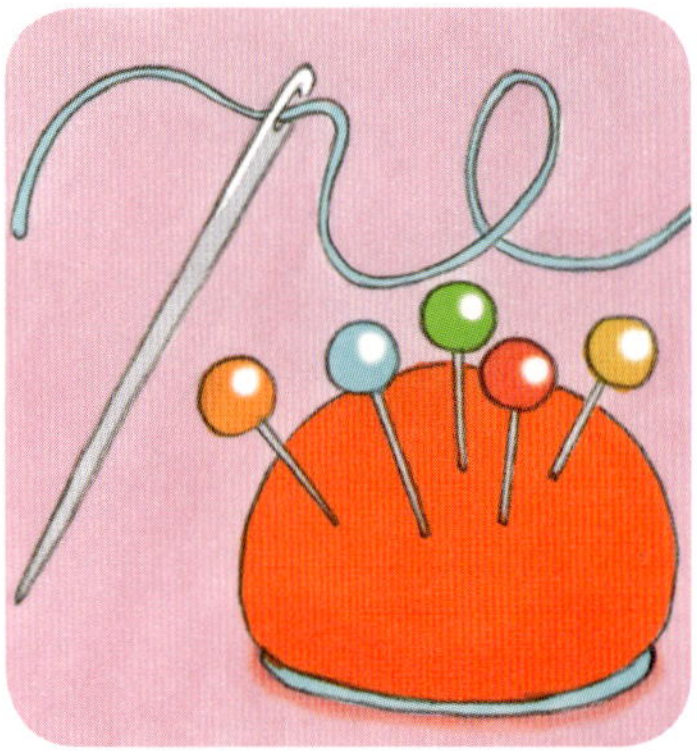

はりがね

てつを ひものように ほそながく した もの。

はりがねを つかって しゅうりを する。

はりきる

げんきに がんばろうと する。

いちばんに なるぞと **はりきる**。

はる

ふゆの あとに くる きせつ。3《さん》がつから 5《ご》がつの ころの こと。

はるの かぜは あたたかい。

☞きせつ 125ページ《ぺえじ》

はる

のばして ひろげる。

はたけの まわりに あみを はる。

はる

たいらな うすい ものを くっつける。

ふうとうに きってを はる。

はれ

はれて いる てんきの こと。

はれの ひは うれしい。

パレード《ぱれえど》

ひとに みせる ために、れつを つくって すすむ こと。

パレード《ぱれえど》を けんぶつする。

はれる

びょうきや けがで ひふが ふくれる。

むしに さされて うでが はれる。

はれる

くもが なくなって、あおぞらが ひろがる。

そらが はれると きもちいい。

ばれる

ないしょに　して　いた　ことが、しられて　しまう。

ひみつが　ばれる。

ばん

なにかを　する　じゅんばん。

つぎは　ぼくの　ばんだ。

ばん

ゆうがたから　よるの　ころ。

あさから　ばんまで　はたらく。

ハンガー《はんがあ》

ふくを　かけて　おく　ための　どうぐ。

ハンガー《はんがあ》に　コート《こうと》を　かける。

ハンカチ《はんかち》

かおや　てを　ふくのに　つかう　ぬの。

はなの　もようの　ハンカチ《はんかち》。

パンク《ぱんく》

タイヤ《たいや》に　あなが　あいて　くうきが　もれる　こと。

じてんしゃの　タイヤ《たいや》が　パンク《ぱんく》する。

はんこ

かみに　おして　しるしを　つける　どうぐ。

はんこを　おす。

ばんごう

じゅんばんを　あらわす　かず。

ばんごうの　じゅんばんに　ならぶ。

ばんざい

りょうほうの　うでを　うえに　あげて、うれしい　きもちを　あらわす　こと。

おいわいで　**ばんざい**を　する。

はんせい

じぶんの　した　ことが　よいか　どうか、よく　かんがえる　こと。

けんかを　した　ことを　**はんせい**する。

はんたい

ふたつの　ものの　いちや　じゅんばんや　ようすが、ちがって　いる　こと。

くつを　**はんたい**に　はく。

はんたい

ほかの　ひとの　いう　ことに、そうでは　ないと　いう　こと。

カーテン《かあてん》を　かえる　ことに　**はんたい**する。

⇔ **さんせい**

パンチ《ぱんち》

にぎった　てで　あいてを　たたく　こと。

パンチ《ぱんち》を　よける。

ハンドル《はんどる》

のりものを　うごかす　ときに　てで　にぎる　ところ。

ハンドル《はんどる》を　まわす。

はんにん

きまりを　まもらないで、わるい　ことを　した　ひと。

はんにんが　けいさつに　つかまる。

はんぶん

ふたつに　わけた　ときの　ひとつ。

カステラ《かすてら》を　**はんぶん**に　する。

ひっくりかえす
なたぼっこ
ひきざん
ひだり
ひづけ
ひとり
ひるやすみ
ひさしぶり

ひ

ひらがな

ひ

ヒ

かたかな

ヒ

ひとさしゆび
ピンセット
びじゅつかん
ひらがな
ピクニック
ひなまつり

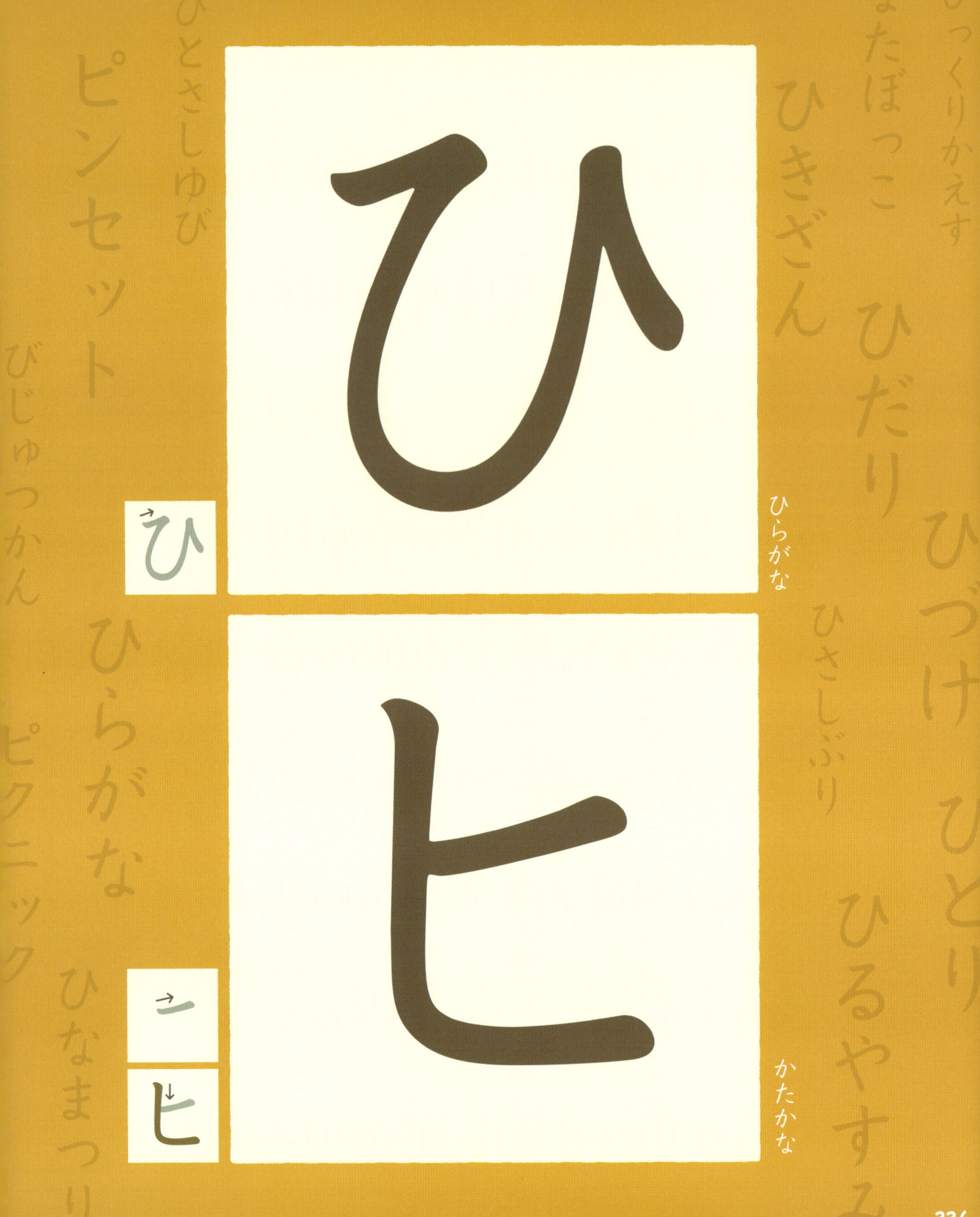

ひ

いちにち。

さむい　ひが　つづく。

ひ

たいよう。

ひが　しずむ。

ひ

ひかりを　だして　もえる
あつい　もの。

ろうそくの　ひが　ゆれる。

ビーズ《びいず》

いろが　ついて　いる
ちいさい　ガラス《がらす》。

ビーズ《びいず》で　かざりを　つくる。

ひえる

つめたく　なる。

てや　あしが　ひえる。

ピエロ《ぴえろ》

サーカス《さあかす》で、おもしろい
ことを　して　きゃくを
わらわせる　ひと。

ピエロ《ぴえろ》が　おどる。

ひかげ

たいようの　ひかりが
あたらない　ところ。

あついので　ひかげに　はいる。

↕ひなた

ひがさ

たいようの　ひかりが
あたらないように　する
ための　かさ。

ひがさを　つかう。

ひがし

あさ、たいようが　のぼって　くる　ほう。

この　へやは　**ひがし**に　むいて　いる。

ひかり

たいようや　あかりのように、あかるく　みえる　もの。

たいようの　**ひかり**が　まぶしい。

ひかる

ひかりを　だす。

ほたるが　**ひかる**。

ひきかえす

すすんで　きた　みちを、もとへ　もどる。

わすれものを　して　うちまで　**ひきかえす**。

ひきざん

ある　かずを　すくなく　する　ための　けいさん。

ひきざんの　べんきょうを　する。

ひきずる

じめんや　ゆかに　くっつけながら　ひっぱる。

シーツ《しいつ》を　**ひきずる**。

ひきだし

つくえや　たんすに　ついて　いる　いれもの。

つくえの　**ひきだし**から　おりがみを　だす。

ひきだす

なかに　ある　ものを　ひっぱって　だす。

おしいれから　もうふを　**ひきだす**。

ひ

ひきわけ

かったか　まけたか
きまらないで、おわる　こと。

しあいは　ひきわけだった。

ひく

ものを　じぶんの　ほうへ
くるように　うごかす。

つなを　ひく。

ひく

ピアノ《ぴあの》や　バイオリン《ばいおりん》の
おとを　だす。

ピアノ《ぴあの》を　ひく。

ひくい

くらべた　とき、したの
ほうに　ある　ようすだ。

ひくい　やま。

↕ たかい

ピクニック《ぴくにっく》

やまや　のはらに　あそびに
いく　こと。

ちかくの　やまに
ピクニック《ぴくにっく》に　いく。

ひげ

くちの　まわりや　あごに
はえる　け。

おじさんは　ひげを　のばして
いる。

ひこうき

そらを　とぶ　のりもの。

ひこうきが　ちゃくりくする。

ひさしぶり

まえに　あった　ときから
じかんが　かかって　いる
こと。

にじを　みたのは
ひさしぶりだ。

びじゅつかん

えや　いろいろな　さくひんを　あつめて、たくさんの　ひとに　みせる　ための　たてもの。

びじゅつかんで　えを　みる。

びしょぬれ

ぜんたいが　ぬれる　こと。

きゅうな　あめで　**びしょぬれ**に　なる。

ひたす

みずの　なかに　いれる。

つめたい　みずに　てを　**ひたす**。

ひだり

バス《ばす》で　すすむ　ほうを　むいた　とき、のったり　おりたり　する　ドア《どあ》が　ある　ほう。

みちを　**ひだり**に　まがる。

↕ **みぎ**

左《ひだり》

ひっかかる

ものの　さきに　あたって　うごかなく　なる。

かみひこうきが　きの　えだに　**ひっかかる**。

ひっかく

つめや　とがった　もので　つよく　こする。

ねこが　きを　**ひっかく**。

ひっかける

ものの　さきに、ほかの　ものを　かける。

うわぎを　**ひっかける**。

びっくり

おどろく　ようす。

とつぜん　せなかを　たたかれて　**びっくり**する。

ひっくりかえす

うえを むいて いた ほうを したに する。

もちを ひっくりかえす。

ひづけ

なんねん、なんがつ、なんにちかを かいた もの。

ひづけを みる。

ひっこし

すむ いえを かえる こと。

トラック《とらっく》に ひっこしの にもつを つむ。

ひっこす

すむ いえを かえる。

となりの まちに ひっこす。

ひっこめる

だして いた ものを もとに もどす。

てを ひっこめる。

ぴったり

すきまや あわない ところが ない ようす。

まどを ぴったり しめる。

ひっぱる

ちからを いれて ひく。

ひもを ひっぱる。

ひつよう

どうしても いる ようす。

えきの なかに はいる ときは、きっぷが ひつようだ。

ひと

にんげん。

えきの まえには **ひと**が たくさん いる。

人《ひと》

ひと

じぶんでは ない にんげん。

ひとの ものに かってに さわっては いけない。

ひどい

やさしい きもちが ない。

いぬを いじめるなんて **ひどい**。

ひとごみ

たくさんの ひとが いる こと。

おまつりの **ひとごみ**。

ひとみしり

よく しらない ひとを みて こわがったり いやがったり する こと。

あかちゃんが **ひとみしり**を する。

ひとやすみ

すこし やすむ こと。

つかれたので **ひとやすみ**する。

ひとり

じぶんだけが いる こと。

ひとりで かいものに いく。

ひとりごと

きく ひとが いないのに ひとりで なにかを いう こと。

テレビ《てれび》を みながら **ひとりごと**を いう。

ひとりっこ

きょうだいが　いない　こども。

わたしは　**ひとりっこ**だ。

ひとりぼっち

ひとりだけで　いる　こと。

うちに　**ひとりぼっち**で　いるのは　さびしい。

ひな

うまれて　すぐの　とりの　こども。

おやの　とりが　**ひな**の　せわを　する。

ひなた

たいようの　ひかりが　あたって、あかるくて　あたたかい　ところ。

ひなたに　でて　あそぶ。

⇔ **ひかげ**

ひなたぼっこ

ひなたに　でて　のんびりする　こと。

ひなたぼっこを　する。

ひねくれる

わざと　ひとと　ちがうように　したり　して、すなおで　なく　なる。

ひねくれるのは　よくないよ。

ひねる

ゆびや　てで　まわすように　して　うごかす。

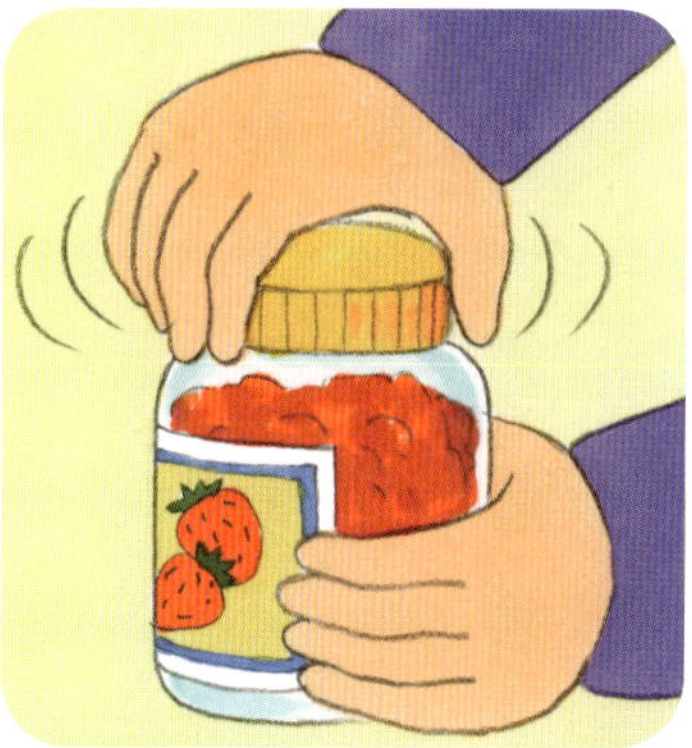

びんの　ふたを　**ひねる**。

ひび

われそうに　なった　ところに　できる　せん。

ガラス《がらす》の　かびんに　**ひび**が　はいる。

ひ

ひびく

おとが　とおくまで　よく
きこえる。

たいこの　おとが　ひびく。

ひふ

からだの　そとの　ほうを
おおって　いる　かわ。

ひふに　きずが　つく。

ひま

すきな　ことが　できる、
のんびりと　した　じかん。

しごとが　おわったので、
ひまだ。

ひみつ

ないしょに　して　いる　こと。

ひみつの　はなし。

ひも

ものを　しばったり
つないだり　する　ときに
つかう　ほそながい　もの。

はこを　ひもで　しばる。

ひやかす

あいてが　はずかしく
おもったり　こまったり
するような　ことを　わざと
いう。

ともだちを　ひやかす。

ひやけ

たいようの　ひかりが
あたって、はだの　いろが
くろく　なる　こと。

ひやけした　からだ。

ひやす

つめたく　する。

のみものを　れいぞうこで
ひやす。

びょういん

けがや　びょうきを　なおして
くれる　ところ。

ねつが　たかいので、
びょういんに　いく。

びょうき

からだの　ぐあいが　わるく
なる　こと。

おとうさんが　**びょうき**で
かいしゃを　やすむ。

ひょうし

ほんや　ノート《のうと》の　おもての
ほうに　ついて　いる　もの。

みどりいろの　**ひょうし**。

ひょうじょう

その　ときの　きもちが
あらわれて　いる　かおの
ようす。

うれしそうな　**ひょうじょう**で
あいさつを　する。

びょうにん

びょうきに　なって　いる
ひと。

おいしゃさんが　**びょうにん**を
しんさつする。

ひよこ

うまれて　すぐの　にわとりの
こども。

かわいい　**ひよこ**。

ぴょん

かるく　とびはねる　ようす。

みずたまりを　**ぴょん**と
とびこえる。

ひらがな

かんじから　つくった
にほんの　もじ。

ひらがなで　なまえを　かく。

ひらく

とじて いた ものを、なかが みえるように うごかす。

ほんを **ひらく**。

⇕とじる

ひらたい

たいらで うすい。

ひらたい さらを かさねる。

ひらめく

きゅうに おもいつく。

よい ほうほうが **ひらめく**。

ひりひり

ひふが いたかったり、くちの なかが からかったり する ようす。

すりむいた ひざが **ひりひり**する。

ひる〔ひるま〕

あさ たいようが でてから ゆうがた たいようが みえなく なるまでの あいだ。

この へやは、**ひる**は とても あかるい。

ひる

ひるの じかんに たべる ごはん。ひるごはん。

きょうの サンドイッチ《さんどいっち》だ。**ひる**は、

ビル《びる》

たかくて おおきい たてもの。

えきの まえには **ビル《びる》**が たくさん ある。

ひるね

ひるに すこしの じかん ねる こと。

しずかな へやで **ひるね**を する。

ひるやすみ

ひるに やすむ ための じかん。

ひるやすみに こうえんに いく。

ひろい

たてと よこの ながさが ながい。

ひろい にわ。

↕せまい

ひろう

おちて いる ものを てで とる。

きのみを ひろう。

↕すてる

ひろがる

みえる ところが おおきく ひろく なる。

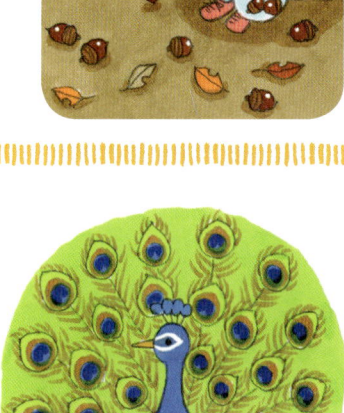

そらに くもが ひろがる。

ひろげる

みえる ところを おおきく ひろく する。

くじゃくが はねを ひろげる。

ひろば

ひろい ばしょ。

たくさんの ひとが ひろばに いる。

ピンセット《ぴんせっと》

ちいさい ものを つかむ ときに つかう どうぐ。

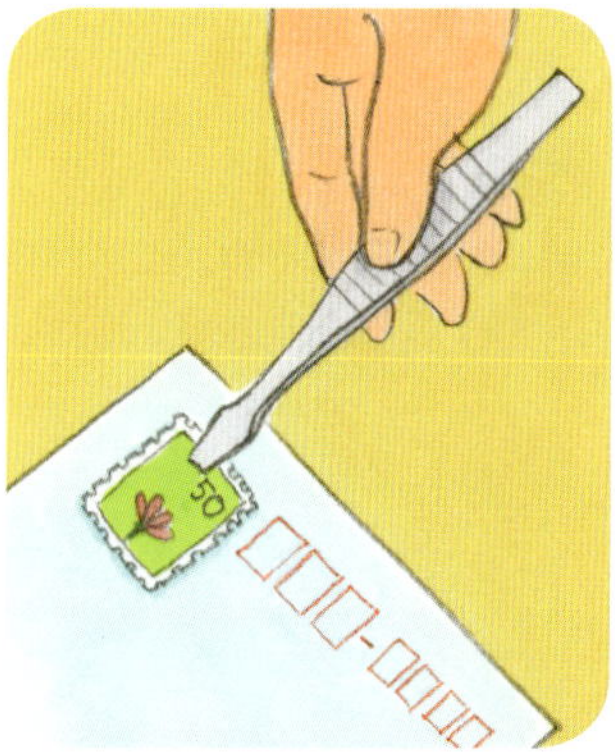

ピンセット《ぴんせっと》で きってを はがす。

ヒント《ひんと》

もんだいに こたえる ために すこし おしえて もらう ことば。

クイズ《くいず》の ヒント《ひんと》を もらう。

ひ

プラットホーム
らさがる
ぶつかる
ぶどう
ふぶき
ふしぎ
ふりまわす
プレゼント

ふ

ひらがな

フ

かたかな

ふくろう
ふみきり
ぶんぼうぐやさん
ふりむく
ぶたい
ふくらむ

ファスナー《ふぁすなぁ》〔チャック《ちゃっく》〕

バッグ《ばっぐ》や　ようふくを
あけたり　しめたり　する
ために　つかう　もの。

バッグ《ばっぐ》の　**ファスナー**《ふぁすなぁ》を
しめる。

ぶあつい

とても　あつい。

ぶあつい　ほん。

ふうとう

てがみを　いれる　かみの
ふくろ。

ふうとうを　あける。

ふうりん

かぜの　ちからで　おとが
でる　すず。

ふうりんが　なる。

プール《ぷうる》

みずを　ためて　およぐ
ところ。

プール《ぷうる》で　およぐ
れんしゅうを　する。

ふえる

かずや　りょうが　おおく
なる。

おもちゃが　**ふえる**。

↕ へる

フェンス《ふぇんす》

まわりを　かこむ、　さく。

ボール《ぼうる》が　**フェンス**《ふぇんす》に
ぶつかる。

ふかい

いちばん　ひくい
ところまでの　ながさが
ながい。

ふかい　うみに　すむ　さかな。

↕ あさい

ふきだす

みずや ガス《がす》が いきおい よく でる。

ふんすいから みずが ふきだす。

ふきん

しょっきを ふく ための ぬの。

ふきんで ちゃわんを ふく。

ふく

よごれたり ぬれたり した ところを、ぬのや かみで こする。

タオル《たおる》で からだを ふく。

ふく

かぜが ながれる。

そよかぜが ふく。

ふく

☞351ページ《ぺえじ》

ふくそう

きて いる ふくの ようす。

はでな ふくそう。

ふくらむ

なかに くうきや みずが はいって、おおきく なる。

ふうせんが ふくらむ。

ふくろ

かみや ぬので つくった やわらかい いれもの。

しなものを ふくろに いれる。

ふさがる

つかえる ばしょが なくなる。

へやが にもつで ふさがる。

ふく

きる　もの。

ジャージ《じゃあじ》
ティーシャツ《てぃいしゃつ》
ネクタイ《ねくたい》
トレーナー《とれえなあ》
ジーンズ《じいんず》
スーツ《すうつ》
ブラウス《ぶらうす》
ズボン《ずぼん》
カーディガン《かあでぃがん》
ワンピース《わんぴいす》
エプロン《えぷろん》
スカート《すかあと》
くつした
ぼうし
シャツ《しゃつ》
セーター《せえたあ》
パンツ《ぱんつ》
ゆかた
コート《こうと》
レインコート《れいんこうと》

ふさぐ

すきまが ないように する。

あなを ふさぐ。

ふざける

おもしろい ことを いったり したり して さわぐ。

おとうとと ふざける。

ぶじ

わるい ことが ない ようす。

ひこうきは ぶじに ちゃくりくした。

ふしぎ

かんがえても わからないような ようす。

ふしぎな はなし。

ふせぐ

わるい ことに ならないように する。

くるまの じこを ふせぐ。

ふせる

したに むけて おく。

ノート《のうと》を ふせる。

ふた

いれものの あいて いる ところに かぶせる もの。

なべに ふたを する。

ふだ

もじや えを かいて しるしに する もの。

ばんごうを かいた ふだを もらう。

ぶたい

げきを　みせたり
おんがくを　きかせたり
する　ための　ばしょ。

ぶたいで　ピアノ《ぴあの》を　ひく。

ふだん

いつも。どんな　ときも。

この　みちは、**ふだん**　とても
こむ。

ふつう

ほかと　あまり　ちがいが
なく、よく　みるような
ようす。

ふつうの　ケーキ《けえき》と、
とくべつな　ケーキ《けえき》。

ぶつかる

つよく　あたる。

はしらに　ぶつかる。

ぶつける

つよく　あてる。

ボール《ぼうる》を　かべに　ぶつける。

ふで

さきの　ほうに　すみや
えのぐを　つけて、じや　えを
かく　どうぐ。

ふでで　じを　かく。

ふとい

ものの　まわりの　ながさが
ながい。

ふとい　はしら。

↕ほそい

ふ

ふとる

からだが　ふとく　なる。

あまい　ものを　たくさん
たべると　**ふとる**。

↕**やせる**

ふとん

ふくろのように　した　ぬのの
なかに、わたや　とりの
はねを　いれた　もの。

ふとんを　ほす。

ふね

みずの　うえを　うごく
のりもの。

みなとに　**ふね**が　たくさん
とまって　いる。

ぶひん

きかいや　どうぐを
くみたてて　いる
ひとつひとつの　もの。

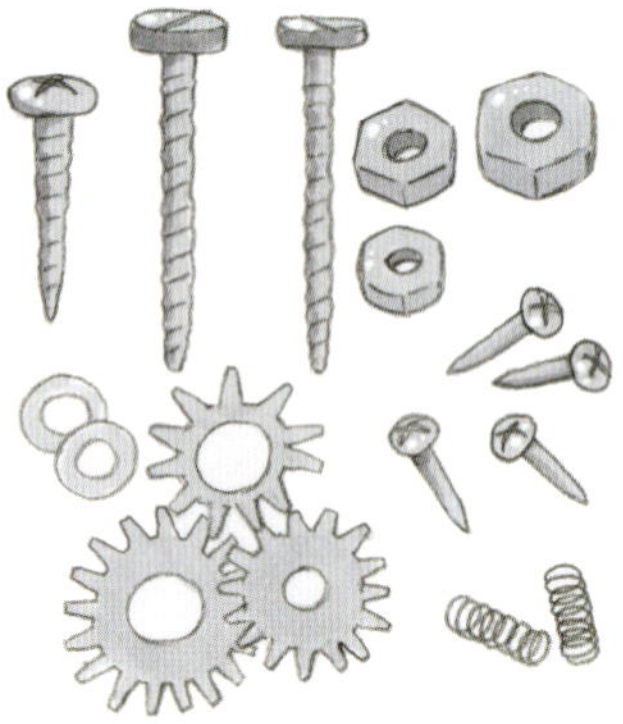

ぶひんを　あつめる。

ふぶき

つよい　かぜが　ふき、
はげしい　ゆきが　ふる　こと。

ふぶきで　まえが　よく
みえない。

ふべん

べんりで　ない　ようす。

えきから　とおくて　**ふべん**だ。

↕**べんり**

ふみきり

みちが　せんろを　よこぎって
いる　ところ。

ふみきりを　わたる。

ふむ

あしで　うえから　おす。

くさを　ふむ。

ふやす

かずや　りょうを　おおく　する。

ことりの　えさを　ふやす。

↕ へらす

ふゆ

あきの　あとに　くる　きせつ。12《じゅうに》がつから　2《に》がつの　ころの　こと。

ふゆの　はやしを　あるく。

☞ きせつ 125ページ《ぺえじ》

ぶらさがる

したの　ほうは　くっついて　いなくて、うえの　ほうで　くっついて　いる。

ふとい　きの　えだに　ぶらさがる。

ブラシ《ぶらし》

よごれや　ほこりを　ないように　する　ための　どうぐ。

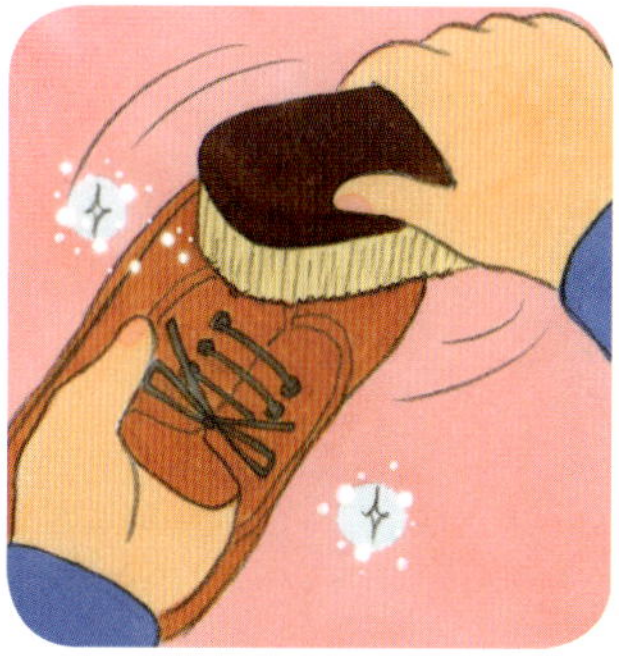

くつを　ブラシ《ぶらし》で　こする。

プラスチック《ぷらすちっく》

ものを　つくる　ざいりょうで、かるくて　かたい　もの。

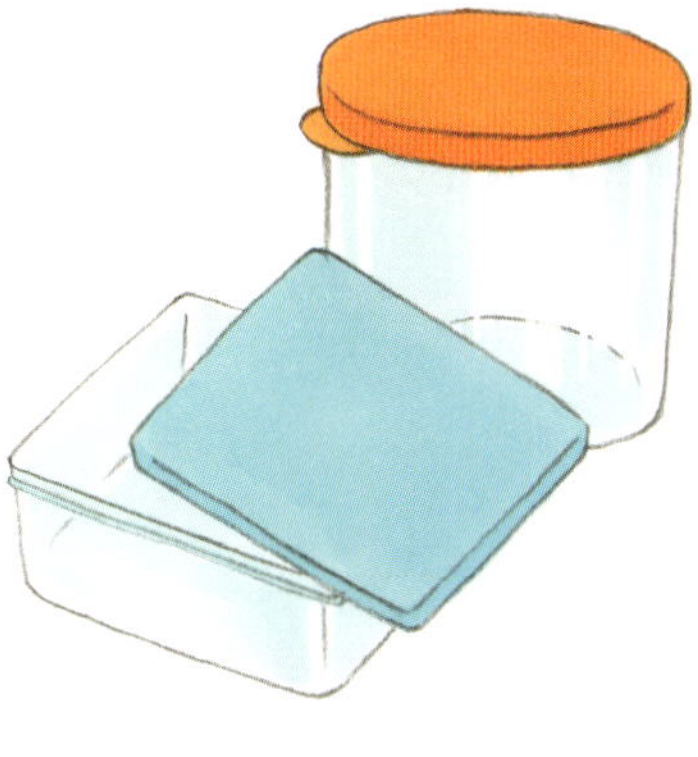

プラスチック《ぷらすちっく》の　いれもの。

ふりかえる

うしろの　ほうに　かおや　からだを　むける。

なまえを　よばれて　ふりかえる。

ふりまわす

てや　てで　もって　いる　ものを、くるくる　まわすように　うごかす。

ぼうを　ふりまわす。

ふりむく

かおや　からだを　うしろに
むけて　みる。

よばれて　ふりむく。

ふる

まえや　うしろ、みぎや
ひだりに　うごかす。

ともだちに　てを　ふる。

ふる

あめや　ゆきが　そらから
おちて　くる。

ゆきが　ふる。

ふるい

できてからの　じかんが
ながい。

ふるい　ビル《びる》。

⇔あたらしい

ふるえる

ちいさく　ゆれて　うごく。

こわくて　からだが　ふるえる。

ブレーキ《ぶれえき》

のりものを　とめたり
スピード《すぴいど》を　おそく　したり
する　もの。

じてんしゃの　ブレーキ《ぶれえき》。

プレゼント《ぷれぜんと》

ひとに　あげる　もの。
ひとに　ものを　あげる　こと。

たんじょうびの　プレゼント《ぷれぜんと》。

ふれる

かるく　さわる。

はなびらに　てを　ふれる。

ふろく

ざっしや ほんに ついて いる、その ほかの もの。

ふろくの ゲーム《げえむ》で あそぶ。

ふろしき

ものを つつむ ための しかくい ぬの。

おみやげを ふろしきで つつむ。

ふわふわ

ゆれながら うかんで いる ようす。

ふうせんが ふわふわ とんで いく。

ふん

じかんを あらわす ことば。

5《ご》ふん、きゅうけいしよう。

ぶん

みんなで わける ときに ひとりの ひとが もらえる もの。

これは おねえさんの ぶんだ。

ぶん

ことばを かいて できごとや きもちを あらわした もの。

ぶんを かく。

文《ぶん》

ふんいき

まわりの ようすから かんじる きぶん。

あかるい ふんいきの へや。

ふんすい

みずが うえの ほうに いきおい よく あがるように した もの。

ふんすいの まえで ともだちを まつ。

ぶんぼうぐ

べんきょうを　する　ときや、じや　えを　かく　ときに　つかう　どうぐ。

はさみ
scissors
スイザズ
カッター《かったあ》
ホッチキス《ほっちきす》
〔ホチキス《ほちきす》〕
stapler
ステイプラァ
ノート《のうと》
のり
がようし
セロハンテープ《せろはんてえぷ》
ふでばこ
クレヨン《くれよん》
シャープペンシル《しゃあぷぺんしる》
ボールペン《ぼうるぺん》
いろえんぴつ
けしゴム《ごむ》
eraser
イレイサァ
えんぴつ
pencil
ペンスル
じょうぎ
ruler
ルーラァ
ペン《ぺん》

ふ

へ

ひらがな

ヘ

かたかな

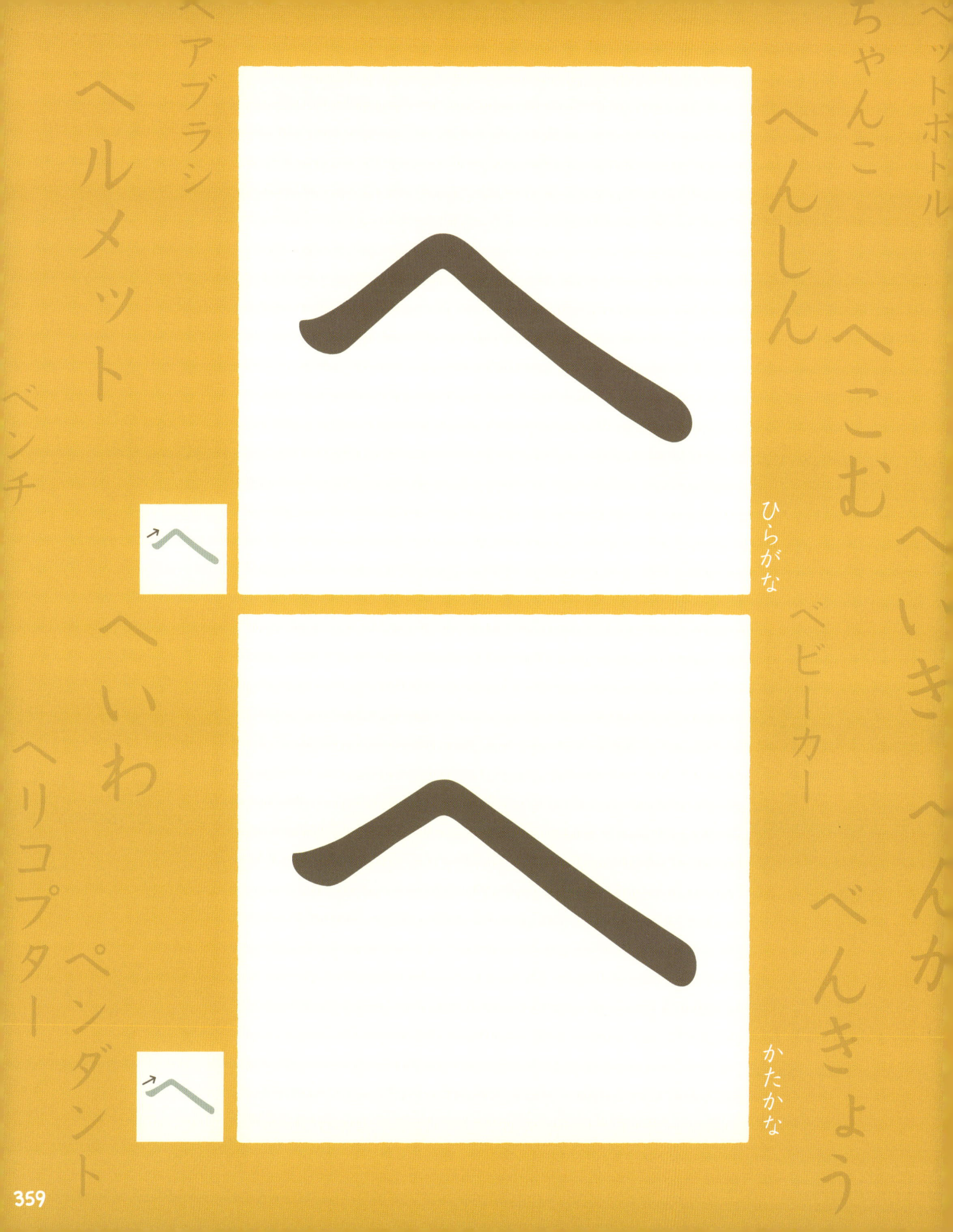

へい

いえや　たてものの　まわりを　かこんだ　もの。

へいの　なかに　ボール《ぼうる》が　はいる。

へいき

おどろいたり　いやがったり　しないで、おちついて　いる　ようす。

いぬが　ほえても　**へいき**だ。

へいわ

せんそうが　なく、みんなが　あんしんして　くらせる　ようす。

へいわな　せかい。

ページ《ぺえじ》

ほんや　ノート《のうと》を　ひらいた　とき、みぎか　ひだりの　どちらかの　めん。

えほんの　5《ご》**ページ**《ぺえじ》を　みる。

へこむ

ほかの　ところより　ひくく　なる。

はこが　**へこむ**。

へた

うまく　できない　ようす。

やきゅうが　**へた**だ。

⇔**じょうず**

べたべた

ねばって　くっつく　ようす。

さらが　あぶらで　**べたべた**だ。

ぺちゃんこ

ふくらんで　いた　ものが　つぶれて、たいらに　なって　しまう　ようす。

ぼうしが　**ぺちゃんこ**に　なる。

べつ

ちがって　いる　ようす。

おねえさんとは、べつの　アイスクリーム《あいすくりいむ》を　かう。

ペット《ぺっと》

かわいがる　ために　かって　いる　どうぶつ。

わたしの　ペット《ぺっと》は　うさぎだ。

ペットボトル《ぺっとぼとる》

のみものを　いれる　プラスチック《ぷらすちっく》の　いれもの。

ジュース《じゅうす》が　はいった　ペットボトル《ぺっとぼとる》。

ベビーカー《べびいかあ》

あかちゃんを　のせて　はこぶ　ための　もの。

ベビーカー《べびいかあ》を　おして　あるく。

へや

☞362ページ《ぺえじ》

へらす

かずや　りょうを　すくなく　する。

ごはんの　りょうを　へらす。

↕ふやす

ベランダ《べらんだ》

いえと　つながって　いて、へやの　そとに　つくって　ある　ところ。

ベランダ《べらんだ》に　でる。

ヘリコプター《へりこぷたあ》

おおきな　プロペラ《ぷろぺら》を　まわして　そらを　とぶ　のりもの。

ヘリコプター《へりこぷたあ》が　あがる。

へる

かずや　りょうが　すくなく　なる。

ケーキ《けえき》の　かずが　へる。

↕ふえる

へ

へや

いえの　なかで
わかれて　いる、
ひとつひとつの
ばしょ。

たんす
ひきだし
ほんだな
たな
まくら
ふとん
うちわ
ベッド《べっど》
いす
chair
チェア
ティッシュ《てぃっしゅ》(ペーパー《ぺえぱあ》)
つくえ
desk
デスク
クッション《くっしょん》
ごみばこ

ベル《べる》

しらせる　ために　おとを
だす　もの。

じてんしゃの　ベル《べる》を　ならす。

ベルト《べると》

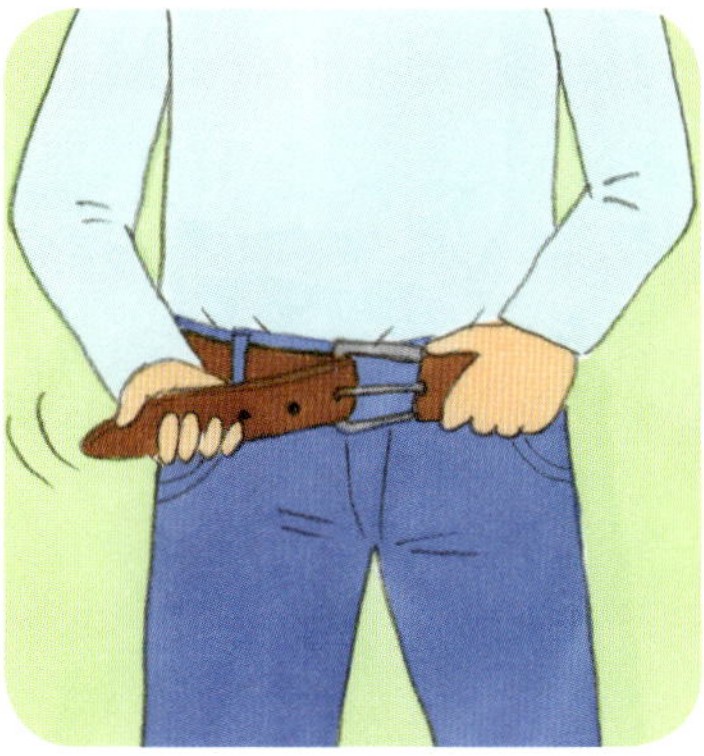

ズボン《ずぼん》や　スカート《すかあと》を　はく
とき、こしに　つける　もの。

ベルト《べると》を　する。

ヘルメット《へるめっと》

あたまを　まもる　ために
かぶる、かたくて　じょうぶな
ぼうし。

ヘルメット《へるめっと》を　かぶる。

へん

ふつうと　ちがって　いる
ようす。

へんな　かたちの　かびん。

へんか

ようすが　かわる　こと。

かたちが　へんかする。

ペンキ《ぺんき》

いたや　かべに　いろを
ぬる　ための　もの。

かべに　ペンキ《ぺんき》を　ぬる。

べんきょう

いろいろな　ことを　しる
ために、おしえて　もらったり
ほんを　よんだり　する　こと。

おにいさんが　べんきょうを
して　いる。

ペンギン《ぺんぎん》

そらは　とべないが、
およぐのが　じょうずな　とり。
さむい　ところに　すむ。

ペンギン《ぺんぎん》が　こおりの　うえを
あるく。

へんじ

よばれたり　きかれたり　した　ときに　ことばで　いう　こと。

なまえを　よばれて　**へんじ**を　する。

へんしん

からだの　かたちを　いまと　ちがうように　する　こと。

かいじゅうに　**へんしん**する。

ペンダント《ぺんだんと》

くびから　さげる　かざり。

きれいな　**ペンダント**《ぺんだんと》。

ベンチ《べんち》

きや　いしで　つくった　ながい　いす。

こうえんの　**ベンチ**《べんち》に　すわる。

ペンチ《ぺんち》

はりがねを　まげたり　きったり　する　ために　つかう　どうぐ。

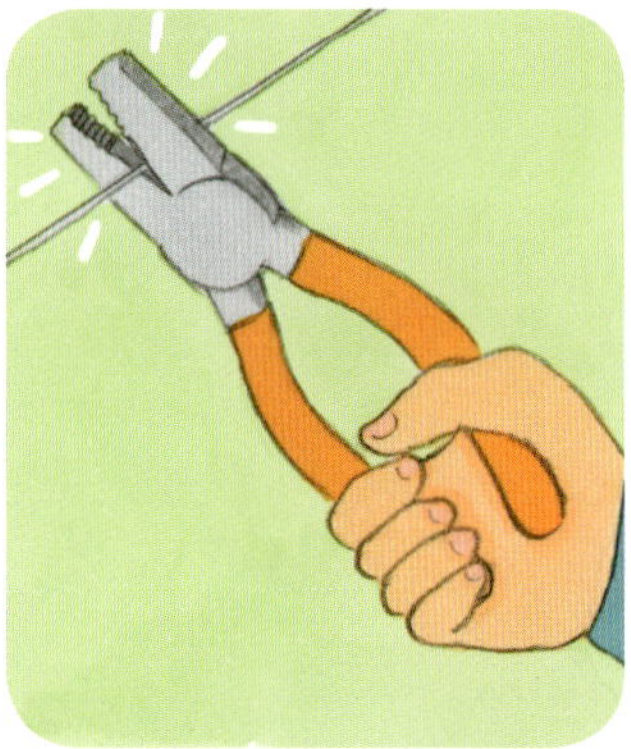

ペンチ《ぺんち》で　きる。

べんとう

いえの　そとで　たべる　ために　もって　いく　しょくじ。

ピクニック《ぴくにっく》に　いって、**べんとう**を　たべる。

べんり

かんたんに　できる　ようす。やくだつ　ようす。

スーツケース《すうつけえす》は、ものが　たくさん　はいって　**べんり**だ。

⇕**ふべん**

ポップコーン
ほうれんそう
ポケット
ほうせき
ボール
ほたる
ほそながい
ホッチキス
ほほえむ
ほいくえん
ホームラン
ほとんど
ぼうえんきょう
ぼんおどり

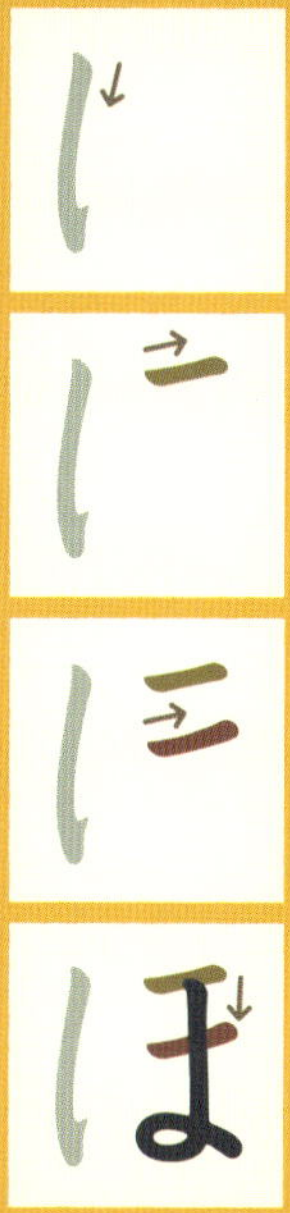

ほ

ひらがな

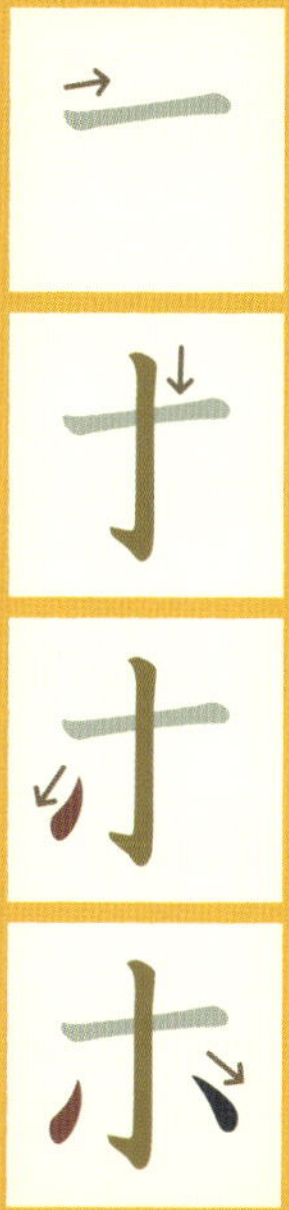

ホ

かたかな

ほいくえん

しょうがっこうに はいる まえの こどもを あずかって、せわを する ところ。

ほいくえんで あそぶ。

ほう

むかったり すすんだり して いる ところ。

やまの **ほう**に あるく。

ぼう

てで もてるくらいの おおきさの ほそながい もの。

じめんに **ぼう**で えを かく。

ぼうえんきょう

とおくの ものを おおきく はっきり みる ための どうぐ。

ぼうえんきょうで ほしを みる。

ほうがく

ひがし、にし、みなみ、きたの こと。

にしの **ほうがく**に ゆうやけが みえる。

ほうき

そうじの とき、ごみを あつめる どうぐ。

ほうきで ざしきを きれいに する。

ぼうけん

あぶないかも しれない ことを、ゆうきを だして じぶんから する こと。

ぼうけんの ものがたりを よむ。

ほうこう

むかったり すすんだり する ほう。

えきは、こちらの **ほうこう**です。

ほうせき

かざりに つかう うつくしい いし。

ほうせきを つかった ゆびわ。

ほうそう

テレビ《てれび》や ラジオ《らじお》で、いろいろな ものを みんなに みせたり きかせたり する こと。

ラジオ《らじお》で ニュース《にゅうす》の ほうそうを きく。

ほうたい

けがを した ところに まく ぬの。

うでに ほうたいを まく。

ほうっておく

なにも しないで そのままに して おく。

わがままを いう こどもを ほうっておく。

ボート《ぼうと》

いけや うみで あそぶ ために のる、ちいさい ふね。

ボート《ぼうと》を こぐ。

ほうほう

なにかを する ときに どのように するかと いう こと。

じょうずに くみたてる ほうほうを おしえて もらう。

ホームラン《ほうむらん》

やきゅうで、ボール《ぼうる》を とおくまで うち、いっしゅうして もどって こられる こと。

ホームラン《ほうむらん》を うつ。

ボウリング《ぼうりんぐ》

おおきく まるい ものを ころがして、びんのような かたちの ものを たおす スポーツ《すぽうつ》。

ボウリング《ぼうりんぐ》を する。

ほうる

ものを　なげる。

ちいさい　いしを　**ほうる**。

ほえる

どうぶつが　おおきな　こえで
なく。

いぬが　**ほえる**。

ほおばる

ほおが　ふくらむくらい、
くちの　なかに　たべものを
たくさん　いれる。

おにぎりを　**ほおばる**。

ほか

べつの　ものや　べつの
ところ。

ここは　こんで　いるから、
ほかへ　いこう。

ぼく

おとこの　ひとが　じぶんの
ことを　いう　ときに　つかう
ことば。

ぼくは　いかない。

ぼくじょう

うしや　うまを　じゆうに
うごけるように　して
そだてて　いる　ひろい
ところ。

ぼくじょうで　うしが　くさを
たべる。

ボクシング《ぼくしんぐ》

あいての　からだを　たたいて
たたかう　スポーツ《すぽうつ》。

ボクシング《ぼくしんぐ》の　しあいが
はじまる。

ほくろ

ひふに　ある　ちいさい
くろい　てん。

うでに　**ほくろ**が　ある。

ポケット《ぽけっと》

ようふくに　ついて　いる、ちいさい　ものを　いれる　ところ。

うわぎの　**ポケット《ぽけっと》**に　かぎを　いれる。

ほこり

こまかい　ごみ。

たなの　うえに　**ほこり**が　ある。

ほし

よるの　そらに　ひかって　みえる　もの。

はれた　ひの　よるは、**ほし**が　きれいだ。

ほしい

じぶんの　ものに　したい。

のみものが　**ほしい**。

ほす

たいようの　ひかりや　かぜに　あてて　かわかす。

ふとんを　**ほす**。

ポスター《ぽすたあ》

たくさんの　ひとに　しらせる　ために　じや　えが　かいて　ある　かみ。

ポスター《ぽすたあ》を　はる。

ポスト《ぽすと》

はがきや　てがみを　おくる　ときに　いれる、あかい　はこ。

ポスト《ぽすと》に　はがきを　いれる。

ほそい

ものの　まわりの　ながさが　みじかい。

あしが　**ほそい**。

⇕ **ふとい**

ほそながい

ほそくて　ながい。

ほそながい　ひも。

ボタン《ぼたん》

ふくの　みぎと　ひだりを
あわせる　ために　あなに
はめる　もの。

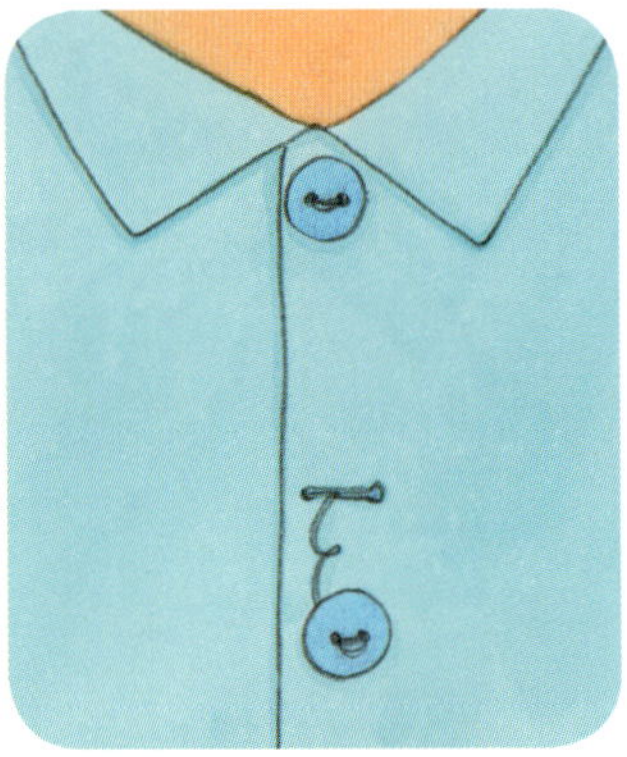

シャツ《しゃつ》の　**ボタン《ぼたん》**が　とれる。

ほどうきょう

ひとが　あるいて　わたる
ために　どうろの　うえに
つくった　はし。

ほどうきょうの　かいだんを
のぼる。

ほどく

むすんで　ある　ものを
はずす。

リュックサック《りゅっくさっく》の　ひもを
ほどく。

ほとり

ちかい　ところ。

いけの　**ほとり**を　あるく。

ほとんど

もう　すこしで　ぜんぶに
なるくらい。

おかしは　**ほとんど**
なくなった。

ほね

からだの　なかに　ある、
からだを　ささえて　いる
かたい　もの。

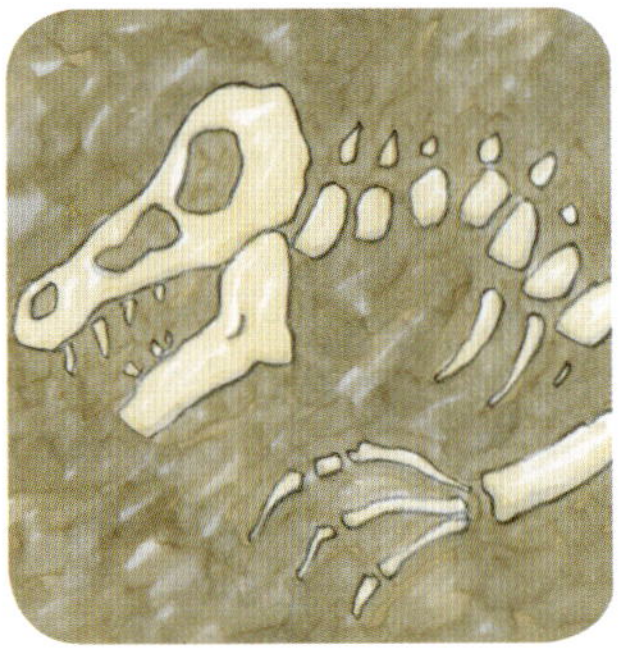

きょうりゅうの　**ほね**。

ほほえむ

こえを　ださないで　わらう。

おかあさんが　**ほほえむ**。

ほめる

がんばったり じょうずに したり した ひとに、よいと いう。

じょうずに えを かいた いもうとを ほめる。

ほる

じめんに あなを あける。

つちを ほる。

ぼろぼろ

ふるく なって、あちこちに きずが ある ようす。

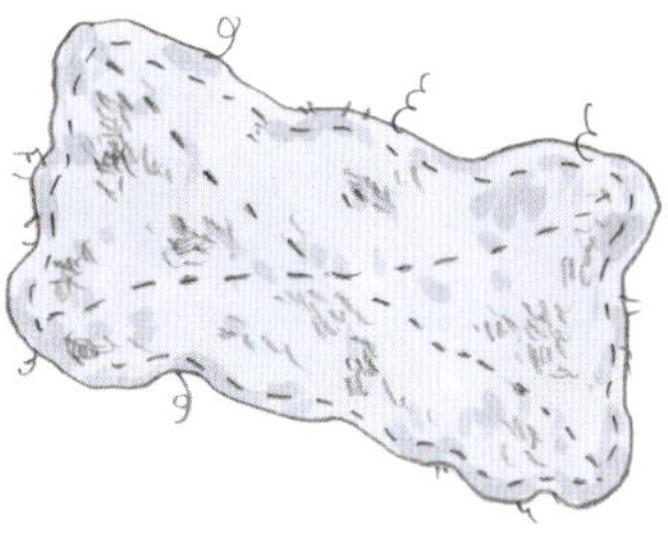

ぞうきんが ぼろぼろだ。

ほん

もじや えを かいた かみを まとめた もの。

のりものの ほん。

本《ほん》

ほん

ほそながい ものの かずに つける ことば。

えんぴつが 5《ご》ほん ある。

ほんき

いっしょうけんめい しようと おもう きもち。

ほんきで うたの れんしゅうを する。

ほんとう

そうで ある こと。うそでは ない こと。

ほんとうに あった はなし。

ほんもの

まねを した ものでは ない、ほんとうの もの。

ほんものの きんの ゆびわ。

↕にせもの

ま

ひらがな

マ

かたかな

マーク《まあく》

きごう。

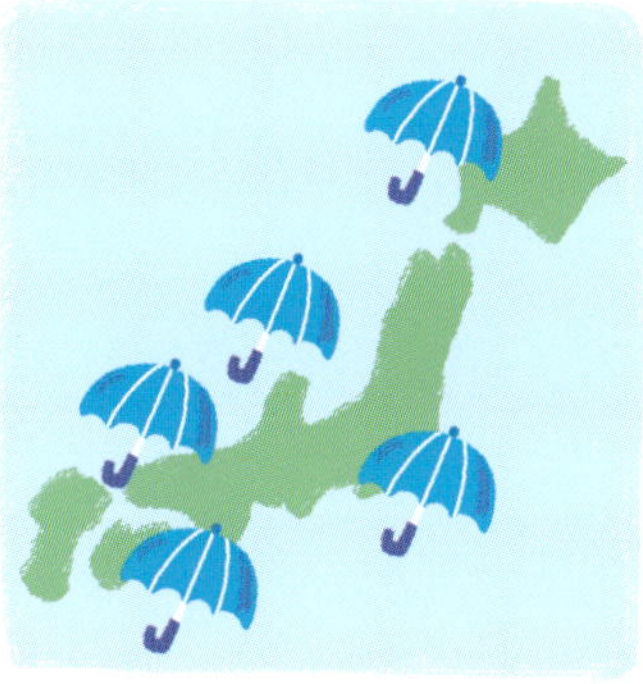

てんきよほうで かさの マーク《まあく》が でて いるから、あしたは あめだ。

まあまあ

じゅうぶんでは ないけれど、これで よいだろうと いう ときに つかう ことば。

この ほんは、まあまあ おもしろいよ。

まい

うすくて ひらたい ものの かずに つける ことば。

ハンカチ《はんかち》を 2《に》まい かう。

マイク《まいく》

おとや こえが おおきく きこえるように する ための どうぐ。

マイク《まいく》を もって うたう。

まいご

いっしょに いた ひとと はなれたり、みちに まよったり した こども。

ゆうえんちで まいごに なる。

まいにち

どの ひも ぜんぶ。

まいにち、あさ はやく おきる。

まいる

がまんが できなく なる。

あつい ひが つづくので、まいる。

まえ

かおが ある ほう。

ぼくの まえに いるのは、おとうとだ。

いち ↕ うしろ 36ページ《ぺえじ》

ま

まえ

ある　ときよりも　はやい　じかん。

やくそくの　じかんより　**まえに**　つく。

↕あと

まえあし

あしが　4《よん》ほん　ある　どうぶつの、あたまに　ちかい　ほうの　あし。

ねこが　**まえあしで**　かおを　こする。

まえがみ

おでこの　まえに　ある　かみ。

まえがみを　そろえる。

まえば

くちの　まえの　ほうに　ある　は。

まえばで　かむ。

まかせる

じぶんで　しないで、ほかの　ひとに　して　もらう。

おねえさんに　いもうとの　せわを　**まかせる**。

まがりかど

みちが　みぎや　ひだりに　まがって　いる　ところ。

まがりかどで　ともだちに　あった。

まがる

すすんで　いく　ほうこうを　かえる。まっすぐで　なくなる。

くるまが　みぎへ　**まがる**。

まきつく

まいて　くっつく。

ほそながい　くきが　ぼうに　**まきつく**。

まく

たねを　つちに　おとしたり
うめたり　する。

ひまわりの　たねを　まく。

まく

まわりを　かこむように　して、
ながい　ものを　ほかの
ものに　つける。

あしに　ほうたいを　まく。

まくら

ねる　ときに　あたまの
したに　おく　もの。

まくらを　かえる。

まくる

まいて　うえに　あげる。

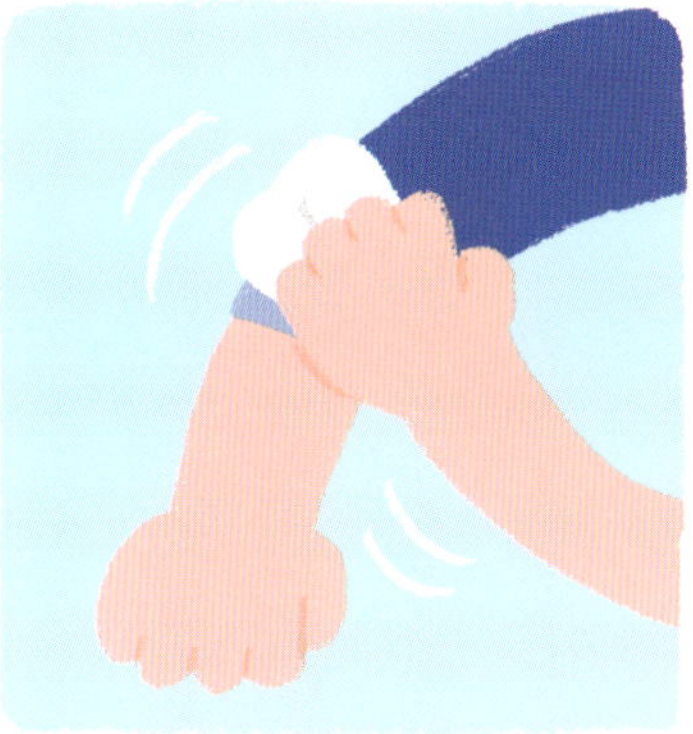

シャツ《しゃつ》の　そでを　まくる。

まける

あいてより　よわい　ことが
きまる。

トランプ《とらんぷ》で　まける。

↕かつ

まげる

まっすぐで　ないように　する。

きの　えだを　まげる。

まご

じぶんの　むすこや
むすめから　うまれた　こども。

おばあさんが　まごと　あそぶ。

まさか

そんな　ことは　ないと　いう
きもちを　あらわす　ことば。

まさか　こんな　ところで
あうなんて　おもわなかった。

ま

まさに

ほんとうで ある ようす。

しゃしんで みたのと、**まさに** おなじ けしきだ。

まざる〔まじる〕

ほかの ものと ひとつに なる。

ふたつの いろが **まざる**。

ました

ちょうど した。

この へやの **ましたは**、リ《り》ビ《び》ン《ん》グ《ぐ》ル《る》ー《う》ム《む》だ。

さとうと しおが **まざる**。

まじめ

きちんと する ようす。

まじめに はなしを きく。

まじょ

おんなの まほうつかい。

まじょが でて くる ものがたり。

まず

いちばん さきに。はじめに。

あさ おきたら、**まず**、かおを あらう。

まずい

あじが わるい。おいしく ない。

この パ《ぱ》ン《ん》は **まずい**。

⇔ **うまい・おいしい**

マスク《ますく》

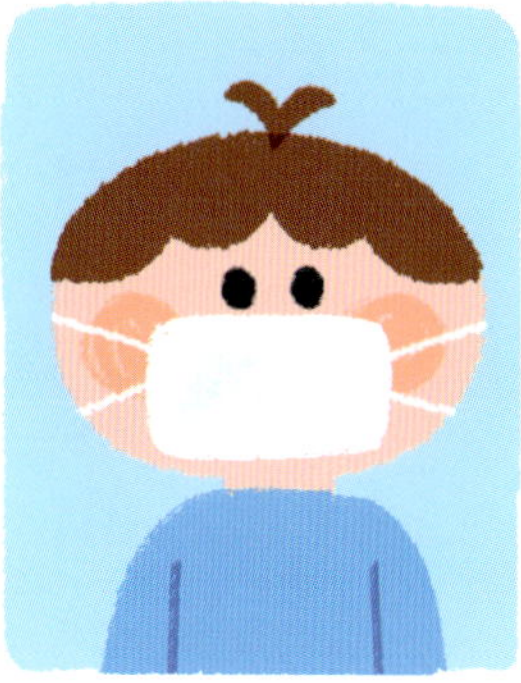

ばいきんや　ほこりが
はいって　こないように、
はなや　くちを　おおう　もの。

かぜが　はやって　いるので、
マスク《ますく》を　する。

まずしい

おかねが　なくて、くらして
いくのが　たいへんな
ようすで　ある。

まずしい　しょうじょの
ものがたり。

ますます

だんだん　つよく　なって
いく　ようす。

あめが　ますます　はげしく
なって　きた。

まぜる

ほかの　ものを　いれて
ひとつに　する。

たまごと　ぎゅうにゅうを
まぜる。

また

おなじ　ことを　もう　いちど
する　ときに　つかう　ことば。

また　あした　あそぼうね。

まだ

いまに　なっても。

えは　まだ　できあがって
いない。

またがる

りょうほうの　あしを
ひらいて　ものに　のる。

シーソー《しいそう》に　またがる。

またぐ

あしを　ひらいて　ものの
うえを　こえる。

いしを　またぐ。

まち

いえや　おみせが　たくさん
ある　ところ。

町《まち》

ホテル《ほてる》
ガソリンスタンド《がそりんすたんど》
レストラン《れすとらん》
けいさつしょ
しょうぼうしょ
あおしんごう
あかしんごう

ま

びょういん
うんどうじょう
〔グラウンド《ぐらうんど》〕
ゆうびんきょく
デパート《でぱあと》
ぎんこう
ATM
P
ちゅうしゃじょう

まちあわせる

じかんと　ばしょを　きめて
ひとと　あう。

おとうさんと　えきで
まちあわせる。

まちがえる

ただしく　ない　ことを
して　しまう。しっぱいする。

みちを　**まちがえる**。

まちくたびれる

ながい　じかん　まって、
つかれる。

ともだちが　なかなか
こないので、**まちくたびれる**。

まちどおしい

たのしみに　して　いて、まつ
じかんを　とても
ながく　かんじる
ようすだ。

えんそくの　ひが
まちどおしい。

まつ

その　ときが　くるまで
じかんを　すごす。

あおしんごうに　かわるまで
まつ。

まっくら

なにも　みえないほど
くらい　ようす。

よるの　もりは　**まっくら**だ。

まっすぐ

すうじの　「一《いち》」のような
かたちで　ある　ようす。

とおくまで　みちが
まっすぐ　のびて　いる。

まったく

すこしも　そうでは　ない
ようす。

おみせが　どこに　あるのか
まったく　わからない。

マッチ《まっち》

ほそい　きの　ぼうの　さきを
こすって、ひを　つける　もの。

マッチ《まっち》で　ろうそくに　ひを
つける。

マット《まっと》

たてものの　いりぐちや
ふろの　いりぐちなどに　おく
しきもの。

マット《まっと》で　くつの　よごれを
とる。

まつり

☞おまつり　81ページ《ぺえじ》

まと

ものを　ねらって　あてる
ために　つくった　もの。

まとを　ねらって　なげる。

まど

くうきや　ひかりを　いれる
ために、へやの　かべに
つくって　ある　もの。

まどを　あけて　かぜを
いれる。

まとめる

ばらばらに　なって　いる
ものを　ひとつに　する。

バッグ《ばっぐ》に　いれる　にもつを
まとめる。

まにあう

きめられた　じかんに
おくれない。

やくそくした　じかんに
まにあう。

まね

だれかと　おなじように　する
こと。

おにいさんは、どうぶつの
まねを　するのが　じょうずだ。

まばたき

めを　とじたり　ひらいたり
する　こと。

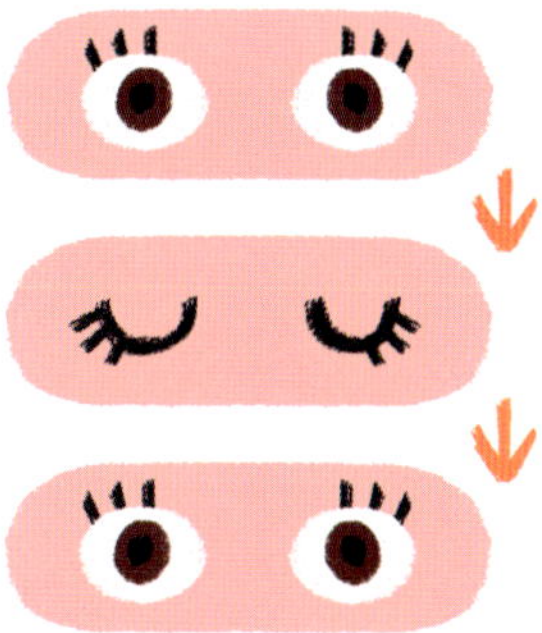

おもわず　まばたきを　して
しまった。

まぶしい

めを あけて いられないほど
ひかりが あかるい。

たいようの ひかりが
まぶしい。

マ《ま》フ《ふ》ラ《ら》ー《ぁ》

くびに まく、ぬのや
けいとで できた もの。

さむいので けいとの
マ《ま》フ《ふ》ラ《ら》ー《ぁ》を する。

まほう

ふしぎな ことが できる
ちから。

まほうを つかって そらを
とぶ。

まほうつかい

ふしぎな ことが できる
ひと。

まほうつかいが つえを ふる。

まま

ようすを かえない こと。

まどを あけた **まま**、へやを
でる。

マ《ま》マ《ま》

おかあさん 68ペ《ぺ》ー《ぇ》ジ《じ》

ままごと

たべものを つくったり
たべたり する まねを する
あそび。

いもうとと **ままごと**を する。

まめ

しょくぶつの たねで、
まるくて ちいさい
たべられる もの。

まめを ゆでる。

まめまき

せつぶんの ひの よるに、
「おには そと、ふくは うち」
と いって、まめを まく
こと。

かぞくで **まめまき**を した。

まもなく

なにかを して すぐに。

ホーム《ほうむ》に ついて **まもなく**、はっしゃの ベル《べる》が なった。

まもる

やくそくや きまりのように する。

ともだちと した やくそくを **まもる**。

まもる

わるい ことが ないように する。

まちを **まもる**。

まよう

どう すると よいか わからなく なる。

どれを かうか **まよう**。

まよなか

よるの とても おそい じかん。

まよなかに、でんわが なった。

マラソン《まらそん》

ながい きょりの みちを はしる きょうそう。

マラソン《まらそん》の せんしゅを おうえんする。

まるい

わゴム《ごむ》や ボール《ぼうる》のように、かどが ない かたちで ある。

まるい さらに りょうりを もりつける。

ま

まるで

ほかの ものと よく にて いる ときに つかう ことば。

おこった かおは、**まるで** おにのようだ。

まるまる

まるい ようす。とても ふとって いる ようす。

まるまると した あかちゃん。

まるまる

まるく なる。

ねこの せなかが **まるまる**。

まるめる

まるい かたちに する。

しんぶんしを **まるめる**。

まわす

まるい かたちを かくように、くるくると うごかす。

こまを **まわす**。

まわり

ものの そとの ほうを かこんで いる ところ。

いけの **まわり**を さんぽする。

まわる

くるくると まるく うごく。

せんぷうきの はねが **まわる**。

まんいん

もう はいれないくらい、ひとが たくさん いる こと。

でんしゃが **まんいん**だ。

まんが

できごとや　ものがたりを
えで　あらわした　もの。

まんがを　よむ。

まんげつ

いちばん　まるく　なった
ときの　つき。

ひがしの　そらに　**まんげつ**が
でて　いる。

マンション《まんしょん》

おおきい　たてものを
いくつかに　わけて、
たくさんの　ひとが
すめるように　した　もの。

マンション《まんしょん》に　すむ。

まんぞく

おもって　いたように　なって
うれしい　きもちに　なる
ようす。

たのしく　あそんだので
まんぞくだ。

マント《まんと》

そでの　ない　うわぎ。

マント《まんと》を　きる。

まんなか

まわりの　どこから
はかっても　おなじ　ながさに
なる　ところ。

テーブル《てえぶる》の　**まんなか**に
かびんを　おく。

まんぷく

もう　たべられないくらい
たくさん　たべた　こと。

ごちそうを　たべて、
まんぷくだ。

まんまる

ほんとうに　まるい　ようす。

まんまるな　かたちの
いぬの　め。

ま

み

ひらがな

ミ

かたかな

みずたまり
つばち
みんな
みずあび
みなみ
ミシン
みあげる
みくらべる
みごと
みっつ
みずいろ
みちくさ
みずうみ
ミルク

み

しょくぶつで、はなが さいた あとに できる もの。

かきの み。

みあげる

かおを あげて、うえを みる。

そらを みあげる。

みえる

いろや かたちを めで かんじる。

うみの むこうに しまが みえる。

みえる

そのように おもえる。

あの ひとは ちからもちに みえる。

みがく

こすって きれいに する。

くつを みがく。

みかた

たたかう ときの じぶんの なかま。

みかたを たすける。

↕てき

みかづき

ほそく なった かたちの つき。

みかづきが みえる。

みき

きの なかで、えだが でて いる ふとい ところ。

てを つないで、きの みきを かこむ。

みぎ

バス《ばす》で　すすむ　ほうを　むいた　とき、のったり　おりたり　する　ドア《どあ》が　ない　ほう。

ここを　みぎに　まがると　ぼくの　うちだ。

↕ひだり

右《みぎ》

みくらべる

みて　くらべる。

どの　もようが　よいか　みくらべる。

みごと

できた　ものが　すばらしい　ようす。

どの　ばらも　みごとだ。

みじかい

ものや　じかんの　あいだが　ちいさい。

みじかい　そでの　ふく。

↕ながい

ミシン《みしん》

ぬのを　ぬう　ために　つかう　きかい。

おかあさんが　ミシン《みしん》を　つかう。

みず

いけや　かわや　うみに　ある、すきとおった　もの。

プール《ぷうる》に　みずを　いれる。

みずあび

からだに　みずを　かける　こと。

ぞうが　みずあびを　する。

みずうみ

いけよりも　みずが　おおく、おおきくて　ひろい　ところ。

しずかな　みずうみ。

み

みずぎ

およぐ ときに きる ふく。

みずぎを きて プール《ぷうる》で あそぶ。

みずたま

ちいさい まるい かたちを かいた もよう。

みずたまの ワンピース《わんぴいす》を きる。

みずたまり

じめんに みずが たまって いる ところ。

あちこちに みずたまりが できて いる。

みずべ

いけや みずうみや かわの、みずに ちかい りく。

とりが みずべで やすんで いる。

みせ

☞おみせ 82ページ《ぺえじ》

みせる

ほかの ひとが みえるように する。

おじいさんに しゃしんを みせる。

みち

ひとや くるまが とおる ところ。

てを つないで みちを あるく。

みちくさ

いく とちゅうで ほかの ことを する こと。

いえに かえる とちゅうで、みちくさを した。

みつ

はなや きから でる あまい しる。

ちょうが はなの みつを すう。

み

みつかる

ほかの　ひとに　しられる。

かくれんぼで　**みつかる**。

みつける

なかった　ものが　ある
ことに　きがつく。

はまべで　かいがらを
みつける。

みつばち

はなの　みつを　あつめて
はちみつを　つくる　はち。

みつばちが　はなに　とまる。

みつめる

じっと　みる。

ともだちの　かおを　**みつめる**。

みとめる

そうで　あると　おもう。

ぜんいんが　すばらしいと
みとめる　え。

みなと

ふねを　とめて、ひとや
にもつを　のせたり
おろしたり　する　ところ。

ふねが　**みなと**から　でて
いく。

みなみ

あさ、たいようが　でて　くる
ほうがくの　みぎの　ほう。

ぼくの　へやは、**みなみ**に
むいて　いる。

みはり

まもる　ために、あたりを
みる　やくめの　ひと。

しろの　いりぐちに　**みはり**が
たって　いる。

みはる

まもる　ために、あたりを　みて　いる。

ねこが　さかなを　とらないように　みはる。

みぶり

きもちや　かんがえて　いる　ことを　あらわす　からだの　うごき。

くびを　ふる　みぶりで、いやだと　いう　ことを　つたえる。

みほん

どんな　ものかを　しって　もらう　ための、ほんものと　おなじ　しなもの。

きゃくに　みほんを　みせる。

みみ

からだの　なかで、おとを　かんじる　ところ。

うさぎの　みみは　ながい。

耳《みみ》

みやげ

☞おみやげ　83ページ《ぺえじ》

みょう

ふつうと　ちがって　いる　ようす。

みょうな　ぼうしを　かぶった　ひと。

みる

めを　つかって　かたちや　いろや　うごきを　しる。

テレビ《てれび》を　みる。

見《み(る)》

みわたす

とおくの　ほうまで　みる。

とおくを　みわたす。

みんな

ぜんぶ。ぜんいん。

みんなで　あそぼう。

む

ひらがな

ム

かたかな

むかしばなし
むかし
むすこ
むかえる
むぎわらぼ
むいか
むぎちゃ
むしめがね
むちゅう
むずかしい
むかで
むらさき
むしあつ

むかう

ある　ほうこうに
ちかづこうと　する。

えきに　**むかう**。

むかえる

ひとが　くるのを　まつ。

えきで　おばさんを　**むかえる**。

むかし

いまより　とても　まえの
ころ。

この　あたりは、**むかし**
はやしだった。

むかしばなし

むかしから　みんなが　しって
いる　ものがたり。

どうぶつが　でて　くる
むかしばなし。

むぎわらぼうし

むぎと　いう　しょくぶつを
つかって　つくった　ぼうし。

むぎわらぼうしを　かぶる。

むく

そとの　ほうに　ついて　いる
ものを　はずす。

みかんの　かわを　**むく**。

むく

かおや　からだを　ある
ほうに　うごかす。

うしろを　**むく**。

むける

からだや　ものを、ある
ほうに　うごかすように　する。

かおを　うえに　**むける**。

むこう

まえの　ほうに　ある、はなれた　ところ。

むこうに　みえるのは　がっこうだ。

むし

395ページ《ぺえじ》

むしあつい

かぜが　なくて、あせが　でて　くるように　あつい。

きょうは　**むしあつい**。

むしば

ばいきんの　せいで、あなが　できた　は。

むしばを　ちりょうする。

むしめがね

ちいさい　ものを　おおきく　して　みる　どうぐ。

ちいさい　じを　**むしめがね**で　みる。

むす

ゆげで　たべものを　あつく　する。

にくの　はいった　まんじゅうを　**むす**。

むずかしい

かんたんには　わからない　ようすで　ある。

この　クイズ《くいず》は　**むずかしい**。

⇕**やさしい**

むすこ

おやから　みた、おとこの　こども。

ぼくは　おかあさんの　**むすこ**だ。

むすぶ

いとや　ひもを　つないで、はなれないように　する。

くつの　ひもを　**むすぶ**。

むし

こんちゅうや　くものような
ちいさい　いきもの。

虫《むし》

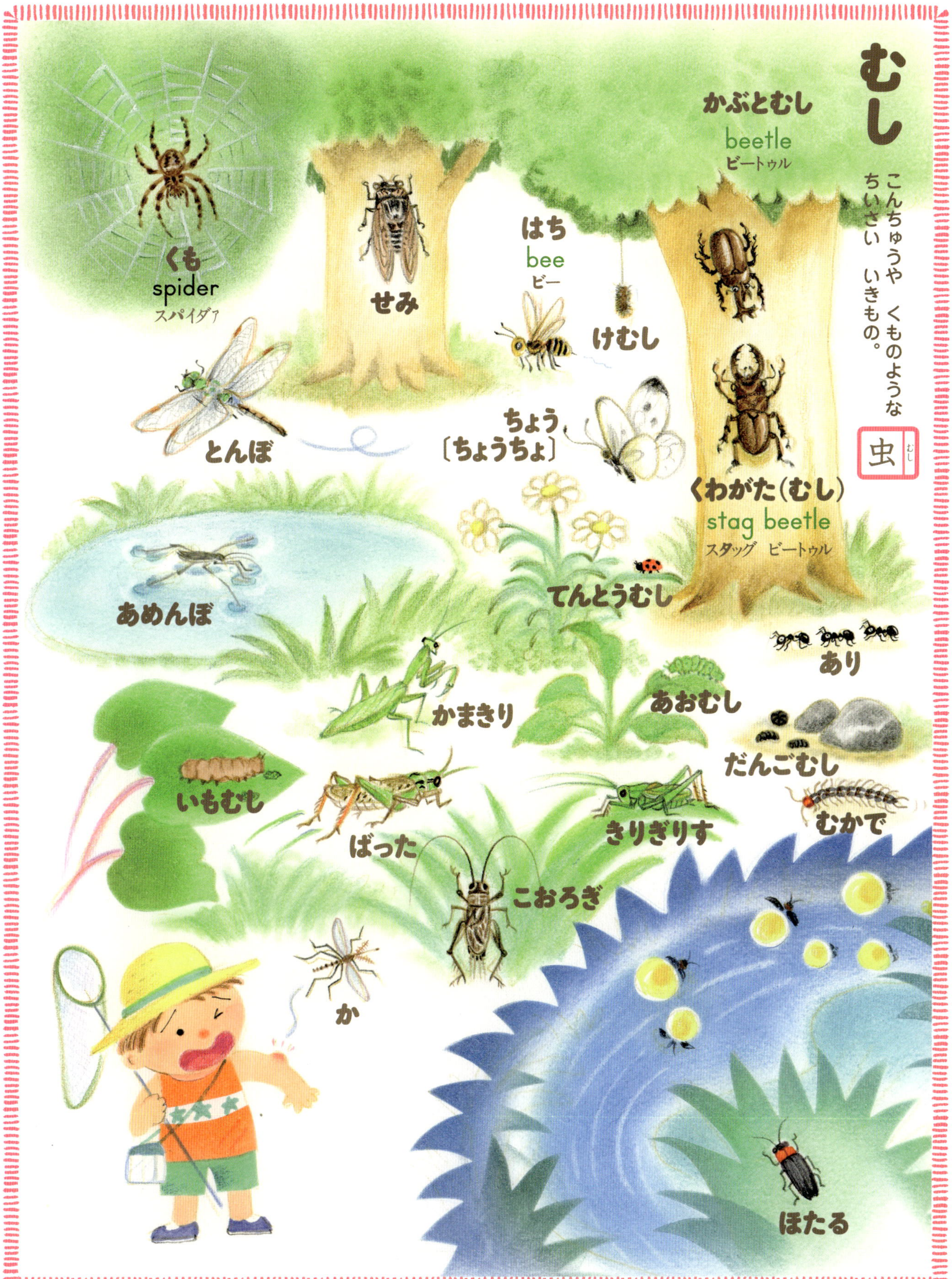
くも
spider
スパイダァ
せみ
はち
bee
ビー
かぶとむし
beetle
ビートゥル
けむし
とんぼ
ちょう
〔ちょうちょ〕
くわがた(むし)
stag beetle
スタッグ　ビートゥル
あめんぼ
てんとうむし
あり
かまきり
あおむし
だんごむし
いもむし
ばった
きりぎりす
むかで
こおろぎ
か
ほたる

むすめ

おやから みた、おんなの こども。

わたしは おとうさんの **むすめ**だ。

むだ

やくだつ ことが ない ようす。

おこづかいを **むだ**に つかっては いけない。

むちゃ

ふつうで ない ことを する ようす。

あらしの ひに でかけるなんて **むちゃ**だ。

むちゅう

ひとつの ことに いっしょうけんめいに なる ようす。

おにいさんは ゲーム《げえむ》に **むちゅう**に なって いる。

むら

いなかで いえが あつまって いる ところ。

やまに かこまれた **むら**。

村《むら》

むり

するのが とても むずかしい ようす。

こんな おもい いしを ひとりで もちあげるのは **むり**だ。

むりやり

できないような ことを する ようす。

たくさんの にもつを **むりやり** バッグ《ばっぐ》に いれる。

むれ

ひとつの ところに あつまって いる、ひとや いきもの。

しまうまの **むれ**。

め

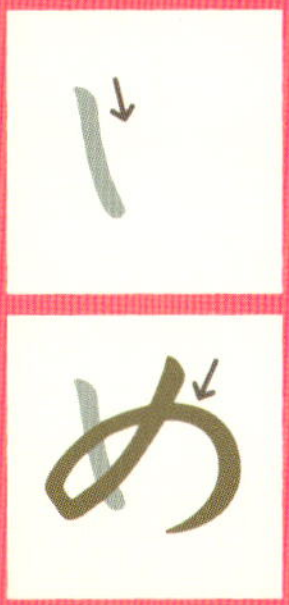

ひらがな

メ

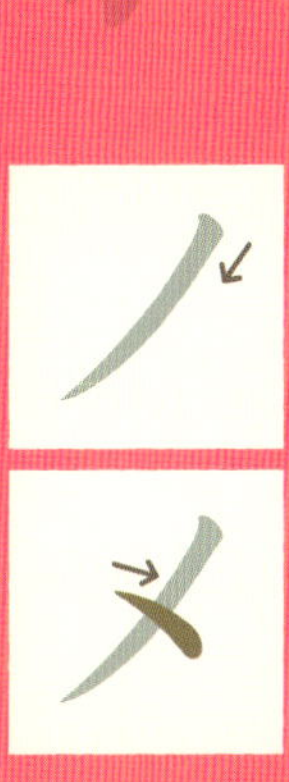

かたかな

め

からだの なかで、ものを みる ところ。

めを こする。

目《め》

め

くさや きの、たねや えだから はじめに でて くる もの。

ひまわりの **め**が でる。

めいろ

はいると まよって、なかなか でられなく なるように つくった みち。

めいろで あそぶ。

めいわく

ほかの ひとが した ことで いやな きもちに なる こと。

みちの まんなかに じてんしゃを とめるのは、**めいわく**だ。

めがね

ものが よく みえるように、めに かける どうぐ。

おねえさんは **めがね**を かけて いる。

めぐすり

めの びょうきを なおす ための くすり。

めぐすりを つかう。

めくる

うえに ある ものを はがすように して うらがえす。

ほんの ページ《ぺえじ》を **めくる**。

めざす

そこまで　いこうと　おもって　がんばる。

おかの　うえを　めざす。

めざましどけい

ねて　いる　ひとを　おこす　ために、きまった　じかんに　おおきな　おとを　だして　しらせる　とけい。

めざましどけいの　おとで　おきた。

めざめる

ねむるのを　やめて、めを　あける。

あさ　はやく　めざめる。

めす

どうぶつの　おんな。

めすの　ライオン《らいおん》。

⇕おす

めずらしい

みたり　きいたり　する　ことが　すくない。

めずらしい　かいがらを　みつけた。

めだか

おがわや　いけに　すむ、めが　おおきくて　からだが　ちいさい　さかな。

すいそうで　めだかを　かう。

めだつ

たくさん　ある　ものの　なかで、すぐに　わかる。

あかい　ふくは　めだつ。

めだま

めの　まんなかに　ある　まるい　もの。

めだまの　おおきい　にんぎょう。

めちゃくちゃ

とても　はげしく　こわれて　しまった　ようす。

かびんが　**めちゃくちゃ**に　われた。

めでたい

おいわいを　して　よろこぶような　うれしい　ようすで　ある。

おばさんが　けっこんして　**めでたい**。

メニュー《めにゅう》

りょうりの　なまえや　ねだんが　かいて　ある　もの。

メニュー《めにゅう》を　みて、たのむ　ものを　えらぶ。

めまい

めが　まわるような　かんじに　なる　こと。

めまいが　して、たって　いられない。

メモ《めも》

わすれないように　かいて　おく　こと。かいて　おいた　もの。

かう　ものを　かいた　**メモ**《めも》。

めん

ものの　そとがわに　ある　たいらな　ところ。

はこの　うえの　**めん**に、あかい　まるが　かいて　ある。

めんどう

するのに　じかんが　かかったり　して、いやだと　おもう　ようす。

あそんだ　あとの　あとかたづけが　**めんどう**だ。

めんぼう

ほそい　ぼうの　さきに　やわらかい　ものを　つけた　もの。

めんぼうを　つかって、みみの　そうじを　する。

も

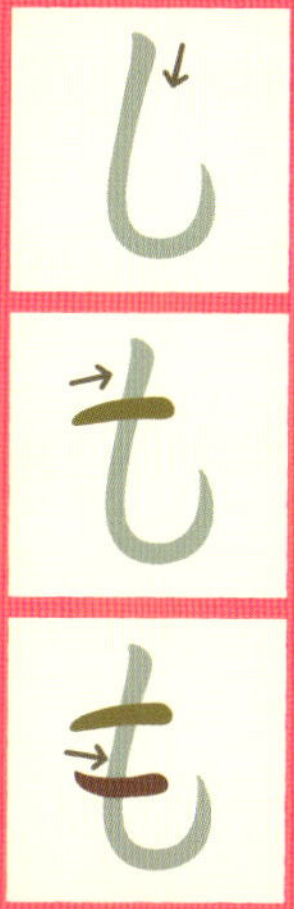

ひらがな

モ

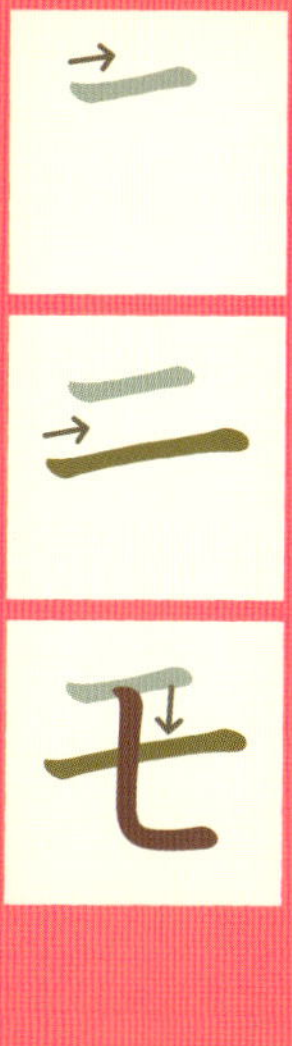

かたかな

もう

ある　ことを　する　じかんに　なって　いる　ようす。

もう　ねる　じかんよ。

もう

いままでの　ものに　たして。

もう　ひとつ　ほしい。

もうしわけない

あやまる　ときに　つかう　ことば。

やくそくの　じかんに　おくれて　**もうしわけない**。

もうすぐ

その　ときや　ばしょが　ちかい　ようす。

もうすぐ　はるだ。

もうふ

どうぶつの　けで　つくった　あつい　ぬの。

もうふを　かけて　ねる。

もえる

ひや　けむりが　でる。

きの　えだが　**もえる**。

もくじ

ほんの　どこに　なにが　かいて　あるか　わかるように　した　もの。

もくじを　みる。

もぐる

みずや　ものの　なかに　からだを　ぜんぶ　いれる。

うみに　**もぐる**。

もじ

ことばを　あらわす　ための　きごう。じ。

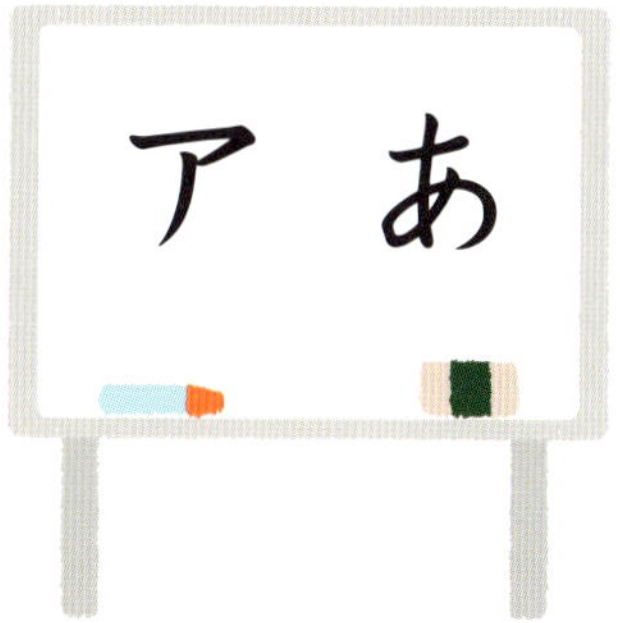

ひらがなや　かたかなは、にほんの　もじだ。

もしかしたら

ほんとうに　そうなのか　わからないが。

もしかしたら　さきに　いったのかも　しれない。

もしも

そう　なるかも　しれないと　おもった　ときに　つかう　ことば。

もしも　あめが　ふって　きたら、どう　しよう。

もち

むした　こめを　たたいて　つくった　たべもの。

もちを　やく。

もちあげる

てで　もって　うえに　あげる。

ソファー《そふぁあ》を　もちあげる。

もちつき

もちを　つくる　ために、むした　こめを　たたく　こと。

もちつきを　する。

もちろん

はっきり　きまって　いる　ようす。

パーティー《ぱあてぃい》には　もちろん　わたしも　いきます。

も

もつ

ゆびを つかって、ものが てから はなれないように する。

はしを **もつ**。

もつ

じぶんの ものに する。

いえを **もつ**。

もったいない

ものが たいせつに つかわれない ことが、おしい。

たべものを のこすなんて **もったいない**。

もっと

いまよりも たくさん。

もっと れんしゅうを つづけよう。

もっとも

ほかと くらべて いちばん。

もっとも すきな たべものは カレーライス《かれえらいす》だ。

もと

いまより まえの とき。

あの ひとは **もと**は バレリーナ《ばれりいな》だった。

もどす

もと あった ところに おく。

つかった おもちゃを はこに **もどす**。

もどる

もと あった ところに また くる。

なくした さいふが **もどる**。

もの

みたり さわったり できる ぜんぶを まとめて いう ことば。

たなには いろいろな ものが おいて ある。

ものおき

ふだん つかわない ものを しまって おく ところ。

くさを かる どうぐを ものおきに しまう。

ものおぼえ

たくさんの ことを おぼえて おく ちから。

おねえさんは、ものおぼえが よい。

ものがたり

ひとや どうぶつが いろいろな ことを する おはなし。

ものがたりを よんで もらう。

ものすごい

とても はげしい。

ものすごい あめが ふって きた。

モ《も》ノ《の》レ《れ》ー《え》ル《る》

いっぽんの せんろの うえを すすむ でんしゃ。

モ《も》ノ《の》レ《れ》ー《え》ル《る》に のる。

もみじ

はっぱが てのひらのような かたちの き。

もみじの はが あかく なった。

もむ

てや ゆびで おしたり つまんだり して、やわらかく する。

おばあさんの かたを もむ。

も

もやす

もえるように する。

いきおい よく **もやす**。

もよう

かざりと して つかう
いろや かたち。

ほしの **もよう**の ついた
ぼうし。

もらう

ひとが くれる ものを
じぶんの ものに する。

おこづかいを **もらう**。

もり

おおきな きが たくさん
はえて いる ところ。

もりの なかに
はいる。

森《もり》

もりつける

りょうりを いれものに
きれいに ならべる。

サラダ《さらだ》を さらに **もりつける**。

もれる

みずや くうきや ひかりが
すきまから でて くる。

みずが **もれる**。

もんく

いやだと おもうような とき、
ひとに むかって いう
ことば。

おとうとに **もんく**を いう。

もんだい

こたえを いわせる ための
しつもん。

もんだいに こたえる。

も

や

ひらがな

ヤ

かたかな

やきゅうせんしゅ

やくめ

っつける

やすみ

やかん

やわらかい

やきそば

やってくる

やかましい

ややこしい

やさしい

やおやさん

やかた

やくそく

やかた

おおきくて　りっぱな　いえ。

やかたに　すむ　おうじさま。

やかましい

いろいろな　おとや　こえが
きこえて　きて、いやな
ようすで　ある。

こうじの　おとが　やかましい。

やく

げきに　でる　ときに　する
やくめ。

ももたろうの　やく。

やく

ひを　つかって、もやしたり
たべられるように　したり
する。

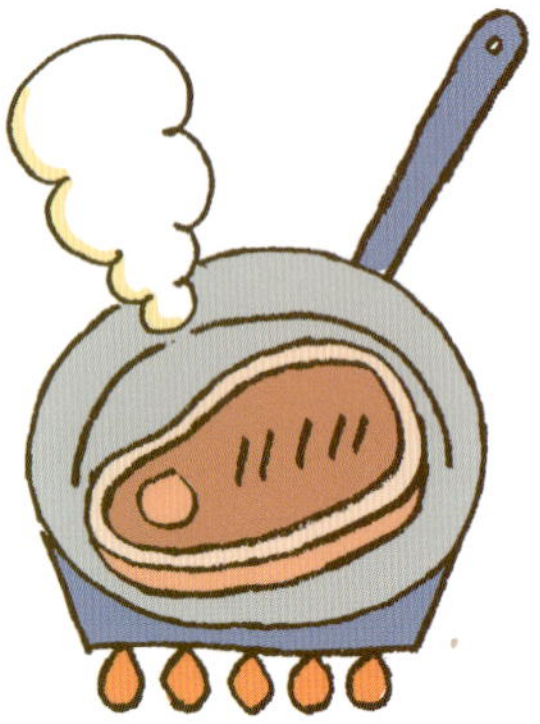

にくを　やく。

やくそく

かならず　すると　あいてに
いう　こと。

はやおきすると　やくそくする。

やくだつ

つかうと　とても　よい
ぐあいで　ある。

この　ひもは、ものを　しばる
ときに　やくだつ。

やくめ

ある　ひとが　すると
きまって　いる　こと。

ぼくの　やくめは、ふろの
そうじだ。

やけど

とても　あつい　ものに
さわった　とき、ひふが
あかく　はれて　いたく　なる
こと。

ゆびを　やけどする。

やける

もえる ひが あたって、たべられるように なる。

もちが やける。

やさい

☞410ページ《ぺえじ》

やさしい

かんたんに わかる ようすで ある。

りんごは いくつ
あるかな。

やさしい もんだい。

⇔むずかしい

やさしい

あいての きもちを よく かんがえ、あいての ために なる ことを する ようすで ある。

せんせいは とても やさしい。

やじるし

ほうこうが わかるように する しるし。

やじるしの ほうに すすむ。

やすい

かうのに おかねが たくさん いらない ようすだ。

やすい おかしを かう。

⇔たかい

やすみ

しごとを しない こと。

どうぶつえんは やすみだった。

やすむ

して いる ことを やめて、からだが つかれないように する。

ソファー《そふぁあ》で やすむ。

休《やす（む）》

やすむ

いく ことを やめる。

おねえさんが がっこうを やすむ。

や

やさい

たべる ために、はたけで つくる しょくぶつ。

かぶ
だいこん
ねぎ
キャベツ《きゃべつ》
ブロッコリー《ぶろっこりい》
はくさい
パセリ《ぱせり》
じゃがいも
potato
ポテイトウ
さつまいも
たけのこ
アスパラガス《あすぱらがす》
もやし
にんじん
carrot
キャロト
かぼちゃ
pumpkin
パン(プ)キン
なす
ほうれんそう
れんこん
トマト《とまと》
とうもろこし
セロリ《せろり》
たまねぎ
onion
アニョン
ごぼう
ピーマン《ぴいまん》
きゅうり
cucumber
キューカンバア
レタス《れたす》

や

やせる

からだが　ほそく　なる。

いっしょうけんめい　うんどうを　して　やせる。

⇔ふとる

やっつける

あいてが　まけるように　する。

わるものを　やっつける。

やってくる

こちらへ　ちかづいて　くる。

むこうから　やってくるのは、おとうさんだ。

やっと

ながい　じかんの　あとに。

やっと　なかに　はいる　ことが　できた。

やね

あめや　ゆきが　はいらないように、いえの　うえを　おおう　もの。

やねに　ねこが　いる。

やはり

おもって　いたように。やっぱり。

ともだちは　やはり　やすみだった。

やぶる

てで　かみや　ぬのを　きる。

ふるい　しんぶんしを　やぶる。

やぶれる

きれたり　あなが　あいたり　する。

ふくろが　やぶれる。

や

やま

じめんが あたりよりも とても たかく なって いる ところ。

やまの ちょうじょう。

山《やま》

やまびこ〔こだま〕

やまで おおきい こえで さけんだ とき、その こえが もどって くるように きこえる こと。

やまびこが きこえる。

やまみち

やまの なかに ある みち。

やまみちを のぼる。

やむ

つづいて いた ことが とまる。

ゆきが **やむ**。

やめる

して いた ことを しなく なる。

ゆうがたに なったので、すなばで あそぶのを **やめる**。

ややこしい

こまかい ことが おおくて わからない ようすで ある。

せつめいが **ややこしい**。

やわらかい

かたく なくて、かたちが すぐに かわる ようすで ある。

できたての **やわらかい** パン《ぱん》。

ゆうびんきょく
きがっせん
ゆうだち
ゆびわ
ゆでる
ゆうごはん
ゆるす
ゆうえんち

ゆ

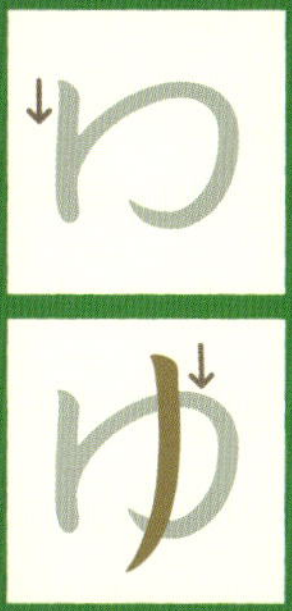

ひらがな

ユ

かたかな

ゆでたまご
ゆうしょう
ゆきだるま
ゆっくり
ゆれる
ゆたんぽ

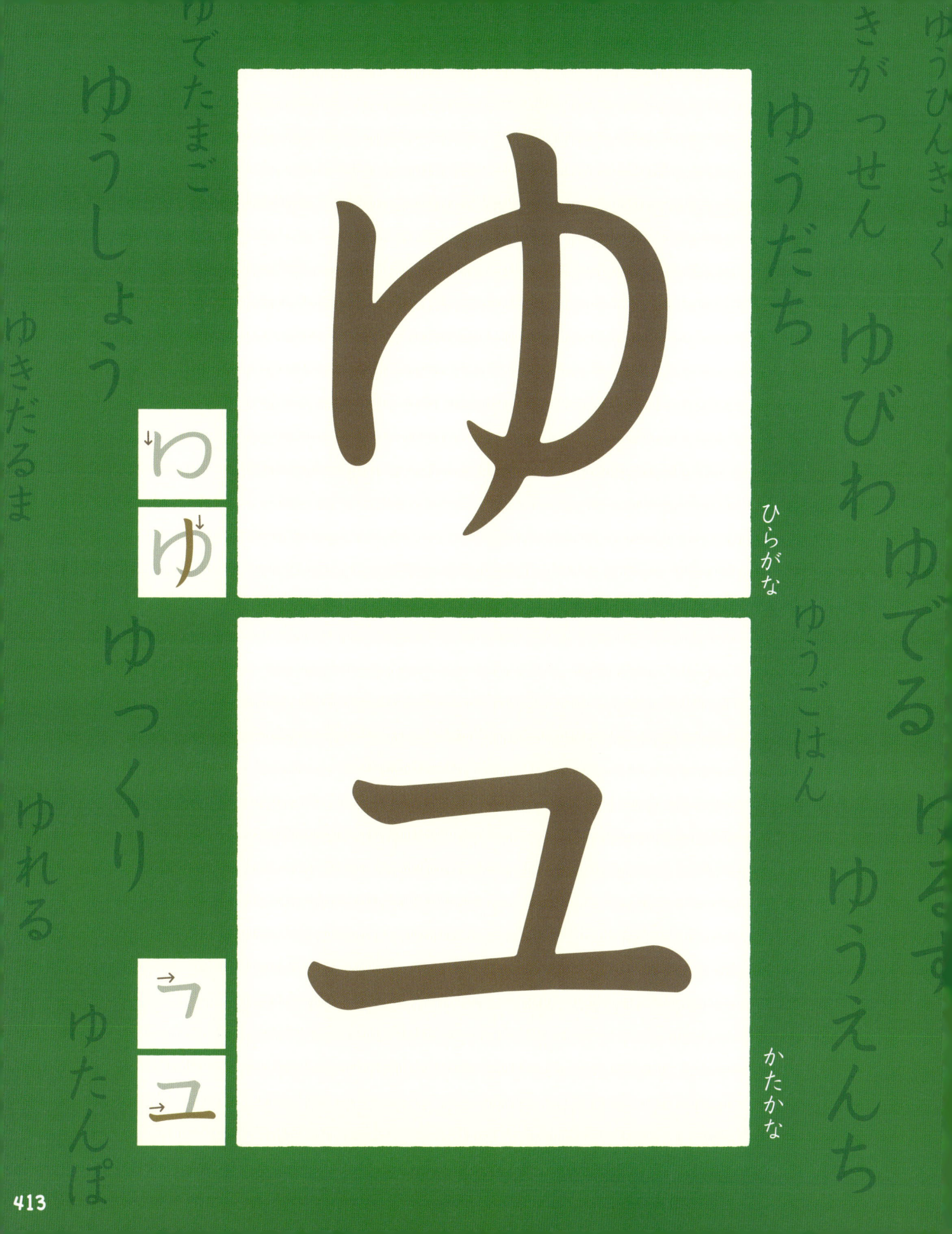

ゆ

あたたかい　みず。おゆ。

ゆを　いれる。

ゆうえんち

あそぶ　どうぐや　のりものが
たくさん　ある　ところ。

かぞくで　**ゆうえんち**に　いく。

ゆうがた

いちにちの　うちで、くらく
なる　ころ。

ゆうがた、いえに
かえる。

夕《ゆう》

ゆうき

こわがらないで　なにか
しようと　する　きもち。

ゆうきを　だして　プール《ぷうる》に
とびこむ。

ゆうしょう

ゲーム《げえむ》や　しあいで、いちばん
つよい　ことや　すばらしい
ことに　きまる　こと。

サッカー《さっかぁ》の　しあいで
ゆうしょうする。

ゆうだち

なつの　ゆうがたに　つよく
ふって　くる　あめ。

ゆうだちが　やむのを　まつ。

ゆうひ

ゆうがた　みえる　たいよう。

にしの　そらに　あかい
ゆうひが　みえる。

ゆうびん

ゆうびんきょくが　とどける
てがみや　にもつ。

しんせきの　おじさんから
ゆうびんが　とどいた。

ゆうびんきょく

てがみや　にもつを
あずかって　とどける
しごとを　する　ところ。

ゆうびんきょくで　きってを
かう。

ゆうべ

きのうの　よる。

ゆうべ　つよい　かぜが
ふいた。

ゆうやけ

ゆうがた、たいようの
ひかりで　にしの　そらが
あかく　なる　こと。

きれいな　**ゆうやけ**。

ゆうれい

しんだ　ひとが、いきて　いた
ときの　すがたで　あらわれた
もの。

ゆうれいが　でて　くる
おはなしは、こわい。

ゆか

いえの　なかで、いたを
しいて　ある　たいらな
ところ。

ゆかに　みずが　こぼれる。

ゆかい

とても　たのしくて
きもちいい　ようす。

ゆかいな　はなしを　きく。

ゆき

ふゆに　そらから　ふって
くる、しろくて　つめたい
もの。

ゆきが　つもる。

ゆきあそび

ゆきを　つかって　する
あそび。

ひろばで　**ゆきあそび**を　する。

ゆ

ゆきがっせん

ゆきを　まるめた　ものを
あいてに　ぶつける　あそび。

ともだちと　**ゆきがっせん**を
する。

ゆきぐに

ゆきが　たくさん　ふる
ところ。

おかあさんは、**ゆきぐに**で
うまれた。

ゆきだるま

まるく　かためた　ゆきを
ふたつ　かさねて　つくった
にんぎょう。

ゆきだるまに　ぼうしを
かぶせる。

ゆげ

ゆを　わかすと　でて　くる、
けむりのような　もの。

なべから　**ゆげ**が　でて　いる。

ゆずる

じぶんの　ものを　ひとに
あげる。

おもちゃを　おとうとに
ゆずる。

ゆだん

だいじょうぶだと　おもって、
ちゅういを　しようと　しない
こと。

ゆだんを　して、しあいに
まけて　しまった。

ゆたんぽ

あつい　ゆを　いれて、
ふとんの　なかに　おき、
からだを　あたためる　どうぐ。

ゆたんぽに　ゆを　いれる。

ゆっくり

いそがない　ようす。

ゆっくり　たちあがる。

ゆでる

あつい　ゆの　なかに　いれて　にる。

やさいを　**ゆでる**。

ユ《ゆ》ニ《に》ホ《ほ》ー《う》ム《む》

うんどうする　なかまが　きる　おなじ　かたちの　ふく。

やきゅうの　**ユ《ゆ》ニ《に》ホ《ほ》ー《う》ム《む》**。

ゆびきり

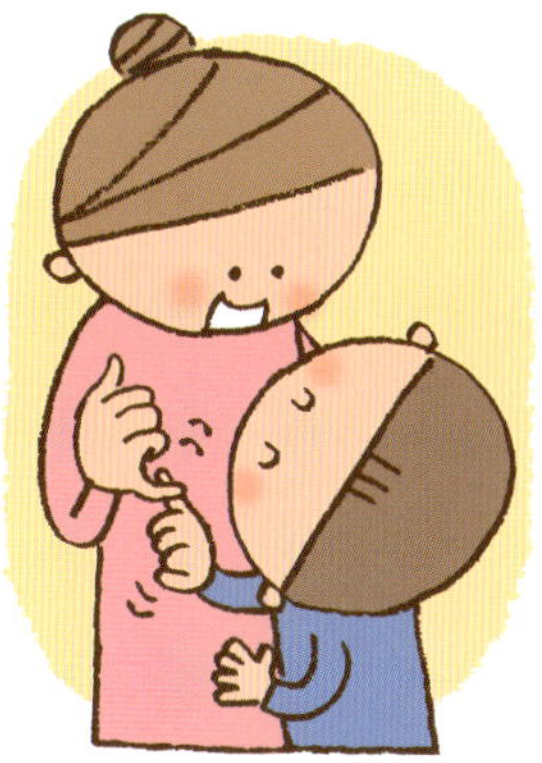

やくそくを　する　ときに、あいての　こゆびと　じぶんの　こゆびを　つなぐ　こと。

おかあさんと　**ゆびきり**を　する。

ゆびさす

しらせようと　する　ものの　ほうに、ての　ゆびを　むける。

たべたい　ケ《け》ー《え》キ《き》を　**ゆびさす**。

ゆびわ

ゆびに　はめて　かざりに　する　わ。

おねえさんは、いつも　きれいな　**ゆびわ**を　して　いる。

ゆめ

ねむって　いる　あいだに　あたまの　なかで　みる、ほんとうの　ような　できごと。

おひめさまに　なった　**ゆめ**を　みた。

ゆるす

いたずらや　しっぱいを　しても　しからない。

おにいさんが　おもちゃを　こわした　おとうとを　**ゆるす**。

ゆれる

ゆっくり　うごく。

かぜで　きのはが　**ゆれる**。

よ

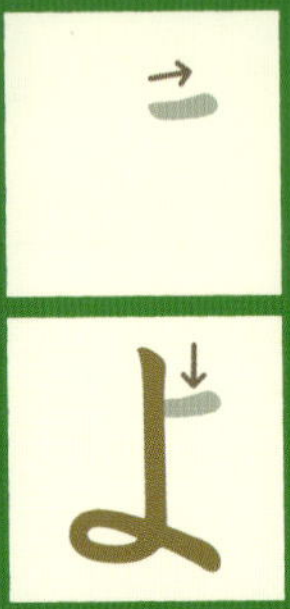

ひらがな

ヨ

かたかな

ヨーグルト

よなか

じのぼる

ようび

よそう

よこたわる

ようふく

よりかかる

よりみち

ようちえん

よくばる

よくじつ

ようす

よい〔いい〕

ほかと　くらべて　りっぱな　ようすで　ある。

よい　しなものを　えらぶ。

↕**わるい**

よい〔いい〕

ぴったりと　あう　ようすで　ある。

ちょうど　**よい**　おおきさだ。

ようい

なにかを　する　ために、ものを　あつめたり　つくったり　する　こと。

パーティー《ぱぁてぃい》の　**ようい**を　する。

ヨーグルト《ようぐると》

ぎゅうにゅうで　つくった　すっぱい　あじの　やわらかい　たべもの。

あさ、**ヨーグルト**《ようぐると》を　たべる。

ようじ

しなければ　いけない　こと。

ようじが　たくさん　あって　いそがしい。

ようす

みて　わかるような　かんじ。

きんぎょは　げんきな　**ようす**だ。

ようちえん

しょうがっこうに　はいる　まえの　こどもが　かよって、いろいろな　ことを　おそわる　ところ。

ようちえんの　せんせい。

ようちゅう

たまごから　でた　あとの　むし。

はっぱの　うえに　**ようちゅう**が　いる。

ようび

いっしゅうかんの　それぞれの
ひを　よぶ　ことば。

カレンダー《かれんだあ》で　**ようび**を
たしかめる。

☞**いっしゅうかん**　44ページ《ぺえじ》

ようふく

ズボン《ずぼん》、スカート《すかあと》、
シャツ《しゃつ》のような　ふく。

ようふくを　うる　みせ。

ようやく

ながく　つづいた　あとに。

あめが　**ようやく**　やんだ。

よく

じゅうぶんに。

しょくじの　まえに　てを
よく　あらう。

よく

おなじ　ことを　くりかえす
ようす。

となりの　いぬは　**よく**
ほえる。

よくじつ

つぎの　ひ。

えんそくの　**よくじつ**は
あめだった。

よくばる

ほかの　ひとより　おおく
とろうと　する。

そんなに　**よくばる**と、ほかの
ひとの　ぶんが　なくなるよ。

よける

ぶつからないように　からだを
うごかす。

ボール《ぼうる》を　**よける**。

よ

よこ

みぎと ひだりを つなぐ ほうこう。

かみの よこの ながさを はかる。

⇔たて

よこぎる

みちを よこの ほうこうに とおりすぎる。

ねこが みちを よこぎる。

よごす

きたなく する。

ふくを よごす。

よこたわる

からだを よこに して じっと して いる。

ベッド《べっど》に よこたわる。

よごれ

きたなく なって いる こと。

くつの よごれを きれいに する。

よごれる

きたなく なる。

ハンカチ《はんかち》が よごれる。

よじのぼる

なにかに つかまりながら のぼる。

ぼうを よじのぼる。

よせる

なにかの ちかくまで うごかす。

まどの そばに つくえを よせる。

よそ

ほかの　ところ。

きょうは　うちでは　なく、
よそへ　いって　あそぼう。

よそう

どう　なるかと　かんがえる
こと。

どちらが　かつか、**よそう**する。

よそみ

みて　いなければ　いけない
ところを　みないで、べつの
ところを　みる　こと。

よそみを　しながら　あるいて、
ひとに　ぶつかった。

よぞら

よるの　そら。

よぞらに　たくさんの　ほしが
ひかって　いる。

よだれ

くちの　なかから　でて　くる
つば。

よだれが　でて　いる。

よてい

どう　するかを　まえから
きめて　おく　こと。

8《はち》じに　しゅっぱつする
よていです。

よなか

よるの　おそい　じかん。

よなかの　まちは　しずかだ。

よぶ

あいてに　おおきな　こえで　いう。

そとに　いる　いもうとを　**よぶ**。

よぶ

じぶんの　ところに　きて　もらう。

ともだちを　いえに　**よぶ**。

よぶ

なまえを　つける。

うまれた　いぬを　タロ《たろ》と　**よぶ**　ことに　した。

よぶん

あまって　いる　もの。

この　さらは　**よぶん**だ。

よむ

もじを　みて、かいて　ある　ことを　しる。

てがみを　**よむ**。

よやく

まえから　やくそくして　おく　こと。

レストラン《れすとらん》を　**よやく**する。

よりかかる

からだを　ほかの　ものに　つけて、ささえる。

へいに　**よりかかる**。

よりみち

きめた　ところに　つく　まえに、ほかの　ばしょへ　いく　こと。

えきへ　いく　とちゅう、ほんやさんに　**よりみち**する。

よる

そらに　たいようが　みえなく
なった、あたりが　くらい
じかん。

よる、おまつりに　いく。

よる

ちかくに　いく。なにかの
ちかくまで　うごく。

へやの　すみに　よる。

よる

とちゅうで　べつの　ばしょに
いく。

かいものの　かえりに
ともだちの　いえに　よる。

よろこぶ

うれしい　きもちに　なる。

おみやげを　みて　よろこぶ。

↕ かなしむ

よろしい

そう　しても　よいと　いう
ときの　ていねいな　いいかた。

ここに　すわっても
よろしいですか。

よわい

ちからが　すくない。
たたかうと　まける　ようすだ。

よわい　チーム《ちいむ》。

↕ つよい

よわむし

すぐに　こわがったり
ないたり　する　ひと。

おとうとは　よわむしだ。

よわる

どう　したら　よいか
わからないで　こまる。

にもつが　おもくて　よわる。

ら

ひらがな

ラ

かたかな

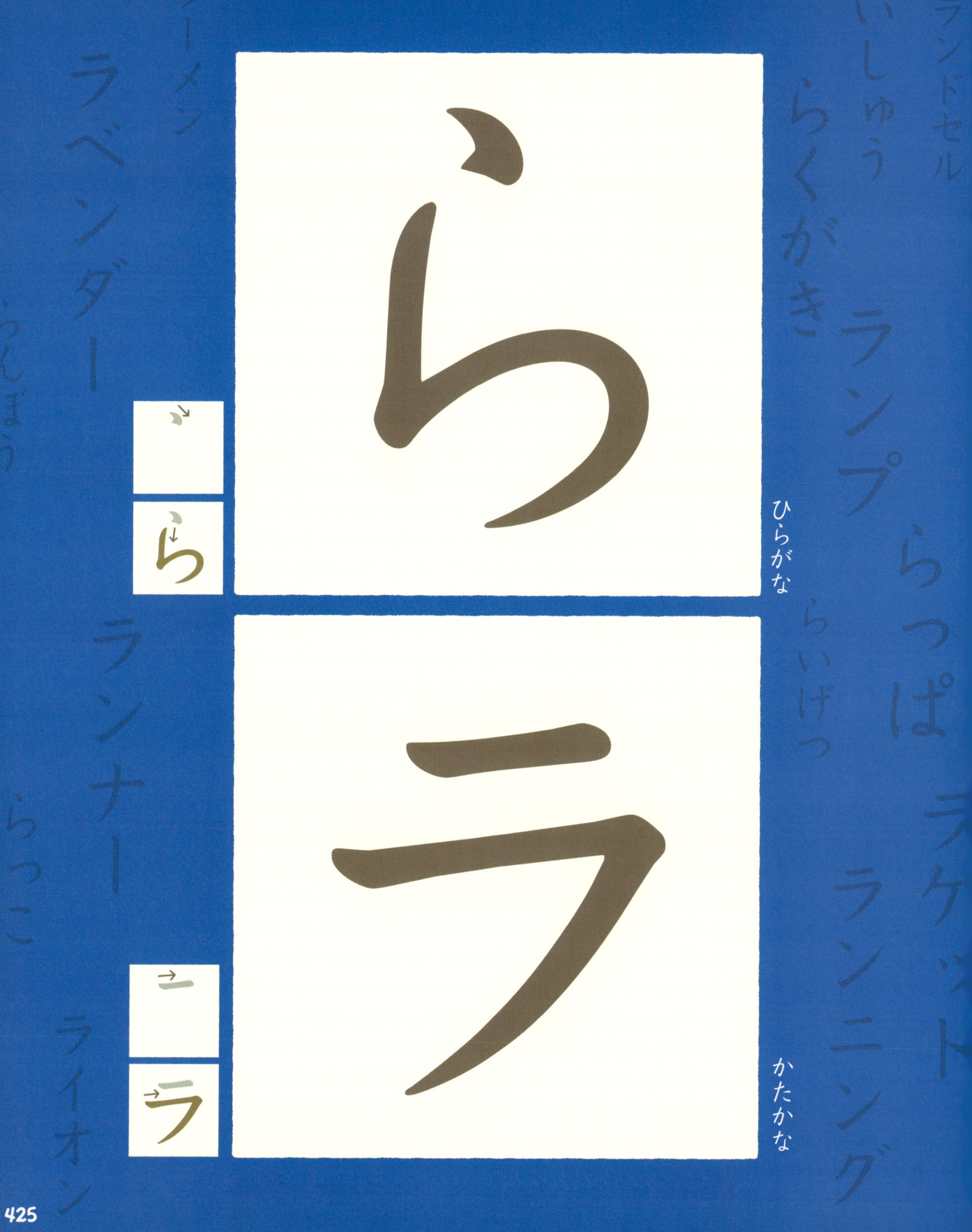

ランドセル
いしゅう
らくがき
ランプ
らっぱ
らいげつ
ラケット
ランニング
ーメン
ラベンダー
らんぼう
ランナー
らっこ
ライオン

ライオン《らいおん》

どうぶつの　おうさまと　いわれる、とても　つよい　どうぶつ。

どうぶつえんで　ライオン《らいおん》を　みる。

ライト《らいと》

よく　みえるように　あかるく　する　もの。

じどうしゃの　ライト《らいと》が　まぶしい。

らいねん

ことしの　つぎの　とし。

わたしは　らいねん　しょうがっこうに　はいる。

らく

くるしい　ことが　なく、かんたんで　ある　ようす。

この　やまは、のぼるのが　らくだ。

らくがき

へいや　かべに、じや　えを　かく　いたずら。

へいの　らくがきを　けす。

ラケット《らけっと》

テニス《てにす》や　たっきゅうの　ボール《ぼうる》を　うつ　どうぐ。

ラケット《らけっと》を　ふる。

ラジオ《らじお》

ほうそうを　きかせる　きかい。

ラジオ《らじお》で　おんがくを　きく。

らっこ

きたの　うみに　すむ　どうぶつ。おなかの　うえに　おいた　いしに、かいを　ぶつけて　わる。

らっこが　かいを　わる。

らっぱ

くちで　ふいて、おとを　だす　がっき。

おもちゃの　らっぱ。

ラップ《らっぷ》

たべものを　つつむ　ために　つかう、うすい　すきとおった　もの。

やさいを　ラップ《らっぷ》で　つつむ。

ランドセル《らんどせる》

しょうがっこうに　かよう　こどもが　せおう　バッグ《ばっぐ》。

あかい　ランドセル《らんどせる》。

ランナー《らんなあ》

はしる　ひと。

マラソン《まらそん》の　ランナー《らんなあ》。

ランニング《らんにんぐ》

はしる　こと。

いけの　まわりで　ランニング《らんにんぐ》を　する。

ランプ《らんぷ》

あかりと　して　つかう　どうぐ。

ランプ《らんぷ》を　おく。

らんぼう

あばれたり、たたいたり　する　ようす。

らんぼうな　ことを　しては　いけない。

リュックサック
りっぱ
りゆう
ビングルーム
りこう
りょうきん
りょうし
りょうほう

り

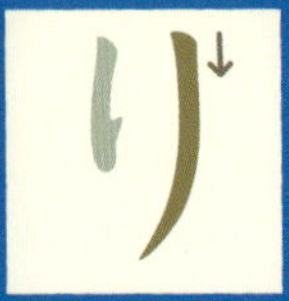

ひらがな

リ

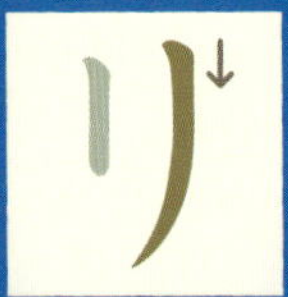

かたかな

リボン
りょうり
リモコン
りょこう
りりく
りんご

りく

ちきゅうで、うみでは　ない、つちの　ある　ところ。

ふねが　りくに　ちかづく。

りこう

いろいろな　ことが　よく　わかって　いる　ようす。

この　ねこは　りこうだ。

りっぱ

とても　すばらしい　ようす。

りっぱな　しろ。

リビングルーム《りびんぐるうむ》

いま　47ページ《ぺえじ》

リボン《りぼん》

ものや　あたまの　けを　むすぶ　ときに　つかう、きれいな　ほそながい　ぬの。

プレゼント《ぷれぜんと》を　リボン《りぼん》で　むすぶ。

リモコン《りもこん》

はなれた　ところの　きかいを　うごかす　ための　どうぐ。

リモコン《りもこん》で　テレビ《てれび》を　つける。

りゆう

そう　なった　わけ。

おくれた　りゆうを　はなす。

りゅう〔たつ〕

おおきな　へびのような　かたちで、そらを　とぶ　ことが　できる、そうぞうの　いきもの。

りゅうが　そらを　とぶ。

リュックサック《りゅっくさっく》

ものを　はこぶ　ために　せおう　バッグ《ばっぐ》。

リュックサック《りゅっくさっく》に　たべものを　いれる。

りょう

おおいか　すくないかを
あらわす　ことば。

ごはんの　**りょう**が　おおい。

りょうきん

ものを　つかった　ときに
はらう　おかね。

ちゅうしゃじょうの　**りょうきん**を　はらう。

りょうし

さかなや　かいを　とる
しごとを　して　いる　ひと。

ぼくの　おじさんは、**りょうし**だ。

りょうし

とりや　どうぶつを　とる
しごとを　して　いる　ひと。

りょうしが　くまを　ねらう。

りょうほう

ふたつ　ある　ものの
どちらも。

ケーキ《けえき》も　プリン《ぷりん》も
りょうほう　すきだ。

りょうり

☞431ページ《ぺえじ》

りょこう〔たび〕

いえから　はなれた　ところへ
いって、あちこち
けんぶつする　こと。

しんかんせんに　のって
りょこうする。

りりく

じめんから　はなれて　そらに
あがる　こと。

ひこうきが　**りりく**する。

⇕**ちゃくりく**

リレー《りれえ》

なんにんかの　せんしゅが
くみに　なって、つぎつぎ
はしる　きょうそう。

リレー《りれえ》を　おうえんする。

りょうり

つくった たべもの。
たべる ものを
つくる こと。

ラーメン《らあめん》　やきそば　そば　うどん

オムライス《おむらいす》　おにぎり〔おむすび〕　スパゲッティ《すぱげってぃ》

たまごやき　オムレツ《おむれつ》　みそしる　カレーライス《かれえらいす》

フライドポテト《ふらいどぽてと》　めだまやき　サンドイッチ《さんどいっち》　ホットドッグ《ほっとどっぐ》

たこやき　ハンバーガー《はんばあがあ》　ピザ《ぴざ》　すし

おこのみやき　ぎょうざ　てんぷら

コロッケ《ころっけ》　ハンバーグ《はんばあぐ》　とんカツ《かつ》　サラダ《さらだ》

る

ひらがな

ル

かたかな

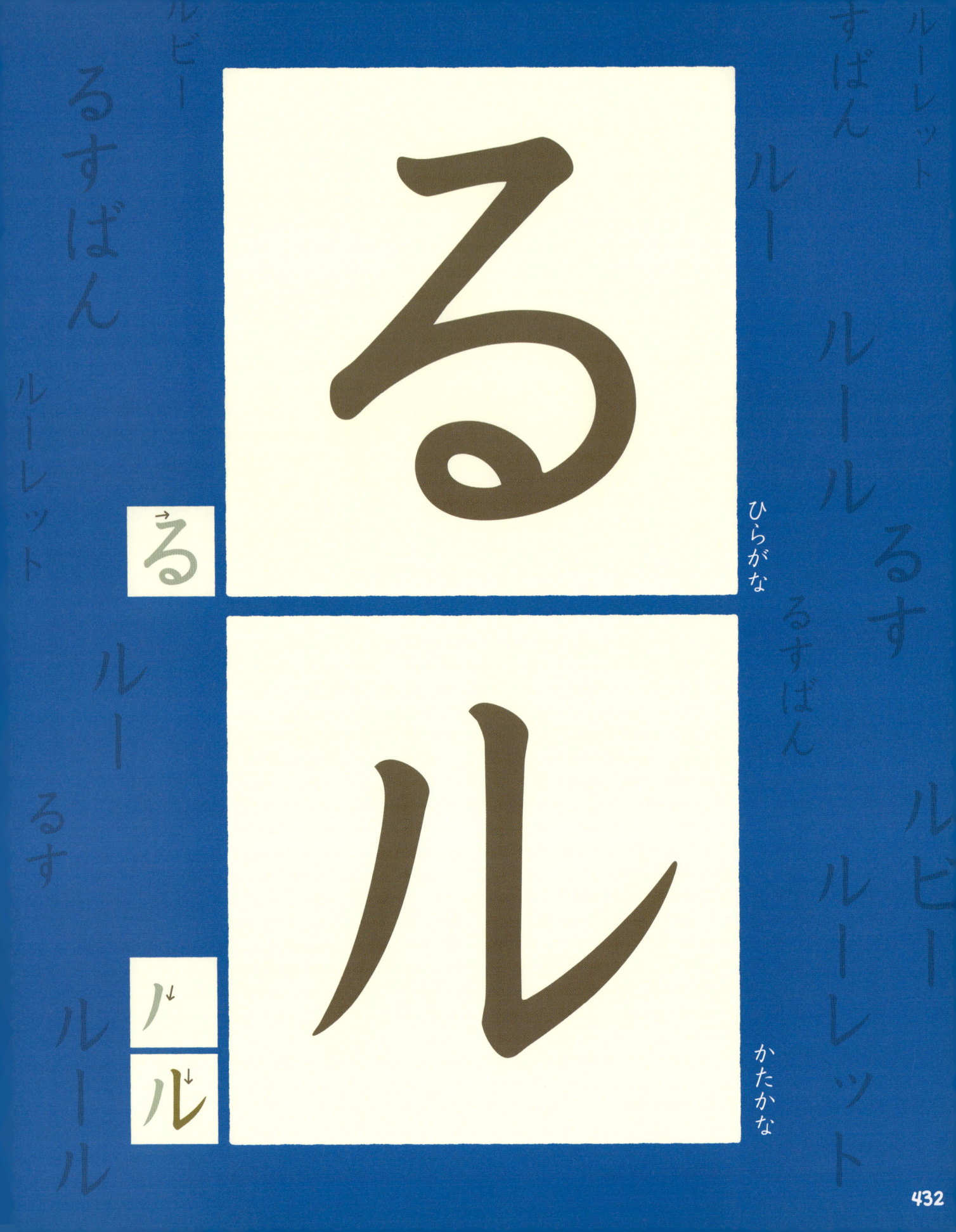

ルー《るう》

カレーライス《かれえらいす》や シチュー《しちゅう》の しるを つくる ときに、つかう もの。

ルー《るう》を いれる。

ルーレット《るうれっと》

すうじが かいて ある まるい いたを まわし、どの すうじに とまるか あてる ゲーム《げえむ》。

おもちゃの ルーレット《るうれっと》。

ルール《るうる》

きめた やくそく。

ルール《るうる》を まもって しあいを する。

るす

そとに でかけて、いえに いない こと。

ともだちの いえに いったら **るす**だった。

るすばん

いえの ひとが でかけて いる とき、のこって いえを まもって いる こと。

おねえさんと るすばんを する。

ルビー《るびい》

あかい いろの ほうせき。

おばさんが ルビー《るびい》の ゆびわを して いる。

る

レインコート
んしゅう
れいぼう
レース
レジ
れっしゃ
レギュラー
れんこん

レストラン
れいぞうこ
レシート
れんが
レモン
レタス

れ

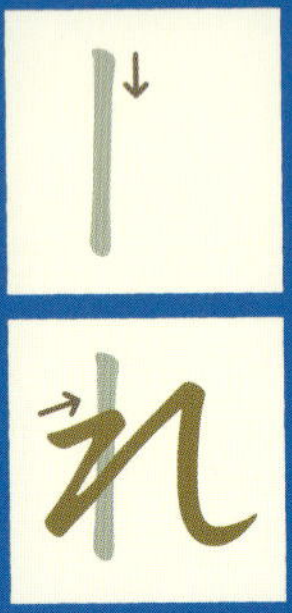

ひらがな

レ

かたかな

れい

☞おれい 86ページ《ぺえじ》

れいぞうこ

たべものや　のみものを　いれて　つめたく　して　おく　ための　きかい。

れいぞうこから　ジュース《じゅうす》を　だして　のむ。

れいとう

たべものを　こおらせる　こと。

にくを　れいとうする。

れいぼう

へやの　なかを　すずしく　する　きかい。

れいぼうの　スイッチ《すいっち》を　おす。

↕だんぼう

レインコート《れいんこうと》

あめに　ぬれないように　ふくの　うえに　きる　もの。

レインコート《れいんこうと》を　きて　でかける。

レース《れえす》

はやさを　きめる　きょうそう。

マラソン《まらそん》の　レース《れえす》。

レース《れえす》

いとを　あんで　つくった　すきとおって　みえるような　もようの　ぬの。

レース《れえす》の　カーテン《かあてん》。

レギュラー《れぎゅらあ》

しあいに、いつも　でる　ことが　きまって　いる　せんしゅ。

おにいさんは　やきゅうの　チーム《ちいむ》の　レギュラー《れぎゅらあ》だ。

レジ《れじ》

おみせで、ねだんを　けいさんする　きかい。

レジ《れじ》で　けいさんする。

レシート《れしいと》

おみせの　ひとが、おかねを　うけとった　ときに　きゃくに　わたす　かみ。

きゃくに　おつりと　レシート《れしいと》を　わたす。

レストラン《れすとらん》

いろいろな　りょうりを　たべさせる　おみせ。

ちかくの　レストラン《れすとらん》へ　いく。

れつ

ながく　ならんだ　もの。

おみせの　まえに　れつが　できて　いる。

れっしゃ

しゃりょうが　つながって　せんろを　すすむ　のりもの。

れっしゃが　えきに　つく。

れんが

ねんどを　やいて　かたく　した　もの。かべや　へいを　つくる　ときに　つかう。

れんがで　つくった　いえ。

れんげ〔れんげそう〕

はるに、あかと　むらさきを　まぜたような　いろの　はなが　さく　しょくぶつ。

れんげが　さいて　いる。

れんしゅう

じょうずに　なる　ために　くりかえす　こと。

うたの　れんしゅうを　する。

ろ

ひらがな

ロ

かたかな

ろめんでんしゃ　ロードローラー　ろくおん　ろせん　ロープ　ロボット　ロープウェイ　ろうそく

ろくがつ　ロケット　ろうか　ろうそく　ろく　ろめんでんしゃ

ろうか

いえや たてものの なかの、 へやと へやを つなぐ みち。

ながい ろうか。

ろうそく

ひを つけて、 あかりと して つかう もの。

ろうそくに ひを つける。

ロープ《ろうぷ》

つよい いとや はりがねで つくった なわ。

ボート《ぼうと》を ロープ《ろうぷ》で つなぐ。

ロープウェイ《ろうぷうぇい》

ロープ《ろうぷ》に ぶらさがって、 ひとや にもつを はこぶ のりもの。

ロープウェイ《ろうぷうぇい》に のって やまの うえまで いく。

ろくおん

きかいを つかって、 おとを あとで きく ことが できるように する こと。

せんせいの はなしを ろくおんする。

ロケット《ろけっと》

うちゅうに とんで いく のりもの。

ロケット《ろけっと》が つきへ いく。

ろせん

バス《ばす》や でんしゃが とおって いる、 きめられた どうろや せんろ。

ろせんバス《ばす》に のる。

ロボット《ろぼっと》

でんきの ちからで、 ひとと おなじように うごく きかい。

ロボット《ろぼっと》が かいだんを のぼる。

わ

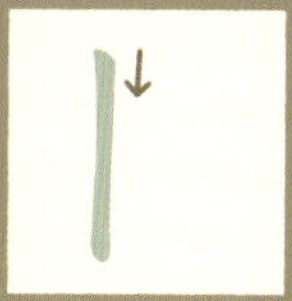

ひらがな

ワ

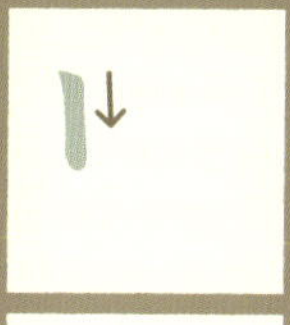

かたかな

わ

とりや うさぎの かずに つける ことば。

からすが 2《に》**わ** とんで いる。

わ

まんなかが あいて いる まるい かたち。

わに なって おどる。

わかい

としが すくない。

わかい おとこの ひと。

わかす

みずを あたためて あつく する。

やかんで ゆを **わかす**。

わがまま

ひとの ことを かんがえないで、じぶんが したいように する ようす。

わがままな ことを いっては いけないよ。

わかめ

うみで とれる、ちゃいろの かいそう。ゆでると みどりいろに なる。

わかめが はいった みそしる。

わかもの

としが すくない ひと。

わかものが あつまる おみせ。

わかる

ただしく しる ことが できる。

こたえが **わかる**。

わかる

ほんとうの　ことを　しる
ことが　できる。

だれの　かさか　わかる。

わかれる

ひとつの　ものが　はなれる。

みちが　わかれる。

わかれる

いっしょに　いた　ひとが
はなれる。

こうえんの　まえで
おねえさんと　わかれる。

わく

みずが　あつく　なる。

ポット《ぽっと》の　ゆが　わく。

わけ

どうして　そう　なったのかと
いう　こと。

ふくが　やぶれた　わけを
はなす。

わける

ひとつの　ものを　いくつかに
する。

ピザ《ぴざ》を　みんなで　わける。

わゴム《ごむ》

わの　かたちに　なって　いる
ほそい　ゴム《ごむ》。

かみの　ふくろを　わゴム《ごむ》で
とめる。

わざ

なにかを　じょうずに　する
ちから。

すもうの　わざを　おしえて
もらう。

わ

わざと

しなくても いいのに する ようす。

わざと ゆっくり おいかける。

わさび

ねっこを りょうりに つかう しょくぶつ。ねっこは とても からい。

わさびを つけて たべる。

わざわざ

ふつうは しない ことを とくべつに する ようす。

おばさんが **わざわざ** くるまで きて くれた。

わしつ

たたみが しいて ある へや。

おばあさんの へやは **わしつ**だ。

わすれもの

どこかに おいて きて しまった もの。

わすれものを とりに いえに もどる。

わすれる

おぼえて いた ことを おもいだせなく なる。

でんわの ばんごうを **わすれる**。

わすれる

かんがえないで いる。

あそびに むちゅうで、へやに もどるのを **わすれる**。

わたし

じぶんの ことを いう ときに つかう ことば。

これは **わたし**の ほんだ。

わたす

じぶんの　てに　ある　ものを、あいての　てに　うつす。

かかりの　ひとに　きっぷを　**わたす**。

わたる

ものの　うえを　とおって　むこうへ　いく。

おうだんほどうを　**わたる**。

わらう

おかしかったり　うれしかったり　して、こえを　だす。

まんがを　よんで　**わらう**。

わりばし

たべる　ときに　ふたつに　わって　つかう　はし。

わりばしを　つかって　そばを　たべる。

わる

ちからを　くわえて、かたい　ものを　わける。

いたを　**わる**。

わるい

よく　ない。ただしく　ない。

いじわるを　するのは　**わるい**　ことだ。

⇔よい

わるもの

わるい　ことを　する　ひと。

わるものを　つかまえる。

われる

おとしたり　ぶつかったり　して、ものが　わかれる。

さらが　**われる**。

にもつをもつ。
うたをうたう
えをかく。

を

ひらがな

ヲ

かたかな

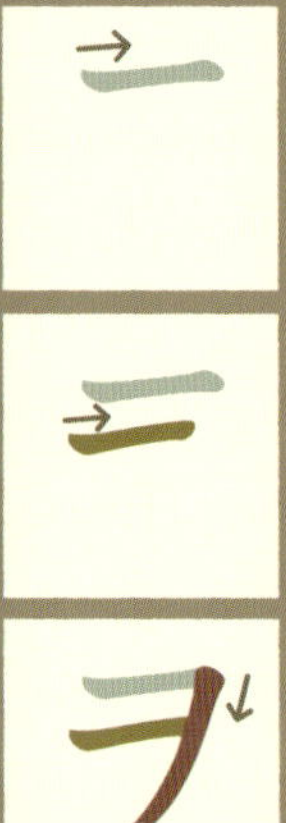

てをあげる。
やさいをきる。
かいだんをのぼる。

「を」から　はじまる　ことばは　ありません。ぶんの　とちゅうで　つかいます。

かいだんを　のぼる。
にもつを　もつ。
うたを　うたう。
てを　あげる。
やさいを　きる。
えを　かく。

ん

ひらがな

ン

かたかな

サンドイッチ
えほん
ライオン
でんわ
えんぴつ
メロン
かんばん
ハンカチ

「ん」から　はじまる　ことばは　ありません。

てんや　まるが　つく　もじ

ひらがなや　かたかなに、
てん「゛」や　まる「゜」を
つけて、ちがう　よみかたを
する　もじが　あります。

かご

ぎざぎざ

ぼく

がぎぐげご
ざじずぜぞ
だぢづでど
ばびぶべぼ
ぱぴぷぺぽ

でこぼこ

プレゼント《ぷれぜんと》

ピエロ《ぴえろ》

おうちのかたへ

ここで取り上げた濁音・半濁音・拗促音は、幼児が言葉を学ぶ際につまずきやすいところです。はじめは、身の回りにある物の名前をおうちの方といっしょに読むなどして徐々に慣れていくようご指導ください。

ちいさく　かく　もじ

ひらがなや　かたかなに、
ちいさく　かく　もじが　つくと、
ちがう　よみかたに　なります。

きゅうきゅうしゃ

びょういん

しゃしん

や　ゆ　よ

きゃ　きゅ　きょ
しゃ　しゅ　しょ
ちゃ　ちゅ　ちょ
にゃ　にゅ　にょ
ひゃ　ひゅ　ひょ
みゃ　みゅ　みょ
りゃ　りゅ　りょ
ぎゃ　ぎゅ　ぎょ
じゃ　じゅ　じょ
ぢゃ　ぢゅ　ぢょ
びゃ　びゅ　びょ
ぴゃ　ぴゅ　ぴょ

つ

らっこ

スイッチ《すいっち》

ゆっくり …… 416
ゆでたまご …… 239
ゆでる …… 417
ユニホーム …… 417
ゆび …… 🌐115
ゆびきり …… 417
ゆびさす …… 417
ゆびわ …… 417
ゆめ …… 417
ゆり …… 328
ゆるす …… 417
ゆれる …… 417

よ ヨ

よい …… 419
ようい …… 419
ようか …… 45
ヨーグルト …… 419
ようじ …… 419
ようす …… 419
ようちえん …… 419
ようちゅう …… 419
ようなし …… 139
ようび …… 420
ようふく …… 420
ようやく …… 420
ヨーヨー …… 20
よく …… 420
よくじつ …… 420
よくばる …… 420
よける …… 420
よこ …… 421・36・37
よこぎる …… 421
よごす …… 421
よこたわる …… 421
よごれ …… 421
よごれる …… 421
よじのぼる …… 421
よせる …… 421
よそ …… 422
よそう …… 422
よそみ …… 422
よぞら …… 422
よだれ …… 422・115
よっか …… 44
よっつ …… 100
ヨット …… 314
よてい …… 422
よなか …… 422・38
よぶ …… 423
よぶん …… 423
よむ …… 423
よやく …… 423
よりかかる …… 423
よりみち …… 423
よる〈夜〉 …… 424・🌐39
よる〈寄る〉 …… 424
よろこぶ …… 424
よろしい …… 424
よわい …… 424
よわむし …… 424
よわる …… 424
よん→し〈4〉 …… 100

ら ラ

ラーメン …… 431
ライオン …… 426・277・447
らいげつ …… 41
らいしゅう …… 44
ライト …… 426
らいねん …… 426・41
らく …… 426
らくがき …… 426
らくだ …… 276
ラケット …… 426・214
ラジオ …… 426
らっこ …… 427・277
らっぱ …… 427・105
ラップ …… 427
ラベンダー …… 328
ランドセル …… 427
ランナー …… 427
ランニング …… 427
ランプ …… 427
らんぼう …… 427

り リ

りく …… 429
りこう …… 429
りす …… 277
りっぱ …… 429
リビングルーム→いま 47・31
リボン …… 429
リモコン …… 429
りゆう …… 429
りゅう …… 429
リュックサック …… 429
りょう …… 430
りょうきん …… 430
りょうし〈漁師〉 …… 430
りょうし〈猟師〉 …… 430
りょうほう …… 430
りょうり …… 431
りょこう …… 430
りりく …… 430
リレー …… 430
りんご …… 🌐139
リンリン …… 76

る ル

ルー …… 433
ルール …… 433
ルーレット …… 433
るす …… 433
るすばん …… 433
ルビー …… 433

れ レ

れい→おれい …… 86
れい〈0〉 …… 🌐100
れいぞうこ …… 435・230
れいとう …… 435
れいぼう …… 435
レインコート …… 435・351
レース《競走》 …… 435
レース《布》 …… 435
レギュラー …… 435
レジ …… 435
レシート …… 436
レストラン …… 436・378
レタス …… 410
れつ …… 436
れっしゃ …… 436
レモン …… 139
れんが …… 436
れんげ …… 436
れんげそう→れんげ …… 436
れんこん …… 410
レンジ→でんしレンジ …… 230
れんしゅう …… 436

ろ ロ

ろうか …… 438
ろうそく …… 438
ロードローラー …… 185
ロープ …… 438
ロープウェイ …… 438・315
ろく〈6〉 …… 🌐101
ろくおん …… 438
ろくがつ …… 🌐40
ロケット …… 438
ろせん …… 438
ロボット …… 438
ろめんでんしゃ …… 314

わ ワ

わ〈羽〉 …… 440
わ〈輪〉 …… 440
ワイ〈Y〉 …… 27
わかい …… 440
わかす …… 440
わがまま …… 440
わかめ …… 440
わかもの …… 440
わかる …… 440・441
わかれる〈分かれる〉 …… 441
わかれる〈別れる〉 …… 441
わく …… 441
わけ …… 441
わける …… 441
わゴム …… 441
わざ …… 441
わざと …… 442
わさび …… 442
わざわざ …… 442
わし …… 🌐285
わしつ …… 442
わすれもの …… 442
わすれる …… 442
わたあめ …… 69
わだいこ …… 105
わたし …… 442・🌐102
わたす …… 443
わたる …… 443
わなげ …… 20
わに …… 277
わらう …… 443
わりばし …… 443
わる …… 443
わるい …… 443
わるもの …… 443
われる …… 443
ワンピース …… 351

＊さくいんは、463 ページから　はじまります。

まんいん … 384
まんが … 385
まんげつ … 385
マンゴー … 139
まんじゅう … 69
マンション … 385
まんぞく … 385
マント … 385
まんなか … 385・🌐37
まんぷく … 385
まんまる … 385

みミ

み〈実〉 … 387・137
み《十二支》 … 192
みあげる … 387
みえる … 387
みがく … 387
みかた … 387
みかづき … 387
みかん … 139
みき … 387・137
みぎ … 388・🌐36
みぎて … 🌐36
みくらべる … 388
みごと … 388
みじかい … 388
ミシン … 388
みず … 388・312
みずあび … 388
みずいろ … 🌐50
みずうみ … 388・🌐182
みずぎ … 389
みずたま … 389
みずたまり … 389
みずべ … 389
みせ→おみせ … 82
みせる … 389
みそ … 250
みそしる … 431
みち … 389
みちくさ … 389
みつ … 389
みっか … 45
みつかる … 390
みつける … 390
みっつ … 100
みつばち … 390
みつめる … 390
みとめる … 390
みどり … 🌐50
みなと … 390
みなみ … 390
ミニカー … 85
みはり … 390
みはる … 391
みぶり … 391
みほん … 391
みみ … 391・🌐93
みやげ→おみやげ … 83
みょう … 391
みりん … 250
みる … 391
ミルク→ぎゅうにゅう … 312
みわたす … 391
みんな … 391

むム

むいか … 44
むかう … 393
むかえる … 393
むかし … 393
むかしばなし … 393
むかで … 395
むぎちゃ … 312
むぎわらぼうし … 393
むく〈剥く〉 … 393
むく〈向く〉 … 393
むける … 393
むこう … 394
むし … 395
むしあつい … 394
むしとりあみ … 272
むしば … 394
むしめがね … 394
むす … 394
むずかしい … 394
むすこ … 394
むすぶ … 394
むすめ … 396
むだ … 396
むちゃ … 396
むちゅう … 396
むっつ … 101
むね … 115
むら … 396
むらさき … 50
むり … 396
むりやり … 396
むれ … 396

めメ

め〈目〉 … 398・🌐93
め〈芽〉 … 398
めいろ … 398
めいわく … 398
めがね … 398
めぐすり … 398
めくる … 398
めざす … 399
めざましどけい … 399
めざめる … 399
めす … 399
めずらしい … 399
めだか … 399
めだつ … 399
めだま … 399
めだまやき … 431
めちゃくちゃ … 400
めでたい … 400
メニュー … 400
めまい … 400
メモ … 400
メロン … 139・447
めん … 400
めんどう … 400
めんぼう … 400

もモ

もう … 402
もうしわけない … 402
もうすぐ … 402
もうふ … 402
もえる … 402
もくじ … 402
もくようび … 🌐44
もぐら … 277
もぐる … 402
もじ … 403
もしかしたら … 403
もしも … 403
もち … 403・239
もちあげる … 403
もちつき … 403
もちろん … 403
もつ … 404
もっきん … 105
もったいない … 404
もっと … 404
もっとも … 404
もと … 404
もどす … 404
もどる … 404
もの … 405
ものおき … 405・31
ものおぼえ … 405
ものがたり … 405
ものすごい … 405
モノレール … 405・314
もみじ … 405・125
もむ … 405
もも〈腿〉 … 114
もも〈桃〉 … 🌐139
ももいろ→ピンク … 50
もやし … 410
もやす … 406
もよう … 406
もらう … 406
もり … 406・🌐182
もりつける … 406
もれる … 406
もん … 🌐30
もんく … 406
モンスター … 80
もんだい … 406

やヤ

やおやさん … 82
やかた … 408
やかましい … 408
やかん … 230
やぎ … 277
やきそば … 431
やきゅう … 214
やきゅうせんしゅ … 180
やく〈役〉 … 408
やく〈焼く〉 … 408
やくそく … 408
やくだつ … 408
やくめ … 408
やけど … 408
やける … 409
やさい … 410
やさしい〈易しい〉 … 409
やさしい〈優しい〉 … 409
やじるし … 409
やすい … 409
やすみ … 409
やすむ … 409
やせる … 411
やっつ … 101
やっつける … 411
やってくる … 411
やっと … 411
やなぎ … 121
やね … 411・🌐30
やはり … 411
やぶる … 411
やぶれる … 411
やま … 412・🌐182
やまびこ … 412
やまみち … 412
やむ … 412
やめる … 412
ややこしい … 412
やわらかい … 412

ゆユ

ゆ … 414
ユー〈U〉 … 27
ゆうえんち … 414
ゆうがた … 414・39
ゆうき … 414
ゆうごはん … 🌐39
ゆうしょう … 414
ゆうだち … 414
ゆうひ … 414
ゆうびん … 414
ゆうびんきょく … 415・379
ゆうべ … 415
ゆうやけ … 415
ゆうれい … 415
ゆか … 415
ゆかい … 415
ゆかた … 351
ゆき … 415・🌐267
ゆきあそび … 415
ゆきがっせん … 416・125
ゆきぐに … 416
ゆきだるま … 416・125
ゆげ … 416
ゆずる … 416
ゆだん … 416
ゆたんぽ … 416

ひ ヒ

ふ フ

なまクリーム……294
なまけもの……294
なまける……294
なまず……168
なまたまご……239
なみ……295
なみだ……295・🌐114
なめくじ……295
なめる……295
ならう……295
ならぶ……295
ならべる……295
なる〈成る〉……295
なる〈鳴る〉……296
なるべく……296
なれる……296
なわ……296
なわとび……20
なんだか……296
なんて……296
なんとか……296
なんにも……296

に ニ

に〈2〉……🌐100
にあう……298
にえる……298
におい……298
におう……298
にがい……298
にがつ……🌐40
にがて……298
にぎやか……298
にぎる……298
にく……299
にくやさん……82
にげる……299
にごる……299
にし……299
にじ……299
にせもの……299
にたつ……299
にちようび……🌐45
にっき……300
にばん……195
にひき……100
にほん……100
にもつ……300
にゅういん……300
にゅうえん……300・40
にゅうがく……300
ニュース……300
にゅうどうぐも……300
にらむ……300
にる〈似る〉……301
にる〈煮る〉……301
にわ……301・31
にわとり……192・🌐285
にんき……301
にんぎょう……85
にんげん……301
にんじゃ……301
にんじん……🌐410
にんずう……301

ぬ ヌ

ぬいぐるみ……303
ぬう……303
ぬく……303
ぬぐ……303
ぬけだす……303
ぬける……303
ぬげる……303
ぬすむ……304
ぬの……304
ぬま……304
ぬらす……304
ぬりえ……304
ぬる……304
ぬるい……304
ぬれる……304

ね ネ

ね〈根〉……306・137
ね《十二支》……192
ねがい→おねがい……79
ねがう……306
ねかせる……306
ねぎ……410
ネクタイ……351
ねこ……🌐277
ねころぶ……306
ねじ……306
ねじまわし……272
ねじる……306
ねずみ……192
ねずみどし……192
ねだる……306
ねだん……306
ねつ……307
ネックレス……307
ねっこ→ね……306・137
ねったいぎょ……307
ねばる……307
ねぼう……307
ねぼける……307
ねむい……307
ねむる……308
ねらう……308
ねる〈寝る〉……308
ねる〈練る〉……308
ねんがじょう……308
ねんじゅう……308
ねんど……308
ねんまつ……308

の ノ

ノート……310・358
のこぎり……310
のこす……310
のこり……310
のこる……310
のせる……310
のぞく……310
ノック……310
のど……93
のばす……311
のはら……311
のびる……311
のぼる……311
のみこむ……311
のみもの……312
のむ……311
のやま……311
のり〈海苔〉……313
のり〈糊〉……313・358
のりおくれる……313
のりかえる……313
のりもの……314
のる……313
のろい……313
のんき……313
のんびり……313

は ハ

は〈葉〉……317・🌐137
は〈歯〉……317・🌐93
ばあい……317
パーティー……317
バーベキュー……317
ハーモニカ……105
はい……317
パイ……317
はいいろ……🌐50
バイオリン……105
ばいきん……317
ハイキング……318
バイク→オートバイ……314
はいしゃさん……180
はいたつ……318
ばいてん……318
パイナップル……139
バイバイ……13
はいる……318
パイロット……318・180
バウムクーヘン……69
はえる……318
はおる……318
はか→おはか……79
はがき……318
はがす……319
はかり……319
はかる……319
はきもの……320
はく〈履く／穿く〉……319
はく〈吐く〉……319
はくい……319
はぐき……93
はくさい……410
はくしゅ……319
はくちょう……🌐285
ばくはつ……321
はぐれる……321
はげしい……321
バケツ……273
はげます……321
はげる……321
ばける……321
はこ……321
はこぶ……321
はさみ……🌐358
はさむ……322
はし〈箸〉……322・200
はし〈端〉……322
はし〈橋〉……322
はしおき……200
はじく……322
はじける……322
はしご……322
はじまる……322
はじめ……323
はじめて……323
はじめる……323
ばしゃ……323
はしゃぐ……323
バシャバシャ……76
パジャマ……323
ばしょ……323
はしら……323
はしりまわる……324
はしる……324
はす……328
バス……324・314
はずかしい……324
バスケットボール……214
はずす……324
バスてい……324
はずむ……324
パズル……324
はずれ……325
はずれる……325
パセリ……410
パソコン……325
はた……325
はだ……325
バター……250
はだか……325
はたけ……325
はだし……325
ばたばた……326
はたらく……326
はち〈8〉……🌐101
はち〈蜂〉……🌐395
はちがつ……🌐41
はちみつ……326
パチン……76
ばつ……326
はつか……44
はっきり……326
バッグ……326
はっけん……326
はっしゃ……326
ばった……395
バット……214
はっぱ→は……317・137

て　262・⊕115
であう　262
てあて　262
ティー〈T〉　27
ディー〈D〉　27
ティーシャツ　351
ていしゃ　262
ティッシュ(ペーパー)　362
ていでん　262
ていねい　262
テープ　262
テーブル　31
でかける　262
てがみ　263
てき　263
できあがり　263
できあがる　263
できごと　263
できたて　263
てきとう　263
できる　263・264
でぐち　264
てくび　115
でこぼこ　264
デザート　264
てじな　264
でたらめ　264
てちょう　264
てつ　264
てつだう　265
てっぺん　265
てつぼう　152
てっぽう　265
テニス　214
てにもつ　265
てのこう　114
てのひら　265・115
デパート　265・379
でばん　265
てぶくろ　265
てほん　266
てる　266
でる　266
てるてるぼうず　266
テレビ　31
てれる　266
てん　266
てんき　267
でんき　266
てんきよほう　268
てんぐ　268
てんさい　268
でんしゃ　269
てんじょう　268
でんしレンジ　230
てんせん　268
でんち　268
でんちゅう　268
テント　268
てんとうむし　395
てんぷら　431
でんわ　31・447

とト

と　271
ドア　30
トイレ　31
どう　158
どうか　271
とうがらし　⊕250
どうぐ　272
トウシューズ　320
とうじょう　271
とうぜん　271
どうぞう　271
とうだい　271
どうたい　115
とうちゃく　271
どうてん　271
とうとう　274
ドーナツ　274
どうにか　274
とうばん　274
とうふ　274
どうぶつ　276
どうぶつえん　274
とうめい　274
とうもろこし　410
どうろ　274
とお　101
とおい　275
とおか　45
とおく　275
とおす　275
とおり　275
とおりすぎる　275
とおりぬける　275
とおる　275
とかげ　275
とかす　278
とがる　278
とき　278
ときどき　278
とぎれる　278
とく　278
どく〈毒〉　278
どく〈退く〉　278
とくい　279
どくしょ　279
とくに　279
とくべつ　279
とげ　279・137
とけい　279
とける　279
どこ　158
どこまでも　279
ところ　280
とし　280
とじこめる　280
どしゃぶり　280・267
どじょう　168
としょかん　280
とじる　280
とたん　280
とちゅう　281
どちら　158
とっくに　281
とっくん　281
とつぜん　281
とても　281
とどく　281
とどける　281
トナカイ　277
となり　282・36
どなる　282
とにかく　282
どの　158
とびおきる　282
とびこえる　282
とびこむ　282
とびだす　282
とびばこ　282
とびはねる　283
とびまわる　283
とびら　283
とぶ〈飛ぶ〉　283
とぶ〈跳ぶ〉　283
トマト　410
とまる〈止まる〉　283
とまる〈泊まる〉　283
とめる〈止める〉　283
とめる〈留める〉　284
ともだち　284
どようび　⊕44
とら　192
トライアングル　105
ドライバー→ねじまわし　272
ドライブ　284
トラック　284・185
とらどし　192
ドラム　105
トランク　284
トランプ　284
とり　285・192
とりかえす　284
とりかえる　286
とりだす　286
とりどし　192
とりもどす　286
どりょく　286
とる〈取る〉　286
とる〈盗る〉　286
とる〈捕る〉　286
とる〈採る〉　286
どれ　158
トレーナー　351
ドレス　287
とれる　287
どろ　287
ドロップ　69
どろぼう　287
とんカツ　431
どんぐり　287
とんでもない　287
トントン　76
ドンドン　76
トンネル　287
どんぶり　200
とんぼ　395

なナ

ない　289
ないしょ　289
ナイフ　200
なおす　289
なおる〈治る〉　289
なおる〈直る〉　289
なか〈中〉　289・⊕37
なか〈仲〉　289
ながい　289
ながぐつ　290・320
ながし　230
ながしかく　⊕103
ながす　290
なかなおり　290
なかなか　290
なかま　290
なかまいり　290
なかまはずれ　290
なかみ　290
ながめ　291
ながめる　291
なかゆび　115
なかよし　291
ながれる　291
なく〈泣く〉　291
なく〈鳴く〉　291
なぐさめる　291
なくす　291
なくなる　292
なぐる　292
なげく　292
なげる　292
なさけない　292
なし　139
なす　410
なぞなぞ　292
なぞる　292
なだれ　293
なつ　293・⊕125
なつかしい　293
なっとう　239
なつまつり　125
なつやすみ　293・125
なでる　293
なな→しち〈7〉　101
ななつ　101
ななめ　293・36
なに　293
なにか　293
なのか　45
なのはな　328
ナプキン　294
なふだ　294
なべ　230
なま　294
なまいき　294
なまえ　294

たくさん 233
タクシー 233・315
たくましい 233
たけ 233・121
たけうま 20
たけとんぼ 85
たけのこ 410
たこ〈蛸〉 233
たこ〈凧〉 234
たこあげ 40
たこやき 431
たしか 234
たしかめる 234
たしざん 234
たす 234
だす 234
たすける 234
たずねる〈訪ねる〉 234
たずねる〈尋ねる〉 235
ただ〈只〉 235
ただ〈唯〉 235
ただいま 13
たたかう 235
たたく 235
ただしい 235
たたみ 31
たたむ 235
たちあがる 235
たちどまる 236
たちまち 236
たつ〈立つ〉 236
たつ→りゅう 429
たつ〈建つ〉 236
たつ《十二支》 192
たっきゅう 214
だっせん 236
たつどし 192
たっぷり 236
たて 236・37
たてもの 236
たてる〈立てる〉 237
たてる〈建てる〉 237
たとえば 237
たな 362
たなばた 41
たに 237・182
たぬき 276
たね 237
たのしい 237
たのしみ 237
たのしむ 237
たのむ 238
たのもしい 238
たば 238
たび→りょこう 430
たび〈度〉 238
ダブリュー〈W〉 27
たぶん 238
たべもの 239
たべる 238
たまいれ 238
たまご 239
たまごやき 431
だます 238
たまてばこ 80
たまに 240
たまねぎ 410
たまらない 240
たまる 240
だまる 240
だめ 240
ためいき 240
ためし 241
ためす 241
ためる 241
たりる 241
たる 241
だれ 241
たれる 241
たわし 230
だん 241
たんき 242
タンクローリー 185
たんけん 242
だんご 69
だんごむし 395
たんじょうび 242
たんす 362
だんせい 242
だんだん 242
タンバリン→タンブリン 105
ダンプカー 185
タンブリン 105
たんぼ 242
だんぼう 242
だんボール 272
たんぽぽ 328
だんろ 242

ちチ

ち 244・114
ヂー〈G〉 27
ちいさい 244
チーズ 244
チーター 277
チーム 244
ちえ 244
ヂェイ〈J〉 27
ちえのわ 244
ちか 244
ちかい 244
ちがい 245
ちがう 245
ちかく 245
ちかづく 245
ちかてつ 245
ちかみち 245
ちかよる 245
ちから 245
ちからづよい 246
ちからもち 246
ちきゅう 246
ちぎる 246
ちぎれる 246
チケット 246
ちこく 246
ちず 247
ちちのひ 40
ちぢむ 247
ちぢめる 247
ちっとも 247
ちゃいろ 50
ちゃくりく 247
チャック→ファスナー 349
チャリーン 76
ちゃわん 200
チャンス 247
ちゃんと 247
ちゅうい 247
ちゅうがえり 248
ちゅうし 248
ちゅうしゃ 248
ちゅうしゃじょう 248・379
ちゅうとはんぱ 248
ちゅうもん 248
チューリップ 328
ちょう 395
ちょうし 248
ちょうじょ 248
ちょうじょう 249
ちょうせん 249
ちょうだい 249
ちょうちょ→ちょう 395
ちょうど 249
ちょうなん 249
ちょうみりょう 250
ちょきん 249
チョコレート 69
ちょっと 249
ちょっぴり 251
ちらかす 251
ちらかる 251
ちらばる 251
ちりとり 251・273
ちりょう 251
ちる 251
チンパンジー 276

つツ

つい 253
ついたち 45
ついていく 253
ついでに 253
ついに 253
つうじる 253
つえ 253
つかう 253
つかまえる 253
つかまる〈捕まる〉 254
つかまる〈掴まる〉 254
つかむ 254
つかれる 254
つき 254
つぎ 254・195
つきあう 254
つぎつぎ 254
つく〈付く〉 255
つく〈点く〉 255
つく〈突く〉 255
つく〈着く〉 255
つくえ 362
つくし 125
つくりかた 255
つくる 255
つけもの 239
つける〈付ける〉 255
つける〈点ける〉 255
つける〈浸ける〉 256
つち 256
つつく 256
つづく 256
つづける 256
つつむ 256
つながる 256
つなぐ 256
つの 257
つば 257・115
つばさ 257
つばめ 285
つぶす 257
つぶやく 257
つぶる 257
つぶれる 257
つぼみ 257・137
つまさき 114
つまずく 258
つまむ 258
つまようじ 258
つまらない 258
つまる 258
つみあげる 258
つみき 85
つむ〈摘む〉 258
つむ〈積む〉 258
つむる→つぶる 257
つめ 259・114
つめきり 259
つめこむ 259
つめたい 259
つめる 259
つもり 259
つもる 259
つゆ〈梅雨〉 259
つゆ〈液〉 260
つよい 260
つらい 260
つらら 260
つり 260
つりかわ 269
つる〈鶴〉 285
つる〈吊る〉 260
つる〈釣る〉 260
つれていく 260

てテ

しんぶんし 204

す ス

す〈巣〉 206
す〈酢〉 206・250
スィー〈C〉 27
ズィー〈Z〉 27
すいえい 206
すいか 139
すいせん 328
すいそう 206
すいぞくかん 206
スイッチ 206
すいとう 206
すいどう 207
すいとる 207
すいはんき 230
ずいぶん 207
すいみん 207
すいようび 45
すう 207
すうじ→かず 100
ずうずうしい 207
スーツ 351
スーツケース 207
スーパーマーケット 207
スープ 208
すえっこ 208
スカート 351
スカーフ 208
すがた 208
ずかん 208
すき〈隙〉 208
すき〈好き〉 208
すぎ 121
スキー 214
すききらい 208
スキップ 209
すきとおる 209
すきま 209
すぎる 209
すく 209
すぐ 209
すくう〈掬う〉 209
すくう〈救う〉 209
すくない 210
すける 210
すごい 210
すこし 210
すごす 210
スコップ 210
すし 431
すじ 210
すず 210
すすぐ 211
すずしい 211
すすむ 211
すずめ 285
スタート 211
ずつう 211
すっかり 211
すっきり 211
ずっと 211
すっぱい 212
すてき 212
すてる 212
ストーブ 212
ストップ 212
ストロー 200
すな 212・182
すなお 212
すなば 152
すなはま 182
スパゲッティ 431
すばやい 212
すばらしい 213
スピード 213
スプーン 200
すべりだい 152
すべる 213
スポーツ 214
ズボン 351
スポンジ 230
すみ〈隅〉 213
すみ〈墨〉 213
すみれ 328
すむ〈住む〉 213
すむ〈済む〉 213
すもう 213
ずらす 215
すりこぎ 230
スリッパ 320
すりばち 230
すりむく 215
する 215
ずるい 215
するどい 215
すわる 215

せ セ

せ→せい 217
せい 217
せいかく 217
せいかつ 217
せいこう 217
せいざ〈正座〉 217
せいざ〈星座〉 217
せいぞろい 217
せいと 217
せいとん 218
せいり 218
セーター 351
せおう 218
せかい 218
せかす 218
せき〈咳〉 218・115
せき〈席〉 218
せっかく 218
せっけん 219
ぜったい 219
せつぶん 40
せつめい 219
せつやく 219
せなか 219・114
せのび 219
せまい 219
せみ 395
せめる〈攻める〉 219
せめる〈責める〉 220
ゼリー 69
ゼロ 220
ゼロ→れい〈0〉 100
セロハンテープ 358
セロリ 410
せわ 220
せん〈線〉 220
せん〈1000〉 101
ぜんいん 220
せんげつ 41
ぜんご 36
せんしゅ 220
せんしゅう 44
せんせい 220
ぜんぜん 220
ぜんたい 221
せんたく 221
せんたくき 31
せんたくもの 221
せんちょう 221
せんぬき 230
ぜんぶ 221
せんぷうき 221
せんべい 69
せんめんじょ 221・31
せんろ 221・269

そ ソ

そう 158
ぞう 276
そうがんきょう 273
ぞうきん 223・273
そうこ 223
そうじ 223
そうじき 273
ソース 250
ソーセージ 223・239
そうぞう 223
そうぞうしい 223
ソーダ 312
そうだん 223
ぞうり 320
そこ〈底〉 224
そこ 158
そそぐ 224
そだつ 224
そだてる 224
そちら 158
そつえん 224・40
そつぎょう 224
そっくり 224
そっと 225
そで 225
そてつ 121
そと 225・37
そなえる 225
その 158
そば〈側〉 225
そば〈蕎麦〉 431
ソファー 30
そまる 225
そよかぜ 225
そら 225
そり 226
そる〈剃る〉 226
そる〈反る〉 226
それ 158
それぞれ 226
そろう 226
そろえる 226
そろそろ 226
そん 226

た タ

たい 168
だい 228
たいいく 228
たいいくかん 107
たいいくのひ 41
たいいん 228
たいおん 228
たいおんけい 228
たいがい 228
だいくさん 180
たいくつ 228
たいこ 105
だいこん 410
だいじ 228
たいじゅう 229
だいじょうぶ 229
たいせつ 229
たいそう 229
だいたい 229
だいだいいろ→オレンジ 50
たいど 229
だいどころ 230・31
だいなし 229
だいぶ 229
たいふう 231・267
たいへん 231
だいめい 231
タイヤ 231
ダイヤモンド 231
たいよう 231
たいら 231
たおす 231
タオル 232
たおれる 232
たかい 232
たがやす 232
たからもの 232・80
たき 232・182
たきぎ 232
たきび 233
たく 233
だく 233

さめ …… 168
さめる〈冷める〉…… 174
さめる〈覚める〉…… 174
さようなら …… 13
さら …… 200
さらさら …… 174
サラダ …… 431
さらに …… 174
ざりがに …… 174
さる …… 192
ざる …… 230
さるどし …… 192
さわがしい …… 174
さわぐ …… 175
さわる …… 175
さん〈3〉…… 100
さんか …… 175
さんかく …… 103
さんがつ …… 40
サングラス …… 175
さんすう …… 175
さんせい …… 175
サンタクロース …… 41
サンダル …… 320
サンドイッチ …… 431・447
さんにん …… 101
ざんねん …… 175
さんびき …… 101
さんぽ …… 175
さんぼん …… 101
さんま …… 168
さんりんしゃ …… 20

しシ

し〈4〉…… 100
じ …… 177
しあい …… 177
しあわせ …… 177
しいく …… 177
シーソー …… 152
シーツ …… 177
シート …… 177
シートベルト …… 177
シール …… 177
ジーンズ …… 351
ジェットコースター …… 178
しお …… 178・250
しおからい …… 178
しおひがり …… 178
しおれる …… 178
しか …… 276
しかく …… 103
しかくい …… 178
しかた …… 178
しかたない …… 178
しがつ …… 40
しがみつく …… 179
しかめる …… 179
しかる …… 179
じかん …… 179
しく …… 179
しげる …… 179
じこ …… 179
しごと …… 180
じしゃく …… 181
じじょ …… 181
じしん …… 181
しずか …… 181
しずむ …… 181
しせい …… 181
しぜん …… 182
した〈下〉…… 181・36
した〈舌〉…… 181・93
したぎ …… 183
したく …… 183
したしい …… 183
したじき …… 183
しち〈7〉…… 101
しちがつ …… 41
しちごさん …… 41
シチュー …… 183
しっかり …… 183
じっくり …… 183
しつけ …… 183
しつこい …… 184
じっと …… 184
しっぱい …… 184
しっぽ …… 184
しつもん …… 184
じてん …… 184
じてんしゃ …… 184・315
じどうしゃ …… 185
じどうはんばいき …… 184
しなもの …… 186
じなん …… 186
しぬ …… 186
しばふ …… 186・152
しばらく …… 186
しばる …… 186
しびれる …… 186
しぶい …… 186
しぶき …… 187
じぶん …… 187
しぼむ …… 187
しぼる …… 187
しま〈縞〉…… 187
しま〈島〉…… 187
しまい …… 187
しまう …… 187
しまうま …… 276
しまる …… 188
じまん …… 188
しみる …… 188
しめる〈閉める〉…… 188
しめる〈湿る〉…… 188
しめる〈締める〉…… 188
じめん …… 188
しも …… 189
ジャージ …… 351
シャープペンシル …… 358
シャーベット …… 69
じゃがいも …… 410
しゃがむ …… 189
じゃぐち …… 189
ジャケット …… 189
しゃこ …… 189
しゃしょう …… 189・269
しゃしん …… 189
シャツ …… 351
しゃっくり …… 189・115
しゃない …… 269
シャベル …… 190・272
しゃべる …… 190
シャボンだま …… 190・20
じゃま …… 190
しゃみせん …… 105
ジャム …… 250
しゃもじ …… 230
しゃりょう …… 190
シャワー …… 190・31
ジャングルジム …… 152
じゃんけん …… 190
ジャンプ …… 191
シャンプー …… 191
じゆう …… 191
じゅう〈10〉…… 101
じゅういちがつ …… 41
じゅうがつ …… 41
シュークリーム …… 69
しゅうごう …… 191
じゅうしょ …… 191
ジュース …… 312
しゅうてん …… 191
シュート …… 191
じゅうどう …… 214
じゅうにがつ …… 41
じゅうにし …… 192
じゅうぶん …… 191
しゅうり …… 193
じゅぎょう …… 193
しゅくだい …… 193
しゅじゅつ …… 193
しゅっぱつ …… 193
じゅもん …… 193
しゅやく …… 193
しゅるい …… 193
じゅわき …… 31
しゅんかん …… 194
じゅんばん …… 195
じゅんび …… 194
しょうかい …… 194
しょうがくせい …… 194
しょうかせん …… 194
しょうがつ …… 194・40
しょうがっこう …… 194
しようがない …… 196
じょうぎ …… 196・358
じょうげ …… 196・36
しょうご …… 38
しょうじ …… 196
しょうじき …… 196
しょうじょ …… 196
じょうず …… 196
しょうたい〈正体〉…… 196
しょうたい〈招待〉…… 197
じょうだん …… 197
しょうどく …… 197
しょうとつ …… 197
しょうねん …… 197
しょうひん …… 197
じょうひん …… 197
しょうぶ …… 197
じょうぶ …… 198
しょうぼうし …… 198・180
しょうぼうしゃ …… 198・185
しょうぼうしょ …… 198・378
しょうめん …… 198・36
しょうゆ …… 250
じょうようしゃ …… 315
しょうらい …… 198
じょうろ …… 198
じょおうさま …… 80
しょくいんしつ …… 107
しょくご …… 198
しょくじ …… 199
しょくぶつ …… 199
しょくよく …… 199
しょくりょう …… 199
じょせい …… 199
しょっかく …… 199
しょっき …… 200
しょっきだな …… 230
しょっちゅう …… 199
しょっぱい→しおからい 178
ショベルカー …… 185
しょんぼり …… 201
しらが …… 201
しらせる …… 201
しらべる …… 201
しり→おしり …… 114
しりとり …… 201
しりもち …… 201
しる〈汁〉…… 201
しる〈知る〉…… 201
しるし …… 202
じれったい …… 202
しろ〈城〉…… 202
しろ〈白〉…… 50
しろい …… 202
しろバイ …… 202
しろみ …… 239
しわ …… 202
しんかんせん …… 315
しんけん …… 202
しんごう …… 203
しんこきゅう …… 203
しんさつ …… 203
しんしつ …… 203
しんじる …… 203
しんせき …… 203
しんせつ …… 203
しんせん …… 203
しんぞう …… 204
しんたいそくてい …… 204
しんちょう …… 204
しんぱい …… 204
しんぱん …… 204
しんぴん …… 204
しんぶん …… 204

- けいさん …… 146
- けいと …… 146
- けいろうのひ …… 41
- ケーキ …… 69
- ケーキやさん …… 82
- ケーブルカー …… 146
- ゲーム …… 146・85
- けが …… 146
- げき …… 146
- けさ …… 147
- けしき …… 147
- けしゴム …… 147・358
- けす …… 147
- けずる …… 147
- げた …… 320
- けち …… 147
- ケチャップ …… 250
- けっきょく …… 147
- けっこう …… 148
- けっこん …… 148
- けっして …… 148
- げっぷ …… 148・115
- げつようび …… 45
- けとばす …… 148
- けむし …… 395
- けむり …… 148
- けらい …… 148・80
- ける …… 148
- けわしい …… 149
- けん …… 149
- けんか …… 149
- げんかん …… 149・30
- げんき …… 149
- けんこう …… 149
- けんさ …… 149
- けんだま …… 85
- けんどう …… 214
- けんばんハーモニカ …… 105
- けんぶつ …… 149

こ コ

- こ …… 151
- ご〈5〉 …… 100
- コアラ …… 276
- こい〈濃い〉 …… 151
- こい〈鯉〉 …… 168
- こいのぼり …… 40
- こう …… 158
- こうえん …… 152
- ごうかく …… 151
- こうかん …… 151
- こうさてん …… 151
- こうさん …… 151
- こうじ …… 151
- こうしゃ …… 153・107
- こうじょう …… 153
- こうしん …… 153
- こうそくどうろ …… 153
- こうたい …… 153
- こうちゃ …… 312
- こうてい …… 153・107
- コート …… 351
- こうばしい …… 153
- こうばん …… 153
- コーヒー …… 312
- こうぶつ …… 154
- こうよう …… 125
- ゴール …… 154
- ゴーン …… 76
- こえ …… 154
- こえる …… 154
- こおり …… 154
- こおる …… 154
- こおろぎ …… 395
- こかげ …… 154
- こがす …… 154
- ごがつ …… 40
- こがらし …… 155
- ごきげん …… 155
- こぐ …… 155
- こくばん …… 155
- こげる …… 155
- ここ …… 158
- ごご …… 155・39
- ココア …… 312
- こごえる …… 155
- ここのか …… 45
- ここのつ …… 101
- こころ …… 155
- こころぼそい …… 156
- こさめ …… 156・267
- こし …… 156・114
- こしかける …… 156
- こしょう〈故障〉 …… 156
- こしょう〈胡椒〉 …… 156・250
- コスモス …… 328
- こすりつける …… 156
- こする …… 156
- ごぜん …… 157・38
- こそあどことば …… 158
- こたえる …… 157
- こたつ …… 157
- こだま→やまびこ …… 412
- ごちそう …… 157
- ごちそうさま …… 12
- ごちゃごちゃ …… 157
- こちら …… 158
- こつ …… 157
- コックさん …… 157
- こっそり …… 157
- コップ …… 200
- こと …… 105
- ことし …… 159・41
- ことば …… 159
- ことばづかい …… 159
- こども …… 159
- こどものひ …… 40
- ことり …… 159
- ことわる …… 159
- こな …… 159
- こなごな …… 159
- こねる …… 160
- この …… 158
- このごろ …… 160
- このは …… 160
- ごはん …… 160・239
- こぶ …… 160
- ごぼう …… 410
- こぼす …… 160
- こぼれる …… 160
- こま …… 160・85
- ごま …… 161
- こまかい …… 161
- ごまかす …… 161
- こまる …… 161
- ごみ …… 161
- ごみしゅうしゅうしゃ …… 185
- ごみばこ …… 161・362
- こむ …… 161
- ゴム …… 161
- こめ …… 162・239
- ごめんなさい …… 12
- ごめんね …… 12
- こもりうた …… 162
- こや …… 162
- こゆび …… 115
- ゴリラ …… 276
- これ …… 158
- これから …… 162
- ころ …… 162
- ころがす …… 162
- ころがる …… 162
- ころころ …… 162
- ころす …… 163
- コロッケ …… 431
- ころぶ …… 163
- こわい …… 163
- こわがる …… 163
- こわす …… 163
- こわれる …… 163
- コンクリート …… 163
- コンクリートミキサーしゃ 185
- こんげつ …… 41
- こんしゅう …… 44
- コンセント …… 163
- こんちゅう …… 164
- こんど …… 164
- こんにちは …… 13
- こんばんは …… 13
- コンビニ→コンビニエンスストア …… 164・82
- コンビニエンスストア 164・82
- コンピューター …… 164
- こんぶ …… 164
- こんや …… 164

さ サ

- サーカス …… 166
- ザーザー …… 76
- さい …… 166
- さいきん …… 166
- さいご …… 166・195
- さいこう …… 166
- さいころ …… 85
- さいしょ …… 166・195
- さいそく …… 166
- さいふ …… 166
- ざいりょう …… 167
- サイレン …… 167
- さえずる …… 167
- さか …… 167
- さかさま …… 167
- さがす …… 167
- さかだち …… 167
- さかな …… 168
- さかなつり …… 167
- さかなやさん …… 82
- さかみち …… 169
- さかやさん …… 82
- さがる …… 169
- さき《位置》 …… 169
- さき《時間》 …… 169
- さき《順番》 …… 169・195
- さく〈柵〉 …… 169
- さく〈咲く〉 …… 169
- さくひん …… 169
- さくら …… 121
- さくらんぼ …… 139
- さけ …… 168
- さけぶ …… 170
- さける …… 170
- さげる〈下げる〉 …… 170
- さげる〈提げる〉 …… 170
- ささえる …… 170
- ささやく …… 170
- ささる …… 170
- ざしき …… 170
- さしこむ …… 171
- さしだす …… 171
- さす〈刺す〉 …… 171
- さす〈指す〉 …… 171
- さすが …… 171
- さする …… 171
- ざせき …… 171
- さそう …… 171
- さつ …… 172
- さつえい …… 172
- サッカー …… 214
- サッカーせんしゅ …… 180
- さっき …… 172
- ざっし …… 172
- ざっそう …… 172
- さっそく …… 172
- ざっと …… 172
- さっぱり …… 172・173
- さつまいも …… 410
- さとう …… 250
- さなぎ …… 173
- さば …… 168
- さばく …… 173
- さび …… 173
- さびしい …… 173
- ザブーン …… 76
- ざぶとん …… 173
- サボテン …… 173
- さます〈冷ます〉 …… 173
- さます〈覚ます〉 …… 174
- さむい …… 174

かわ〈川〉 113・182
かわ〈皮〉 113
かわいい 113
かわいがる 116
かわいそう 116
かわかす 116
かわかみ 116
かわく〈乾く〉 116
かわく〈渇く〉 116
かわしも 116
かわり 116
かわる〈代わる〉 117
かわる〈変わる〉 117
かん 117
かんがえる 117
カンガルー 276
がんこ 117
かんごしさん 117・180
かんさつ 117
かんじ〈感じ〉 117
かんじ〈漢字〉 118
がんじつ 118
かんじゃさん 118
かんじる 118
かんしん 118
かんせい 118
かんたん 118
かんちがい 119
かんづめ 119
かんでんち→でんち 268
かんぱい 119
がんばる 119
かんばん 119・447
かんびょう 119
かんむり 119

きキ

き 121・137
きいろ 50
きいろい 122
キウイ(フルーツ) 139
きえる 122
きかい 122
きがえ 122
きがえる 122
きがつく 122
きかんしゃ 269
ききゅう 122・314
きく〈聞く〉 122
きく〈訊く〉 123
きく〈効く〉 123
きく〈菊〉 328
きけん 123
きげん 123
きごう 123
きこえる 123
ぎざぎざ 123
きざむ 123
きじ〈生地〉 124
きじ〈雉〉 285
きしべ 124
きしゃ 124
きず 124
きせつ 125
きせる 124
きそく 124
きた 124
ギター 105
きたない 124
きちんと 126
きつい 126
きっさてん 126
キッチン→だいどころ 230・31
きつつき 285
きって 126
きっと 126
きつね 276
きっぷ 126
きっぷうりば 269
きにいる 126
きねん 126
きのう 127・45
きのこ 127
きのどく 127
きのぼり 127
きのみ 127
きば 127
きびしい 127
きぶん 127
きまり 128
きまる 128
きみ〈君〉 128
きみ〈黄身〉 239
きみどり 50
きめる 128
きもち 128
きもちいい 128
きもの 128
きゃく 128
ぎゃく 129
ぎゃくてん 129
キャベツ 410
キャラメル 69
キャンプ 129
きゅう〈急〉 129
きゅう〈9〉 101
キュー〈Q〉 27
きゅうきゅうしゃ 129・185
きゅうくつ 129
きゅうけい 129
きゅうじつ 129
きゅうしょく 130・107
ぎゅうにゅう 312
きゅうり 410
きよう 130
きょう 130・45
ぎょうぎ 130
ぎょうざ 431
きょうしつ 130・107
きょうそう〈競争〉 130
きょうそう〈競走〉 130
きょうだい 130・102
きょうりゅう 131
きょうりょく 131
ぎょうれつ 131
きょく 131
きょねん 131・40
きょり 131
きらい 131
きらきら 132
きり 132・267
ぎりぎり 132
きりぎりす 395
きりとる 132
きりぬく 132
きりん 276
きる〈切る〉 132
きる〈着る〉 132
きれい 132
きれる 133
きをつける 133
きん 133
ぎん 133
きんぎょ 168
ぎんこう 133・379
きんじょ 133
きんにく 133
きんようび 44

くク

く→きゅう〈9〉 101
ぐあい 135
くいしんぼう 135
クイズ 135
くうき 135
くうこう 135
くがつ 41
くき 135・137
くぎ 272
くくる 135
くぐる 135
くさ 136・137
くさい 136
くさき 137
くさり 136
くさる 136
くし 273
くじ 136
くじゃく 285
くしゃみ 136・115
くじら 277
くすぐったい 136
くすぐる 136
くすり 138
くすりやさん 82
くすりゆび 115
くせ 138
くたびれる 138
くだもの 139
くだる 138
くち 138・93
くちばし 138
くちびる 93
くちべに 138
くちゃくちゃ 138
ぐちゃぐちゃ 140
くつ 140・320
クッキー 69
くっきり 140
くつした 351
クッション 362
ぐっすり 140
くっつく 140
ぐっと 140
くに 140
くばる 140
くび 115
くふう 141
くま 276
くみ 141
くみたてる 141
くむ〈汲む〉 141
くむ〈組む〉 141
くも〈雲〉 141
くも〈蜘蛛〉 141・395
くもり 141・267
くもる 142
くやしい 142
くらい 142
グラウンド→うんどうじょう379
くらげ 142
くらす 142
くらべる 142
くり 125
クリーム 142
くりかえす 142
クリスマス 41
クリスマスツリー 41
くる 143
グループ 143
くるくる 143
くるしい 143
くるしむ 143
くるま 143
くるみ 143
グレープフルーツ 139
クレーンしゃ 185
クレヨン 358
くれる〈呉れる〉 144
くれる〈暮れる〉 144
くろ 50
くろい 144
くろう 144
くわえる〈加える〉 144
くわえる《口ではさむ》 144
くわがた(むし) 395
くわしい 144
ぐんぐん 144

けケ

け 146
ケイ〈K〉 27
けいさつ 146
けいさつかん→おまわりさん 81・180
けいさつしょ 378

おばけ …… 79
おばさん …… 79
おはなし …… 80
おはよう …… 12
おはようございます …… 🌐12
おひさま …… 79
おひめさま …… 🌐80
おぼえる …… 79
おぼれる …… 81
おまいり …… 81
おまけ …… 81
おまつり …… 81
おまもり …… 81
おまわりさん …… 81・180
おみこし …… 81
おみせ …… 82
おみまい …… 81
おみやげ …… 83
おむすび→おにぎり …… 431
おむつ …… 83
オムライス …… 431
オムレツ …… 431
おめでとう …… 12
おもい …… 83
おもいきり …… 83
おもいだす …… 83
おもいつく …… 83
おもいで …… 83
おもう …… 83
おもしろい …… 84
おもちゃ …… 85
おもちゃばこ …… 85
おもて …… 84・37
おもわず …… 84
おや …… 84
おやこ …… 84
おやすみ …… 13
おやすみなさい …… 🌐13
おやつ …… 84・🌐39
おやゆび …… 115
おゆ→ゆ …… 414
およぐ …… 84
おり …… 84
おりがみ …… 86・20
おりまげる …… 86
おりる〈下りる〉 …… 86
おりる〈降りる〉 …… 86
おる …… 86
オルゴール …… 86
おれい …… 86
おれる …… 86
オレンジ …… 50
おろす …… 87
おわり …… 87
おわる …… 87
おわん …… 200
おんがく …… 87
おんがくしつ …… 107
おんせん …… 87
おんど …… 87
おんな …… 87
おんなのこ …… 87

か カ

か …… 395
カーキャリア …… 185
ガーゼ …… 89
カーディガン …… 351
カーテン …… 30
カード …… 89
ガードレール …… 89
カーネーション …… 328
カーペット …… 31
カーン …… 76
かい〈回〉 …… 89
かい〈貝〉 …… 89
かいがら …… 89
がいこく …… 89
かいさつぐち …… 269
かいしゃ …… 89
かいじゅう …… 90
かいじょう …… 90
かいすいよく …… 90・41
かいすう …… 90
かいそう …… 90
かいぞく …… 🌐80
かいだん …… 90
かいちゅうでんとう …… 90
かいぬし …… 90
かいもの …… 91
かう〈買う〉 …… 91
かう〈飼う〉 …… 91
カウンター …… 91
かえす …… 91
かえる〈蛙〉 …… 91
かえる〈帰る〉 …… 91
かえる〈変える〉 …… 91
かえる〈替える〉 …… 92
かお …… 93
かおり …… 92
かかえる …… 92
かかと …… 114
かがみ …… 31
かがみもち …… 40
かがやく …… 92
かかり …… 92
かかる〈罹る〉 …… 92
かかる〈掛かる〉 …… 92
かき …… 139
かぎ …… 94
かぎあな …… 94
かきごおり …… 69
かきまぜる …… 94
かく〈書く〉 …… 94
かく〈描く〉 …… 94
かく〈掻く〉 …… 94
かぐ …… 94
かくす …… 94
がくせい …… 95
かくにん …… 95
がくふ …… 95
かくれる …… 95
かくれんぼ(う) …… 20
かげ〈影〉 …… 95
かげ〈陰〉 …… 95
がけ …… 95
かけっこ …… 95
かけら …… 96
かける〈欠ける〉 …… 96
かける〈掛ける〉 …… 96
かご …… 96
かこむ …… 96
かさ …… 96
かざぐるま …… 96
かさなる …… 97
かさねる …… 97
かざり …… 97
かざる …… 97
かざん …… 97
かじ …… 97
かじかむ …… 97
かしげる …… 97
かしこい …… 98
かしゅ …… 180
かじる …… 98
かす …… 98
かず …… 100
ガス …… 98
かすか …… 98
カスタネット …… 105
カステラ …… 69
かぜ〈風〉 …… 98
かぜ〈風邪〉 …… 98
かぞえる …… 98
かぞく …… 102
ガソリン …… 99
ガソリンスタンド …… 378
かた …… 115
かたい …… 99
かたかな …… 99
かたぐるま …… 99
かたち …… 103
かたづける …… 99
かたつむり …… 99
かたな …… 99
かたまり …… 99
かたまる …… 104
かたむく …… 104
かたむける …… 104
かためる …… 104
かだん …… 104・152
かつ …… 104
かつお …… 168
かつおぶし …… 104
がっかり …… 104
がっき …… 105
かつぐ …… 106
かっこいい …… 106
かっこう …… 106
がっこう …… 107
カッター …… 358
かって …… 106
かつやく …… 106
かど …… 106
かなう …… 106
かなしい …… 108
かなしむ …… 108
かなづち …… 272
かならず …… 108
かなり …… 108
かに …… 108
カヌー …… 108・315
かね〈金〉→おかね …… 70
かね〈鐘〉 …… 108
かば …… 277
カバー …… 108
かばう …… 109
かび …… 109
かびん …… 109
かぶ …… 410
かぶせる …… 109
かぶとむし …… 🌐395
かぶりつく …… 109
かぶる …… 109
かぶれる …… 109
かべ …… 110
かぼちゃ …… 🌐410
かまえる …… 110
かまきり …… 395
がまん …… 110
かみ〈紙〉 …… 110
かみ〈髪〉 …… 110・🌐93
かみしばい …… 110
かみなり …… 110・🌐267
かみひこうき …… 110
かむ《鼻汁を出す》 …… 111
かむ〈噛む〉 …… 111
ガム …… 69
ガムテープ …… 272
かめ …… 111
カメラ …… 111
カメラマン …… 180
かも …… 285
かもつれっしゃ …… 269
かもめ …… 285
かゆい …… 111
かよう …… 111
がようし …… 358
かようび …… 🌐45
から〈空〉 …… 111
から〈殻〉 …… 111
がら …… 112
からい …… 112
からかう …… 112
ガラガラ …… 76
がらくた …… 112
からす …… 🌐285
ガラス …… 112
からだ …… 114
からっぽ …… 112
かりる …… 112
かりんとう …… 69
かる …… 113
かるい …… 113
かれい …… 168
カレーライス …… 431
かれは …… 113
かれる …… 113
カレンダー …… 113

おうちのかたへ

・本文のことばは、ひらがなかかたかなで表記していますが、さくいんでは区別のため漢字表記や意味などを添えているものがあります。
・英単語がのっていることばには、🌐マークをつけています。

いろえんぴつ …… 358
いろり …… 49
いわ …… 49
いわう …… 49
いわし …… 🌐168
インク …… 49

うウ

う《十二支》 …… 192
ヴィー〈V〉 …… 27
うえ《高い》 …… 52・36
うえ《表》 …… 52
うえき …… 52
うえる …… 52
うがい …… 52
うかぶ …… 52
うかべる …… 52
うきうき …… 52
うきわ …… 53
うく …… 53
うけとる …… 53
うける …… 53
うごかす …… 53
うごく …… 53
うさぎ …… 192
うさぎどし …… 192
うし …… 192
うしどし …… 192
うしろ …… 53・🌐36
うしろあし …… 53
うすい …… 54
うずくまる …… 54
うずまき …… 54
うそ …… 54
うそつき …… 54
うた …… 54
うたう …… 54
うたがう …… 55
うち …… 55
うちがわ …… 55
うちゅう …… 55
うちわ …… 362
うつ〈打つ〉 …… 55
うつ〈撃つ〉 …… 55
うっかり …… 55
うつくしい …… 55
うつす〈写す〉 …… 56
うつす〈移す〉 …… 56
うっとうしい …… 56
うっとり …… 56
うつる〈映る〉 …… 56
うつる〈移る〉 …… 56
うで …… 🌐115
うでどけい …… 56
うどん …… 431
うなぎ …… 🌐168
うなずく …… 56
うま …… 192
うまい〈上手い〉 …… 57
うまい〈旨い〉 …… 57
うまどし …… 192
うまる …… 57
うまれる …… 57
うみ …… 57・🌐182
うむ …… 57
うめ …… 121
うめぼし …… 239
うめる …… 57
うら …… 57・37
うらがえす …… 58
うらやましい …… 58
うりきれる …… 58
うりば …… 58
うる …… 58
うるさい …… 58
うれしい …… 58
うろうろ …… 58
うわぎ …… 59
うわさ …… 59
うわばき …… 320
うんち …… 59・114
うんてん …… 59
うんてんし …… 269
うんてんしゅ …… 59・180
うんどう …… 59
うんどうかい …… 59
うんどうぐつ …… 320
うんどうじょう …… 379

えエ

え …… 61
エイ〈A〉 …… 27
えいが …… 61
えいご …… 61
エイチ〈H〉 …… 27
えいよう …… 61
えがお …… 61
えかきさん …… 61
えき …… 61・269
えきいん …… 61・269
えきちょう …… 62
えきべん …… 62
えきまえ …… 62
えくぼ …… 62
えさ …… 62
エス〈S〉 …… 27
エスカレーター …… 62
えだ …… 62・137
エックス〈X〉 …… 27
えと→じゅうにし …… 192
えのぐ …… 62
えび …… 63
エフ〈F〉 …… 27
エプロン …… 63・351
えほん …… 63・447
エム〈M〉 …… 27
えもの …… 63
えらい …… 63
えらぶ …… 63
えり …… 63
エル〈L〉 …… 27
エレベーター …… 63
えん …… 64
エン〈N〉 …… 27
エンジン …… 64
えんそう …… 64
えんそく …… 64
えんとつ …… 64
えんにち …… 64
えんぴつ …… 🌐358・447
えんりょ …… 64

おオ

おいかける …… 66
おいこす …… 66
おいしい …… 66
おいしゃさん …… 66・180
おいつく …… 66
おいで …… 66
おいわい …… 66
おう …… 66
オウ〈O〉 …… 27
おうえん …… 67
おうさま …… 🌐80
おうじさま …… 🌐80
おうだんほどう …… 67
オートバイ …… 314
オープンカー …… 315
おうむ …… 285
おおあめ …… 67・267
おおい …… 67
おおいそぎ …… 67
おおう …… 67
おおかみ …… 🌐276
おおきい …… 67
おおごえ …… 68
おおぜい …… 68
おおみそか …… 68
おおよろこび …… 68
おか …… 68
おかあさん …… 68・🌐102
おかえりなさい …… 13
おかし …… 69
おかしい …… 68
おかず …… 70
おかね …… 70
おがわ …… 70
おかわり …… 70
おきあがる …… 70
おきさきさま …… 80
おきる …… 70
おく〈奥〉 …… 70
おく〈置く〉 …… 70
おくじょう …… 71
おくば …… 71
おくびょう …… 71
おくりもの …… 71
おくる〈送る〉 …… 71
おくる〈贈る〉 …… 71
おくれる …… 71
おこす …… 71
おこづかい …… 72
おこのみやき …… 431
おこる …… 72
おさえる …… 72
おしい …… 72
おじいさん …… 72・🌐102
おしいれ …… 72
おしえる …… 72
おじぎ …… 73
おじさん …… 73
おじぞうさん …… 80
おしっこ …… 114
おしまい …… 73
おしゃべり …… 73
おしゃれ …… 73
おしり …… 114
おす〈押す〉 …… 73
おす〈雄〉 …… 73
おそい …… 73・74
おそれる …… 74
おそろしい …… 74
おそわる …… 74
おたま …… 230
おちつく …… 74
おちば …… 74
おちゃ …… 312
おちる …… 74
おつかい …… 74
おつきみ …… 41
おつり …… 75
おてあらい→トイレ …… 31
おでかけ …… 75
おでこ …… 93
おてだま …… 20
おてつだい …… 75
おと …… 76
おとうさん …… 75・🌐102
おとうと …… 75・🌐102
おとぎばなし …… 75
おとこ …… 75
おとこのこ …… 75
おとしだま …… 77
おとしもの …… 77
おとしより …… 77
おとす …… 77
おととい …… 77・45
おととし …… 77
おとな …… 77
おとなしい …… 77
おとのさま …… 80
おとひめさま …… 80
おどり …… 78
おどる …… 78
おどろく …… 78
おないどし …… 78
おなか …… 114
おなじ …… 78
おなら …… 78・114
おに …… 78・80
おにいさん …… 78・🌐102
おにぎり …… 431
おにごっこ …… 20
おねえさん …… 79・🌐102
おねがい …… 79
おばあさん …… 79・🌐102
おはか …… 79

さくいん

あア

ああ …… 158
アー〈R〉 …… 27
アイ〈I〉 …… 27
あいこ …… 11
あいさつ …… 12
あいず …… 11
アイスクリーム …… 69
アイススケート …… 214
あいだ《位置》 …… 11・36
あいだ《時間》 …… 11
あいて …… 11
アイロン …… 11
あう〈会う〉 …… 11
あう〈合う〉 …… 11
あお …… 🌐50
あおい …… 14
あおぐ …… 14
あおしんごう …… 378
あおぞら …… 14
あおむし …… 395
あか …… 🌐50
あかい …… 14
あかしんごう …… 378
あかちゃん …… 14
あかり …… 14
あがる …… 14・15
あかるい …… 15
あき …… 15・🌐125
あきらめる …… 15
あきる …… 15
あく …… 15
あくしゅ …… 15
アクセル …… 16
あくび …… 16・114
あけがた …… 16・38
あける〈明ける〉 …… 16
あける〈空ける〉 …… 16
あける〈開ける〉 …… 16
あげる …… 16・17
あご …… 93
あさ …… 17・🌐38
あさい …… 17
あさがお …… 328
あさごはん …… 🌐38
あさって …… 17・44
あさひ …… 17
あさり …… 17
あし …… 17・114
あじ …… 17
あしあと …… 18
あしか …… 277
あしくび …… 114
あじさい …… 328
あした …… 18・🌐44
あじつけ …… 18
あじみ …… 18
あしもと …… 18
あずかる …… 18
あずける …… 18
アスパラガス …… 410
あせ …… 18・🌐114
あせる …… 19
あそこ …… 158
あそび …… 20
あそぶ …… 19
あたたかい …… 19
あたためる …… 19
あだな …… 19
あたま …… 🌐115
あたらしい …… 19
あたり …… 19
あたりまえ …… 19
あたる …… 21
あちこち …… 21
あちら …… 158
あつあつ …… 21
あつい〈厚い〉 …… 21
あつい〈暑い〉 …… 21
あつい〈熱い〉 …… 21
アップルパイ …… 69
あつまる …… 21
あつめる …… 21
あてはまる …… 22
あてる …… 22
あと《時間》 …… 22
あと《順番》 …… 22・195
あとかたづけ …… 22
あな …… 22
アナウンサー …… 180
あの …… 158
あばれる …… 22
あひる …… 🌐285
あびる …… 23
あぶない …… 23
あぶら …… 23
あふれる …… 23
あまい …… 23
あまえんぼう …… 23
あまのがわ …… 23
あまやどり …… 23
あまり …… 24
あまる …… 24
あみ …… 24
あみだな …… 269
あみど …… 30
あみもの …… 24
あむ …… 24
あめ〈雨〉 …… 24・🌐267
あめ〈飴〉 …… 24
あめふり …… 24
あめんぼ …… 395
あやしい …… 25
あやとり …… 20
あやまる …… 25
あゆ …… 168
あらいもの …… 25
あらう …… 25
あらし …… 25
あらわす …… 25
あらわれる …… 25
あり …… 395
ありがとう …… 12
ある〈或る〉 …… 25
ある〈在る〉 …… 26
あるく …… 26
アルファベット …… 27
あれ …… 158
あわ …… 26
あわせる …… 26
あわてる …… 26
あん …… 26
あんこ→あん …… 26
あんしん …… 26
あんぜん …… 26
アンテナ …… 30

いイ

い《十二支》 …… 192
いい→よい …… 419
イー〈E〉 …… 27
いいかげん …… 29
いいかた …… 29
いいつける …… 29
いいなおす …… 29
いいわけ …… 29
いう …… 29
いえ …… 30
いか …… 29
いがい …… 29
いき …… 32
いきいき …… 32
いきおい …… 32
いきかえり …… 32
いきかえる …… 32
いきぐるしい …… 32
いきどまり …… 32
いきなり …… 32
いきもの …… 33
いきる …… 33
いく …… 33
いくつ …… 33
いくら …… 33
いけ …… 33
いけない …… 33
いけん …… 33
いさましい …… 34
いし …… 🌐182
いじめる …… 34
いじる …… 34
いじわる …… 34
いす …… 31・🌐362
いそがしい …… 34
いそぐ …… 34
いた …… 34
いたい …… 34
いたずら …… 35
いただきます …… 12
いただく …… 35
いたむ …… 35
いためる …… 35
いち〈位置〉 …… 36
いち〈I〉 …… 🌐100
いちがつ …… 🌐40
いちご …… 🌐139
いちど …… 35
いちにち …… 38
いちねん …… 40
いちばん《順番》 …… 35・195
いちばん《どれよりも》 …… 35
いちばんのり …… 42
いちょう …… 121
いつ …… 42
いつか …… 44
いっしゅう …… 42
いっしゅうかん …… 44
いっしゅん …… 42
いっしょ …… 42
いっしょう …… 42
いっしょうけんめい …… 42
いっせい …… 42
いったい …… 43
いったん …… 43
いつつ …… 100
いってきます …… 12
いってらっしゃい …… 12
いつのまにか …… 43
いっぱい …… 43
いっぴき …… 100
いっぺん …… 43
いっぽん …… 100
いつまでも …… 43
いつも …… 43
いと …… 43
いどう …… 46
いとこ …… 46
いなか …… 46
いぬ …… 46・192・🌐277
いぬどし …… 192
いね …… 46
いねむり …… 46
いのしし …… 192
いのししどし …… 192
いのる …… 46
いばる …… 46
いびき …… 47・114
いま〈今〉 …… 47
いま〈居間〉 …… 47・31
いまさら …… 47
いみ …… 47
いも …… 47
いもうと …… 47・🌐102
いもむし …… 395
いや …… 47
いやがる …… 48
いよいよ …… 48
いらいら …… 48
いらっしゃい …… 48
いりぐち …… 48
いる〈居る〉 …… 48
いる〈要る〉 …… 48
いるか …… 277
いれかわる …… 49
いれもの …… 49
いれる …… 49
いろ …… 50
いろいろ …… 49

← ひらがな・かたかな　ひょう

おうちの　かたに　きりとって　もらい、ゆっくり　ひらきましょう。

（ミシン線にそって、はさみで丁寧に切り取ってください。）

● 監修
無藤隆（白梅学園大学教授）　天野成昭（愛知淑徳大学教授）　宮田Susanne（愛知淑徳大学教授）
● 指導
杉山明枝（英語指導）
✚ アートディレクション
辻中浩一（ウフ）
✚ デザイン
ウフ（辻中浩一　内藤万起子）
✚ イラスト
とりうみゆき　鈴木えりん　かつまたひろこ　コンノユキミ　Igloo*dining*　つじむらあゆこ　わたなべちいこ　中小路ムツヨ　こばようこ　永吉カヨ　西片拓史　フジイイクコ　道満和典
☺ 写真
与古田松市　田口精男　稲垣博司　井上孝　井上麻子　猪飼晃　猪飼和子　田口孝充　藤原尚太郎　ウフ
✚ 協力
NTTコミュニケーション基礎科学研究所　コクヨ株式会社　株式会社サクラクレパス　三菱鉛筆株式会社
○ 編集協力　（株）奎文館　渡辺泰葉
✱ 販売担当　小林伸一　遠藤勇也
▲ 製作管理　北澤直樹
◍ 編集　今井優子　木村幸

学研　ことば えじてん

2013年11月19日　第1刷発行
2019年12月13日　第4刷発行

発行人　土屋　徹
編集人　芳賀靖彦
発行所　株式会社　学研プラス
〒141－8415　東京都品川区西五反田2-11-8
印刷所　図書印刷株式会社
製本所　図書印刷株式会社

この本に関する各種お問い合わせ先
本の内容については　Tel 03-6431-1602（編集部直通）
在庫については　Tel 03-6431-1199（販売部直通）
不良品（落丁、乱丁）については　Tel 0570-000577
学研業務センター　〒354-0045 埼玉県入間郡三芳町上富279-1

上記以外のお問い合わせは
Tel 03-6431-1002（学研お客様センター）

学研の書籍・雑誌についての新刊情報・詳細情報は、下記をご覧ください。
学研出版サイト　https://hon.gakken.jp/